SKYLINER

Andrzej Krajewski

SKYLINER

CZYSTYWARSZTAT

This book pays tribute to the two solaces that kept me and those like me sane when the mad Stalinist disease befell us – the radio stations of the West that played that jazz, and the girls in town that were divine. They were both non stop.

Author

Rzecz w tym, że przed komisję lekarską do asenterunku stanąłem z powiatem. Ponieważ trzyletnia służba w Ludowym Wojsku Polskim zupełnie, ale to zupełnie mnie nie interesowała, pierwsze wezwanie po prostu z młodzieńczą lekkomyślnością zignorowałem. Ponadto tak się jakoś niekorzystnie dla mnie złożyło, że beztrosko nie podjąłem owej jesieni żadnych studiów wyższych, które gwarantowałyby mi tak zwaną reklamację od zasadniczej służby wojskowej. Miałem wiele planów na bardzo owocne wykorzystanie tego wolnego roku, a wojsko zupełnie nie wchodziło tu w grę i było poza wszelką dyskusją. Jakieś dwa czy trzy tygodnie od tego, jak olałem termin pierwszego stawienia się, późnym wieczorem, zaraz po powrocie do domu, w czasie kiedy akurat Tommy Dorsey zaczął w radiu grać I'M GETTING SENTIMENTAL OVER YOU, pojawił się Tufta, plutonowy milicji Tufta, mój dzielnicowy. Pełen bardzo źle granej konfidencji pokazał mi Tufta rozkaz na piśmie, że jest zobowiązany doprowadzić mnie jutro na siódmą rano w terminie spóźnionym przed komisję asenterunkową. Asenterunek było to jedno ze sformułowań mojej mamy, która jako dziewczynka, będąc jeszcze w Galicji poddaną cesarza Franciszka Józefa, mimo wykształcenia nie mogła wyrzec się pewnych austriacko-galicyjskich nazw. Ciężkie turystyczne buty to zawsze były BERGSZTAJ-GERY, tani bar z wyszynkiem alkoholu była to PROPINACJA, a pobór do wojska zawsze i niezmiennie był ASENTERUN-KIEM. Szczegóły techniczne, które mi Tufta wyłożył, wyglądały następująco. On mnie teraz po prostu przymknie, noc spędzę w areszcie na komisariacie, a rano dostarczy mnie na miejsce. Na szczęście dosyć łatwo udało mi się go przekonać, żeby się nie wygłupiał, że już trudno, że już nie będę mu robił żadnych numerów, że obiecuję mu samemu stawić się na siódmą rano, wiem, że i tak miał z mojego powodu wystarczająco dużo kłopotów, choćby dlatego, że nawet dzisiaj musiał kilka godzin czekać, by mnie wreszcie dupnąć, że może być tym razem na sto procent pewien, że

Dziękuję
Uprzejmie
Przyjdę
Akuratnie
że w końcu mnie zna. A znał mnie Tufta świetnie. Kiedyś mi się zwierzył, że jako milicjant od strony kryminalnej nie miał mi nic do zarzucenia, natomiast od strony polityczno-moralnej – lepiej nie mówić... Najzabawniejsze było to, że biedny Tufta, prawdopodobnie z powodu mojego wyglądu, z powodu wyglądu moich przyjaciół, z powodu muzyki, której słuchałem, i w ogóle z powodu moich, traktowanych jako całokształt, nieskrywanych prozachodnich sympatii i upodobań – otóż biedny Tufta jak najpoważniej uważał mnie za amerykańskiego szpiega. Niby wiedział, że od lat mieszkam w tym mieście, ale z drugiej strony naiwnie podejrzewał, że mogłem przez jakieś tajemnicze moce być zwerbowany, a nawet, różne rzeczy przecież się zdarzały, mogłem zostać na jakiś czas dyskretnie przerzucony na Zachód, gdzie zdaniem Tufty aż roiło

się od amerykańskich ośrodków dywersyjno-szpiegowskich, i tam, po dokładnym przeszkoleniu, odpowiednio wyekwipowany mogłem zostać przerzucony z powrotem. W okresie zimnej wojny sowiecka szpiegomania bardzo często przekraczała granice absurdu, niejednemu mieszając kompletnie w głowie. Tufta w swojej misji był nachalny i wścibski. Często próbował śledzić mnie, moich znajomych i dziewczyny, które do mnie przychodziły. Przepytywał na mój temat sąsiadów, podsłuchiwał. Intrygowało go na przykład, dlaczego akurat tak, a nie inaczej się ubieram i skąd biorę na to pieniądze. Nie miał on zielonego pojęcia, że jako młody utalentowany ilustrator oraz autor licznych komiksów oraz jeszcze liczniejszych głupich dowcipów rysunkowych współpracowałem z wieloma periodykami, za co otrzymywałem nie najgorsze honoraria. Również jako wyczynowy sportowiec, będący mistrzem, a zarazem gwiazdą podrzędnego, ale bardzo bogatego zrzeszenia sportowego, miesiąc w miesiąc też dostawałem całkiem niezłą kasę. Jedna rzecz była pocieszająca. Tufta starał się mnie, jako amerykańskiego szpiega, rozpracować osobiście i nie dzielił się z nikim w swoim, że tak powiem, resorcie podejrzeniami na mój temat. Liczył bardzo na to, że jak uda mu się wreszcie mnie zdemaskować, to otworzy się nad nim unrowska puszka jakiejś towarzyszki Pandory i będą się na niego nieprzerwanie sypać zaszczyty, nagrody, awanse i odznaczenia, nie mówiąc już o pieniądzach i kobietach. Z drugiej strony, kombinował chytrze Tufta, gdyby nagle nastąpił jakiś przewrót czy jakaś wojna i tysiące takich jak on zaczęto by wieszać na latarniach, to ja, jako autentyczny amerykański szpieg, którego on, plutonowy milicji Tufta, nie wydał, a nawet w pewnym sensie krył i chronił, z pewnością uratuję go od haniebnej śmierci.

Obiecałem, dotrzymałem. Wcześnie rano wyszedłem z domu. Zapowiadał się pogodny jesienny dzień. Telewizji szczęśliwie jeszcze nie było, więc prognozę pogody słuchałem zawsze z amerykańskiej stacji radiowej, nadającej z amerykańskiego sektora w Berlinie, i każdego dnia pokrywała się ona na sto procent z pogodą w moim mieście, mimo że do Berlina w linii prostej było dobrze ponad dwieście kilometrów. Ogolony i świeży, ubrany byłem tego ranka w strój, w którym generał Douglas MacArthur prezentował się 2 września 1945 roku na wojennym okręcie „Missouri", to znaczy: mundurowa koszula i mundurowe spodnie typu bawełniany wojskowy tropik, a ponieważ w końcu była już jesień, włożyłem jeszcze gruby wełniany granatowy sweter z szalowym kołnierzem zapinanym na jeden średniej wielkości granatowy guzik z charakterystyczną kotwicą US NAVY. Całość uzupełniały granatowe skórzane półbuty na słoninie, białe wełniane skarpetki i biały parciany pasek do spodni typu military police. Nie muszę dodawać, że wszystko, co miałem na sobie, nawet sznurowadła, było made in USA. Kosztowało mnie to majątek, ale bardzo chciałem odróżniać się jakoś od tej wszechobecnej ludowo-komunistycznej hołoty. Zawsze czułem się trochę jak Humphrey Bogart w wielokrotnie oglądanym przeze mnie filmie CASABLANCA. Tym razem tylko w połowie byłem Bogartem. W drugiej połowie czułem się jak amerykański marynarz powracający rano z całonocnej przepustki do swojej US NAVY bazy, po szalonej nocy, którą spędził rzecz jasna na kurwach. Zapaliłem chesterfielda. Przechodnie, w większości wiejskiego pochodzenia, jak zawsze gapili się na mnie, wszystko mieli mi za złe i wszystkiemu się dziwowali. Czasem któryś z nich, znajdując się w bezpiecznej odległości, zawołał „Bikiniarz!" Nie wiadomo dlaczego z uporem godnym lepszej sprawy, za wszelką cenę starali się, nierzadko z powodzeniem, wprowadzać do dużego w końcu miasta swoje wiejskie obyczaje i chłopską mentalność, która jeszcze po wielu dziesiątkach lat w najbardziej nieoczekiwanych sytuacjach i u najmniej podejrzanych o to osób permanentnie dawała o sobie znać. Wsiadłem do taksówki.

Punktualnie za pięć siódma wszedłem do wielkiego gmachu, stojącego przy wielkim placu przylegającym rogiem do rynku. Tam właśnie miałem się stawić. Asenterunek powoli i planowo się zaczynał. Do tego budynku ze wszystkich stron waliły przez plac tłumy z wiejska ubranych młodych ludzi, co chwilę zajeżdżały też furmanki. Już po twarzach przybywających widać było, że raczej nie jest to wiodąca siła narodu. To wszystko można było nazwać wielką przewrotnością losu, ponieważ mój stosunek do chłopstwa jako klasy społecznej oraz siły politycznej nie był, powiedziałbym, najlepszy. Szlachecko-ziemiańska rodzina mojej mamy przed bardzo wielu laty została doświadczona podczas sławnego chłopskiego buntu Jakuba Szeli w Galicji. Wszyscy szczęśliwie uratowali życie, ale spory majątek ziemski poszedł w perzynę, a rodzina od tego czasu zamieszkała we Lwowie, z pokolenia na pokolenie przekazując sobie mrożące krew w żyłach historie, dotyczące głównie chłopskiej podłości. Ogólnie uważała, że chłopstwo jako klasa społeczna jest tylko wielką siłą niszczącą.

W dużej sieni, pełniącej teraz funkcję czegoś w rodzaju recepcji, stały dwa stoły, jeden oznakowany literami A-L, a drugi Ł-Z. Przy każdym stole siedział podoficer. Jeżeli wystarczająco znało się alfabet, stawało się w kolejce we właściwym miejscu. Dla mniej rozgarniętych i dla mniej obeznanych z alfabetem stał oddelegowany specjalnie w tym celu porucznik – ekspert od abecadła. Wystarczyło tylko podać mu nazwisko, a on po krótkiej pracy myślowej, która odmalowywała się na jego twarzy, bezbłędnie kierował poborowego do odpowiedniej kolejki przy odpowiednim stoliku. Kiedy podałem siedzącemu przy stole sierżantowi swoją książeczkę wojskową, ten bardzo długo szukał mojego nazwiska, które znalazł w końcu zapisane jako jedyne na oddzielnej stronie. Patrząc na mnie długo i przenikliwie, powiedział: „Doprowadzony... z miasta". Powiedział to wystarczająco głośno, tak że dał się słyszeć szmer aprobaty ze strony dwóch długich kolejek. Kompleks wieśniaka i kult miastowego od stuleci tkwiły w narodzie. Jeżeli ktoś został doprowadzony, i do tego ten ktoś jest jeszcze z miasta, to musi być z niego niezły numer i lepiej takiemu zejść z drogi.

„Zachodzić na salę!" – co jakiś czas, pokazując na uchylone duże białe drzwi, wołał spec od abecadła. Sala była ogromna, proporcjami zbliżona do kwadratu, z rozmaitymi wnękami, niszami i zakamarkami. Trzy rzędy żeliwnych kolumn, niestarannie, jak zresztą wszystko, co się tu znajdowało, pomalowanych na biało, z głowicami stylizowanymi na doryckie, podpierały wielkie powierzchnie stosunkowo niskiego sufitu. Po przeciwnej stronie sali widniały bliźniacze drzwi, za którymi urzędowała komisja. Po prawej stronie, licząc od wejścia, usytuowana była sporych rozmiarów estrada, podwyższona o jakiś metr. Stało tam nawet pianino, również pomalowane na biało. W tle widniało czerwone, długie prawie do sufitu płótno, przyozdobione tak zwaną papieroplastyką, przedstawiającą nadnaturalnych rozmiarów głowę towarzysza Lenina, z profilu, na tle kilku dymiących kominów. Z przyszpilonych do płótna, nieco zdekompletowanych liter wyciętych z grubego brystolu można było się z trudem domyśleć, że temat dekoracji dotyczy ELEKTRYFIK CJI. Walające się wszędzie ławki i krzesła stanowiły coś w rodzaju widowni.

Gdy wszedłem, na sali koczowały już jakieś trzy setki chłopa. Palili papierosy, coś tam pili, coś tam przeżuwali. Nastrój zbliżony był do ponurej atmosfery dworcowej poczekalni trzeciej klasy. Zewsząd dochodził gwar, przerywany czasem głośnymi wybuchami histerycznego śmiechu lub raptowną kłótnią. Snujący się wszędzie charakterystyczny zapach na pewno nie należał do prima sorte. Od czasu do czasu uchylały się drzwi wejściowe, wpuszczając na salę następną grupę. Poza recepcją jedyną sprawnie i dynamicznie działającą infrastrukturą była sprzedaż oranżady. W samym kącie sali, zaraz na lewo od wejścia, w olbrzymiej wnęce stało mnóstwo drewnianych skrzynek z butelkami oranżady, ustawionych pod sam sufit. W grę wchodziły dwa kolory: kolor żółty i kolor pink. Tak zwaną ladę zastępował zwykły biurowy stół, za którym stała cycata kobieta, na oko dwadzieścia pięć lat, zdecydowanie ładna i jakby do kogoś podobna. Kupujący napój musiał zostawić kaucję za butelkę, po oddaniu której cycata zwracała depozyt. Kręcił się tam jeszcze dziada z twarzą identyczną jak twarz aktualnie internowanego towarzysza Władysława Gomułki. Nosił stary powycierany i pomięty kolejarski mundur, był nadaktywny, stale coś przekładał, podnosił, odnosił, stawiał i przynosił drewniane skrzynki.

Tuż przed godziną ósmą zaczął się niepokojący ruch i przez środek sali, gdzie już nazbierało się dobre pięćset chłopa, z bardzo ważnymi i godnymi minami zaczęło przetaczać się liczne towarzystwo, kierując się w stronę sali, w której miała urzędować komisja. Byli tam głównie oficerowie różnych broni, kilku nabzdyczonych cywilów, ale dostrzegłem w tej grupie także trzy kobietki. Tymczasem na lewej ścianie, ale znacznie dalej od miejsca, gdzie sprzedawano oranżadę, odsłonięta została nagle czerwona kotara, tym razem z wizerunkiem tak dobrze znanej, ponurej twarzy towarzysza Stalina w ujęciu trzy czwarte, również wykonana w papieroplastyce, bardzo taniej i jedynej w tym czasie technice dekoracyjnej. W umieszczonym obok haśle brakowało tak wielu liter – co trafnie podsumował przechodzący w grupie niezbyt dużego wzrostu major – że ni chuj tu do odczytania. Okazało się, że za odsłoniętą obecnie kotarą była ukryta, a raczej zamaskowana, autentyczna kuchnia polowa na kołach z gumowymi oponami. Komin zamontowano tak przemyślnie, że po dwóch załamaniach dym wychodził blaszaną rurą, która stanowiła jak gdyby przedłużenie właściwego komina polowej kuchni. Nawet cug był rewelacyjny. Na zewnątrz dym wydobywał się przez górną część okna, z tym że zamiast szyby, ruskim sposobem wsadzony był kawałek dykty okuty przeciwpożarowo mosiężną blachą. Wychodził na zewnątrz i beztrosko okopcał zewnętrzną secesyjną architekturę. Nie miało to jednak żadnego znaczenia. Każdy bowiem wiedział, że niedługo Niemcy odbiorą nam to wszystko z powrotem, bo na pewno w końcu dogadają się z kacapami i odzyskają to piękne miasto.

Tymczasem na estradzie, witana rzęsistymi oklaskami, pojawiła się grupa artystów. Miał się zacząć koncert, mający na celu ukulturalnienie nie za bardzo kulturalnych wiejskich poborowych. Zauważyłem przy tym, że dwie z występujących artystek nie tylko mogły zrekompensować poborowym brak na wsi sal koncertowych, ale również, i jak gdyby jednocześnie, mogły śmiało zrekompensować brak muzeum. Zaczęła się muzyka – pieśń traktująca o smutnej doli pańszczyźnianego chłopa. Sopranem koloraturowym usiłowała śpiewać jedna z dwóch reprezentantek muzeum. Rzygać się chciało. Odszedłem ze wstrętem, bo muzykę kochałem, ale pod warunkiem, że był to amerykański jazz. Kręcił się tam również jakiś lokalny artysta malarz, bardzo zblatowany z generalicją, widać, że wypili razem morze wódki. Między estradą a drzwiami wejściowymi było sporo miejsca na niezłą ekspozycję kilkunastu średniej wielkości prac, i tu artysta powiesił swoje dzieła. Dominowały dwa tematy. Batalistyka, to znaczy naiwne scenki z ostatniej wojny, na których artysta w brudnych, rozbielonych kolorach biegle odmalowywał, jak to żołnierz z białym orzełkiem, zawsze u boku i zawsze pod przewodem potężniejszego żołnierza z czerwoną gwiazdą, bije niemieckiego faszystę, oraz tematyka rustykalna ze wskazaniem na kolektywizację wsi jako jedyną słuszną drogę dla chłopstwa. Artysta, bardzo zadowolony z siebie i ze swoich dzieł, stale kręcił się koło obrazów. A to coś poprawił, a to coś wyrównał, to z kimś porozmawiał. Robił wrażenie, jakby wśród biednych, przeważnie małorolnych poborowych wypatrywał potencjalnego kupca czy nawet mecenasa, co było rzecz jasna kompletnym delirycznym nieporozumieniem.

Kuchnia polowa pracowała już pełną parą. Obsługiwały ją trzy osoby, dwie kobiety, młoda i starsza, i jeden wojskowy w mundurze kaprala. Poborowym serwowano FREE żołnierską grochówkę, którą kapral z wojskowej ciężarówki zaparkowanej na dziedzińcu gmachu przynosił wiadrami. Grochówka była już gotowa, przygotowana wcześniej w jednostce. Zawartość wiader wlewano do ciepłego kotła polowej kuchni, a gdy zupa się kończyła, kapral dymał z wiadrami do auta po następną. Na niskim kwadratowym stoliku, w niewygodnej pozycji kucznej, ostrym jak brzytwa nożem przerobionym chyba z niemieckiego bagnetu kroił w duże kostki znakomity czarny chleb. Jakby tego było mało, do jego obowiązków należało dokładanie co pewien czas opału, żeby kuchnia nie wygasła. Mimo że naprawdę był bardzo zajęty, kapral miał jeszcze czas na zaloty do młodej, która w białym zapinanym z tyłu kitlu, na szeroko rozstawionych, obutych w filcowe boty nogach stała nad kuchnią polową zwrócona przodem do kolejki i dużą chochlą nalewała do podstawianych menażek grochówkę. Poniemieckie to jeszcze były menażki, miały sztancowane orły ze swastykami i białą farbą olejną nabazgrane numery, zdaje się, że od 01 do 50. Co jak co, ale w wojsku musiał być porządek. Niektóre z tych menażek miały ślady usilnych, lecz nieudolnych prób spiłowania lub rozklepania tego znienawidzonego emblematu, który jednak pozostawał w pewnym sensie niezniszczalny i przez to jeszcze bardziej czytelny i groźny. Menażkami zawiadywała stara. Wydawała, brała kaucję, która tu też była pobierana, bo gdyby nie, to w trymiga rozkradliby wszystko. Do kompletu dochodziła też tania aluminiowa łyżka, która robiła zajady. Grochówka i chleb były za darmo, fundowało wojsko pragnące od razu wprowadzić koszarowy nastrój. Zatrudniony przy kuchni kapral raz po raz próbował doskakiwać od tyłu do młodej i obmacywać co bardziej atrakcyjne partie jej ciała. Ona opędzała się, jakby trochę bez przekonania, a gdy w końcu zdzieliła go dosyć mocno chochlą w ramię, odskoczył jak oparzony i czyszcząc zachlapany zupą rękaw, cichym sykiem wyzwał ją od kurew. Nikt się jednak nie bawił tak dobrze jak stara. Ubrana w biały fartuch, z podkasanymi rękawami i narzuconą na ramiona szaro-granatową kufajką, gdy jej pozwalał czas, wchodziła w tłum poborowych, kierując się do najbardziej tępo wyglądającego, z czym zresztą nie było wielkiego problemu, i pytała: „Kolego, kolego, gdzieście dali ten drucik?". „Jaki drucik?", pytał naiwnie, sądząc, że to może jakieś nieporozumienie. „Jaki drucik? Drucik, co wam z dupy ucikł". Ha, ha, ha, ha… co ci z dupy ucikł, cieszyli się koledzy. Za jakiś czas, w innej części sali: „Towarzyszu, gdzie wyście dali to szkło?". „Jakie szkło, towarzyszko?" „Jakie szkło? Szkło, co was w dupę żgło". Ha, ha, ha… Grupa czeka przed drzwiami z napisem KOMISJA POBOROWA, z tyłu podchodzi stara i szeptem, ale takim szeptem, żeby wszyscy naokoło słyszeli, mówi do uprzednio upatrzonej ofiary: „Chce was widzieć major Kostrzewa". „Kostrzewa? Kostrzewa? Jaki Kostrzewa?" „Jaki Kostrzewa? Kostrzewa, co ma dupę z drzewa". Ogólny śmiech w tej części sali. Ha, ha, ha… dupę z drzewa… znaczy, że ma z drzewa dupę ten major jebany… ha, ha, ha…

Starej od pewnego czasu asystował jeden z poborowych. Wiedziałem, że ma na imię Karol, bo stał koło mnie w kolejce do stołu. Wymieniliśmy wtedy jakieś uwagi, nie pamiętam już na jaki temat, i Karol uważał się za mojego kolegę. Stara zgadała się z Karolem i okazało się, że pochodzą z tej samej wsi, czy tej samej gminy, na Wschodzie, gdzie mieszkali do czasu, kiedy zostali repatriowani. Teraz na dobre rozgościł się u niej. Przyniósł sobie sprzed estrady krzesło i non stop pojadając zupę, podpuszczali ze starą co naiwniejszych poborowych. Karol miał wygląd draczny. Duży nos, bardzo wystający z okrągłej płaskiej twarzy z blisko osadzonymi i lekko zezowatymi oczkami.

Dosyć grube wargi, spomiędzy których błyskał czasem srebrny ząbek, chyba lewa górna dwójka czy trójka. Włosy w kolorze dojrzałej pszenicy, bardzo wysoko podgolone i gładko zaczesane do tyłu, przez co jego głowa z profilu przypominała nieco głowę czapli. Ubrany był w krótką obcisłą marynarkę, trochę jak z młodszego brata, a trochę jak od smokingu, uszytą z granatowego materiału typu tenis, z górną kieszonką po prawej stronie, co zdradzało, że marynarka była już nicowana. W kieszonce na widoku tkwiły dwa wieczne pióra, jeden wieczny ołówek i bardzo zaostrzony ołówek zwyczajny, ale za to ze sprężynową skuwką, co znaczyło, że Karol należy do ludzi piśmiennych. W klapie marynarki odznaka LZS-u. Niezbyt świeża zielona zetempowska koszula bez krawata. Sznurowane gabardynowe bryczesy wojskowego koloru na bardzo zużytych już szelkach, wpuszczone w szarobure, jakby robione na drutach skarpetki, schodzone czarne półbuty, z niezbyt dyskretnymi śladami wysuszonego gliniastego błota i z resztkami końskiego nawozu w charakterystycznym kolorze złota. Sylwetka niezbyt wysoka i mimo szczupłości jakby trochę zachwiana w proporcjach. Na głowie duży, sztywny samodziałowy kaszkiet, jasny w ciemniejszą niebiesko-brązową kratę, jedyna brand new rzecz w sfatygowanej garderobie biednego Karola. Bardzo miły, uczynny i przyjazny, ale nawet z odległości kilometra widać było, że kmiotek. Pewny siebie, sepleniąc i zanosząc się od śmiechu, wołał jakiegoś następnego naiwnego mieszkańca wsi: „Kolego... kolego... towarzyszka ma do was zapytanie, gdzie macie to szkło...”

Zbliżało się południe, komisja pracowała już od bez mała czterech godzin. Co jakiś czas z oczekujących przed drzwiami poborowych samoistnie konstytuowała się dwunastoosobowa grupa, która na wezwanie wchodziła do środka. Po jakichś piętnastu minutach wychodzili pojedynczo, podekscytowani, często jeszcze dopinając garderobę. Niektórzy, już załatwieni, długo ociągali się z wyjściem. A to jeszcze rozmawiali z kolegami, a to dokładnie studiowali wpis dany do książeczki wojskowej, ten i ów przed samym wyjściem dawał się jeszcze skusić na darmową zupę. Inni szybko brali dupę w troki i już ich nie było. Ale najmniej bojaźliwi, najmniej wstydliwi i najbardziej ciekawi świata w związku z pobytem w tym dużym mieście od dawna planowali jeszcze jedno mrożące krew w żyłach przeżycie. Bardzo blisko asenterunku znajdował się narożny budynek, usytuowany właściwie przy rynku, szary, wysoki, architektonicznie kojarzący się nieco z drapaczami chmur Chicago czy Nowego Jorku. Dosyć trudno było się do niego dostać, bo strażnicy i portier, wiedząc od razu, w jakim celu przybywają, pędzili zaraz takich podejrzanych typków, ale gdy dało się parę złotych, można było spokojnie wchodzić. Znajdująca się w tym budynku winda warta była tego wydatku. Przypominała po części przewróconą na bok karuzelę, jak z dziecinnego snu, która mimo że zmieniła swoją pozycję o dziewięćdziesiąt stopni, stale jeszcze się kręciła, a po części poustawiane na sobie, jedna na drugiej, jakieś dziwne szafy z wymontowanymi drzwiami. Mało tego, przez jedno wejście widać było, że szafy te bez przerwy podnoszą się do góry, a przez drugie – że bez przerwy opadają w dół. Przez cały czas, skrzypiąc i trzeszcząc, wszystko to było w ruchu, w czasie którego trzeba było szybko wejść lub wyjść. Największych emocji dostarczała jednak jazda bez wychodzenia do samej góry i przeżycie, co zresztą było surowo zabronione, tak zwanej nawrotki wraz z superkulminacyjnym momentem, gdy szafa po licznych wstrząsach, najbardziej chyba przypominających jakieś straszliwe trzęsienie ziemi, drugim szybem zaczynała zjeżdżać w dół. Było to jednak wyzwanie dla najodważniejszych i najbardziej obytych z cywilizacją ryzykantów, reszta, owszem, chętnie gapiła się i nawet dziwowała, ale za nic, w obawie, że może im urwać rękę czy na przykład, nie daj Boże, kuśkę, za żadne skarby do windy tej nie wchodziła.

„Lollobrigida pokazuje cycki za trzydzieści złotych", odciągnął mnie na stronę i szepnął mi do ucha Karol. Pragnąc trochę przytłumić nachodzące mnie ponure myśli, tępo wpatrywałem się w estradę, gdzie jakiś uczesany na mokro typek w długim szarozielonym gumowcu mocno ściągniętym paskiem z uporem maniaka rzeźbił coś z Chopina. Już na pierwszy rzut oka widać było, że nie może on mieć zupełnie nic wspólnego z moimi idolami jazzowej pianistyki, takimi jak Meade Lux Lewis, Albert Ammons czy Pete Johnson, niemniej grzecznie go zapytałem, czy mógłby zagrać jakieś piano boogie-woogie. Z wyższością i dumą, przy okazji bezwstydnie eksponując poważne ubytki w zębostanie, oświadczył mi, że jako członek partii i członek związku muzyków nigdy takiej amerykańskiej szmiry nie gra i grać nie będzie. „Głupia, niebezpieczna menda", pomyślałem.

„Jaka Lollobrigida, jakie cycki?", zastanawiałem się. Owszem, na ekranach kin jako gigantyczne wydarzenie kulturalne ostatnich czasów, właściwie nie wiadomo, z jakich ideologicznych powodów, pojawił się właśnie film FANFAN TULIPAN z Gérardem Philipe'em w roli tytułowej, któremu partnerowała właśnie Gina Lollobrigida, ale czemu za trzydzieści złotych, skoro bilet do kina kosztował trzy czy cztery złote? Lollobrigida nie pokazywała tam całych cycków, tylko prawie całe, ale mimo to ogromne tłumy waliły do kina. Przed kasami były tak straszliwe kolejki i ludzie tak się pchali, że co pewien czas całkowicie psychicznie roztrzęsiony kierownik kina, z trudem przeciskając się przez tłum, desperacko wdrapywał się na podtrzymywane przez trzy bileterki krzesło i przez taką tubę, jakich kiedyś używali reżyserzy w Hollywood, krzyczał: „Ludzie... ludzie, nie pchajta się tak. Jak będzieta się tak pchali, to zamiast FANFANA puszczę radziecki film PIEŚŃ TAJGI albo CZARODZIEJ SADÓW". Na tę propozycję przez stłoczony tłum przechodził złowrogi pomruk dezaprobaty i przez moment ludzki napór nieznacznie słabł, by za chwilę powrócić w dwójnasób.

Poszedłem za Karolem. Sytuacja wyglądała następująco. Stary kolejarz stał teraz za ladą-stołem i sprzedawał oranżadę, a dwie kolumny ze skrzynek poukładanych jedna na drugiej stanowiły rodzaj wąskiego przejścia na tyły. To przejście było przemyślnie zasłonięte czerwoną kotarą, która uprzednio maskowała stanowisko kuchni polowej, znajdującej się zresztą nieopodal. Na kotarze pozostały jeszcze resztki papieroplastyki z resztkami głowy towarzysza Stalina. Tak właściwie to z głowy chorążego pokoju pozostał teraz tylko nos, część wąsów i jedna brew z tak charakterystycznym dla tego masowego mordercy groźnym okiem. Reszta gdzieś w bałaganie szczęśliwie poodpadała. W kilkumetrowej odległości, chichocząc i popychając się, z bardzo tajemniczymi minami orbitowało w stanie skrajnego podniecenia kilkunastu poborowych. Co jakiś czas zza kotary wyłaniał się z niewyraźną miną przyszły obrońca ojczyzny. Po chwili kotara nieznacznie się rozchylała, ukazując zalotną twarz kobiety, która jeszcze przed chwilą sprzedawała tu oranżadę. Rzeczywiście, była ona nieco podobna do filmowej partnerki Gérarda

Philipe'a. Z figlarnym uśmiechem przywoływała gestem następnego amatora. Amator, trochę wypychany przez kolegów, z udawanym ociąganiem się znikał szczęśliwy za zasłoną, żeby za jakieś trzydzieści, czterdzieści sekund pojawić się z powrotem. Wszyscy, którzy zajmowali pozycje wyczekujące, mieli już przygotowane trzy dziesiątki lub jedną dwudziestkę i dziesiątkę, dwudziestkę i dwie piątki, a nawet sześć piątek. Nominały nie miały tu żadnego znaczenia, liczyła się tylko suma. W tym czasie złotych trzydzieści nie było wcale bagatelną kwotą. Skromny trzydaniowy obiad można było zjeść za dziesięć, czternaście złotych, cena paczki dwudziestu papierosów krajowych zaczynała się od dwóch złotych i czterdziestu groszy, amerykańskich – oscylowała wokół dziewięciu, dwunastu złotych. Litr benzyny kosztował czterdzieści groszy, a pół litra wódki czystej czterdziestoprocentowej – trzydzieści jeden złotych i dziesięć groszy. Zważywszy jednak, że dla większości był to prawdopodobnie pierwszy kontakt z miastową damą, cena nie grała tu żadnej roli. Tymczasem dziada z głową towarzysza Gomułki, będąc w pełni świadomy tych finansowych relacji, niby to sprzedawał tę swoją oranżadę, ale miał na wszystko oko. Co jakiś czas dyskretnie, ale sugestywnie pokazywał gestem, żeby nie stać za blisko kotary, za którą bez przerwy ktoś znikał z żywą gotówką.

Wreszcie chyba z nudów zdecydowałem się tam wejść, co ze względu na moją nie najlepszą sytuację finansową stanowiło pewien problem. Ona natychmiast wyciągnęła rękę po pieniądze i jednym chytrym rzutem oka sprawdziła sumę. Niezbyt pewnie cofnęła się na wysokich obcasach jakieś cztery kroki i po omacku wrzuciła forsę do kartonowego pudełka, prawdopodobnie po czeskich butach, znajdującego się gdzieś bardzo wysoko w labiryncie piramid powstałych ze skrzynek z pustymi butelkami. Zwrócona do mnie przodem, rozpięła tylko dla mnie nie do końca rozpinany sweterek w kolorze lila. Kiedy w głębokim dekolcie ukazał się jasnoróżowy biustonosz, wyjęła z niego, również tylko dla mnie, najpierw prawą, a potem lewą pierś i wolno się zbliżając, z figlarną miną dwa czy trzy razy podrzuciła je nieznacznie do góry, jednocześnie lekko uderzając nimi o siebie, jedną o drugą. Patrząc mi przez cały czas prosto w oczy, podeszła bardzo blisko. Była naprawdę piękna. Wyczuwało się jej równy oddech, a jej ciemne włosy pachniały oranżadą, tą pink oranżadą. Pozwalając macać się po gołych cyckach, sama wprawną prawą ręką delikatnie, przez spodnie, po prostu łapała poborowego za wacka. Osobiście zawsze miałem negatywny stosunek do tej bardzo powszechnej nazwy organu męskiego. Uczucia te spowodowane były moją sytuacją rodzinną. Zważywszy, że ojciec mój nosił imię Wacław, słowo, wyraz, imię Wacek w mojej rodzinie wymawiano zawsze z szacunkiem i ciepłem i – co najważniejsze – w zupełnie innym kontekście. Niemniej, nie mając najmniejszego wpływu na to niesprawiedliwe i krzywdzące mnie, a właściwie całą moją rodzinę, nie mówiąc już o moim ojcu, nazewnictwo, zmuszony byłem je akceptować, ubolewając jednocześnie, że przecież tyle innych imion z równym lub nawet jeszcze większym powodzeniem mogłoby się doskonale do tego celu nadawać. Więc poborowy miętosił gołe cycki Lollobrigidy, ona zaś prawą ręką łapała go przez spodnie charakterystycznym ruchem rezolutnej i zaradnej, powiedzmy, pani domu, która robiąc zakupy, długo i z wielkim znawstwem wybiera ze sterty wystawionych na sprzedaż ogórków jednego, w celu przygotowania, powiedzmy, mizerii do obiadu dla, powiedzmy, męża. Po chwili cofała rękę, starannie lokowała swoje cycki z powrotem w staniku, zapinała lila-sweterek i namiętnym, ale zdecydowanym głosem szeptała: „Już koniec...", lekko wypychając petenta z tego bardzo zaimprowizowanego pseudo-buduaru. Sprawę załatwiała szybko, wręcz ekspresowo, ale jak się zaklinał Karol, mający lepszy ode mnie kontakt z poborowymi, wielu z nich ta chwila z Lollobrigidą całkowicie wystarczała. W czasie przestojów w zapiętym pod szyję sweterku w kolorze lila pojawiała się jak gdyby nigdy nic za stołem-ladą i kontynuowała sprzedaż oranżady. Dziada w tym czasie szybko znikał za kotarą, gdzie prawdopodobnie liczył i lepiej zabezpieczał ciężko zarobiony przez Lollobrigidę szmal. Gdzieś koło wpół do drugiej nieźle już skołowana gwiazda przez pomyłkę czy z powodu ogłupienia z jednym gołym cyckiem stanęła za stołem-ladą. Poborowi nawet specjalnie tego nie zauważyli i nie zrobiło to na nich większego wrażenia, bo kto chciał, to już zdążył przedtem pooglądać, a poza tym od pewnego czasu na sali pojawiało się coraz więcej alkoholu i coraz bardziej wzmagał się nastrój beztroskiego opilstwa. Na nieszczęście od strony drzwi, gdzie urzędowała komisja, w olbrzymiej czapce garnizonówce nadszedł major kurdupel, zobaczył Lollobrigidę, i jak nie rozedrze mordy. Ona ogarnęła się w sekundę i czmychnęła na zewnątrz. A ten wrzeszczał, że trzeba przeprowadzić śledztwo, że to na pewno wróg nasyła takie, żeby osłabić morale wojska i tak dalej. Monolog swój kierował głównie do dziady, który na początku słuchał go wyciągnięty jak struna w pozycji na baczność, ale kiedy zaczął rozkładać ręce, dodatkowo łącząc ten gest z gestem wzruszania ramionami, to wygląd miał tak debilowaty, że major machnął tylko ręką, próbując nawiązać kontakt ze snującymi się wszędzie poborowymi. Niestety nikt nie miał zamiaru go słuchać, więc po chwili ciężko zawiedziony, zło-rzecząc, wycofał się z sali.

Skierowałem się w stronę estrady, gdzie ostatni kwa-drans niepodzielnie należał do Moniuszki. Śpiewała z wdziękiem burdelmamy druga artystka od muzeum. Znowu zachciało mi się rzygać. Marzyłem, żeby już zna-leźć się w domu i po tej straszliwej muzyce posłuchać ze stacji radiowej AMERICAN FORCES NETWORK IN EUROPE big-ban-dów Tommy'ego Dorseya, Charliego Barneta, Jimmy'ego Lunceforda, Counta Basie'ego czy Benny'ego Goodmana. Tymczasem po krótkiej przerwie z estrady popłynął cha-rakterystyczny rytm piosenek radzieckich, które w tych czasach niestety były wszechobecne, aż uszy bolały. Tym razem śpiewała dupiata brunetka – ładna twarz z lekkim wąsikiem, okolona rozpuszczonymi długimi włosami. Na ramiona miała narzuconą dużą trójkątną czarną chustę – ni to kapa na łóżko, ni to jakaś wymyślna liturgiczna sza-ta. Jej piękne czarne włosy zlewały się z czarną kapą, tak że mimo dobrego wzroku musiałem się dobrze przyjrzeć, nim dostrzegłem, gdzie kończą się włosy, a zaczyna kapa, i gdzie się kończy kapa, a zaczynają włosy. Niezbyt długa zielona suknia odsłaniała mocne, ale zgrabne nogi z wi-docznym bujnym owłosieniem pomimo grubych pończoch, co dla tutejszej widowni oznaczało niezmierzone pokłady kobiecej namiętności. Na kształtnych stopach miała drew-niaki imitujące modne w owym czasie korkowce. Akom-paniował jej, przez cały czas uczesany na mokro, wszędo-bylski pianista w gumowcu, a przy bardziej dynamicznych kawałkach pojawiał się jeszcze zgrywus z harmoszką. Miał on przyprawione niby-kozackie wąsy z czarnego sznuro-wadła, a na głowie coś w rodzaju kozackiej papachy z czerwoną gwiazdą, wyciętą z błyszczącego papieru. Nieźle grał, nawet trochę synkopował. Sytuacja musiała go strasznie bawić, bo co pewien czas robił małpie miny. Kiedy zgrywus zszedł z estrady, bo zaczęły się jakieś wolniejsze radzieckie numery, atmosferę niepokoju wprowadził pewien poborowy, usiłujący odlać się przed jednym z dzieł eksponowanych na prawo od estrady. Obraz ten, dosyć dużego formatu, przedstawiał wiejski pejzaż widziany jakby od strony zabudowań, czy raczej od strony gumna. Widać na nim było na pierwszym planie jakieś krzaki, a potem tylko pola i pola, i gdzieś pod horyzontem siedem traktorów z rozwianymi czerwonymi chorągwiami, z czego jeden zamiast czerwonej miał biało-czerwoną i jechał jako ostatni, i jakby trochę wolniej. Zupełnie jak siedem krasnoludków od królewny, a ten ostatni to niechybnie Gapcio. Odlewający się, patrząc w socrealistyczny obraz, mógł myśleć, że już jest z powrotem u siebie na wsi, ale on wcale w obraz nie patrzył, cały czas do tyłu patrzył na śpiewającą i cały czas wolną ręką do niej machał, nawet wtedy, gdy brutalnie odciągnięty przez kilku innych poborowych, nie przerywając sobie, a nawet stawiając pewien opór, wleczony był w kierunku śmierdzącego, zarzyganego sracza.

Artystka właśnie skończyła śpiewać jakąś liryczną ruską chałę, gdy znowu pojawił się zgrywus z harmoszką i zaczęła jeden z popularnych szmoncesów radzieckiego kompozytora Dunajewskiego, który prawdopodobnie miał stanowić clou, a zarazem finał programu. Wszystko szło okej, kiedy nagle z samego końca sali rozległ się głośny ryk: „Pokaż cipę!" Artystka puściła tę propozycję mimo uszu. Odrzuciła tylko jak łania głowę do tyłu, pozwalając bujnym, długim, kruczoczarnym włosom opaść jeszcze bardziej na potężny zad, i śpiewała dalej. Teraz może bardziej zamyślona, oczy miała przymknięte i widać było, że stara się z powrotem odzyskać nastrój. Dochodziła właśnie do refrenu, kiedy z innej części sali doszedł jeszcze głośniejszy krzyk: „Ty cygańska kurwo, pokaż cipę!" Zgrywus próbował zagłuszyć ten głos, wydając kilka rozpaczliwych akordów na swoim instrumencie, co miało wręcz odwrotny skutek, bo jeszcze bardziej wyeksponowało ten nieodpowiedzialny, choć tak spontaniczny okrzyk. Tym razem artystka przerwała w pół słowa i poleciała z estrady w kierunku drzwi z napisem KOMISJA, a kiedy je otworzyła, z potwornym wrzaskiem pogalopowała z powrotem, bo zderzyła się tam oko w oko z grupą dwunastu kompletnie gołych, gotowych na wszystko wieśniaków, udających się właśnie z przebieralni na mierzenie, ważenie i inne badania lekarskie. Pianista tak był zajęty akompaniamentem, że zupełnie nie wiedział, co jest grane, a gdy ona leciała, on myślał prawdopodobnie, że znowu obrzucą go jakimiś pomidorami, na które sezon wcale się jeszcze nie skończył. Biegł nieborak w tym swoim za długim gumowcu, patrząc do tyłu, czy coś już na niego nie leci. Inni artyści i artystki, kierowani instynktem stada, zbiegali jak małpy z estrady i w pośpiechu opuszczali salę, aż ostatni spokojnie wyszedł zgrywus.

Robiło się już późno. Poborowych zostało nie więcej jak trzydziestu, estrada pusta, kuchnia polowa już wygasła, kapral z młodą gdzieś się zapodziali, ostatnio ktoś ich widział, jak na podwórzu włazili pod plandekę wojskowej ciężarówki. Koło zimnej kuchni siedział jeszcze Karol, dojadając bez apetytu resztę zupy, stara w tym czasie liczyła i segregowała świeżo umyte poniemieckie menażki. Kiedy zmęczonym głosem zapytał starą, lubiącą nade wszystko poświntuszyć, która teraz może być godzina, i w odpowiedzi usłyszał „Wpół do piczy, kwadrans na jaja", nawet się nie uśmiechnął. Siedział osowiały, na czole pojawiły mu się kropelki potu. Poszedłem rozejrzeć się po sali. Właśnie przed komisję wchodziła przedostatnia już chyba grupa poborowych. Stary kolejarz też zwijał swój majdan. Przez jedno z wielkich okien, otwarte na oścież, podawał skrzynki identycznemu jak on, tylko grubo młodszemu facetowi. Po Lollobrigidzie zaginął wszelki ślad, a oni układali te skrzynki na stojącą nieopodal rolwagę, zaprzężoną w średniej wielkości siwego wałacha. Znowu zaczęły mnie nachodzić czarne myśli. Zdałem sobie sprawę, że za kilka minut niechybnie mogę stać się posiadaczem karty wcielenia, a wtedy to już dupa blada.

„Ostatnia grupa zachodzi przed komisję!" Weszliśmy wszyscy. Było nas nie dwunastu, tylko zaledwie dziewięciu. Zdecydowałem się wejść z ostatnią grupą, bo do końca liczyłem, cały czas żarliwie modląc się w myślach, że może coś niespodziewanego w ostatniej chwili się wydarzy. Jakieś trzęsienie ziemi, bombardowanie, trzecia wojna światowa lub może jeszcze jakiś inny straszliwy kataklizm, który brutalnie przerwałby pracę komisji. Niestety teraz wraz z innymi grzecznie rozbierałem się w mniejszym pokoju przylegającym do sali, w której urzędowała komisja. Była to sala w formie kiszki, jakieś sześć na dwadzieścia metrów. Szczytowa ściana miała dwa duże okna z pomalowanymi na biało szybami w dolnej połowie. Na pierwszym planie stała miara i waga zarazem, a obok niej mały stolik z jakimiś tajemniczymi medycznymi akcesoriami. Tu urzędował felczer i dwie pielęgniarki. Lekarz wojskowy, w randze podpułkownika, chwilowo siedział dalej wśród oficerów. Niedaleko wagi-miary zaczynał się bardzo długi stół w kształcie bardzo wydłużonej litery l, tylko że litery L odwróconej do góry nogami, patrząc z perspektywy wchodzącego poborowego, bo jej krótsza część, tak zwana podstawa, znajdowała się pod oknami. Siedział tam przewodniczący, starszy już pułkownik, i znany nam major kurdupel. Po dwóch stronach pułkownika siedzieli pisarz podoficer, który na wstępie zebrał nasze książeczki wojskowe, oraz sekretarka. Pułkownik miał nawet dobry wygląd, na pewno nie wiedział, kto to może być Chu Berry, Bix Beiderbecke czy nawet Woody Herman, który najwyżej mógł mu się kojarzyć z Hermannem Goeringiem, ale mimo to nie wyglądał, jak inni tu, na kompletnego idiotę. Długą część stołu okupowali oficerowie reprezentujący różne rodzaje broni, jak artyleria, artyleria przeciwlotnicza, wojska inżynieryjne, wojska kolejowe, lotnictwo, marynarka wojenna. Między nimi było jeszcze trzech czy czterech koszmarnie ponurych cywilów. Całe to towarzystwo siedziało po jednej stronie długiego stołu, podpierając ścianę. Druga strona, ze znacznie większą przestrzenią, stanowiła coś w rodzaju wybiegu. Ostatnia grupa poborowych z całą pewnością nie należała do przodujących. Dwóch zdecydowanie przygarbionych, jeżeli nawet nie lekko garbatych, z czego jeden mimo dwudziestu lat łysy jak kolano. Następny osobnik z patologicznie krótszą i jakby znacznie chudszą i gorzej umięśnioną prawą ręką, czwarty – bardzo wysoki chudy blondyn w okularach, w których soczewki musiały być bardzo silne, bo wyglądały jak dna butelek, na cienkich, krzywicznie pałąkowatych nogach, również przedwcześnie wyłysiały. Słyszałem, jak koledzy śmiali się z niego, że siedem razy chodził do Lollobrigidy, a on prostował, że tylko pięć. Ja pamiętam dobrze, że z podejrzanie dziwną miną stale tam krążył. Kolejnych dwóch w miarę normalnych, z których jeden niestety metr pięć w kapeluszu, ale za to z imponującej wielkości organem. Siódmy, niby też normalny, nawet dosyć atletycznie zbudowany, tyle że z przymkniętym na fest prawym okiem, potem Karol i ja – okaz zdrowia z nieznaczną niedowagą. Z wyjątkiem mnie, co jako ciekawostkę zauważyłem w rozbieralni, wszyscy dżentelmeni w mojej grupie obowiązkowo nosili już długie gacie i prawie wszyscy mieli bardzo długie i żółte paznokcie u stóp. Na pierwszy ogień poszli dwaj garbusi, mierzenie, ważenie, głupie pytania komisji. Zostali wcieleni do wojsk pancernych. Radości nie było końca. Jeszcze pułkownik im powiedział: „Nie martwcie się, wojsko was wyprostuje". W swojej wsi uchodzili za kaleki, a tu proszę bardzo, normalnie będą żołnierzami. Ten od krótszej ręki niestety uznany za niezdolnego, „bo jak z tą ręką chcecie bronić swoją ojczyznę". Wyszedł kompletnie załamany. Atleta z zamkniętym na fest okiem wcielony... „Z tym okiem będzie wam łatwiej celować i trafiać w angloamerykańskich imperialistów, jak dojdzie co do czego", zażartował przyjaźnie major.

Jako następny poszedł Karol. Stale narzekał, że go brzucho bardzo boli, był osłabiony, blady, ruchy mu spowolniały. Kiedy z trudem wdrapał się na wagę-miarę i już został nawet zważony, w żaden sposób nie można było zmierzyć, ile ma wzrostu, tak go jakoś powyginało. Felczer z pielęgniarką usiłowali równo ustawić go na miarze--wadze, żeby ostatecznie i urzędowo ustalić wzrost Karola, i kiedy podczas tego ustawiania pielęgniarka swoją kształtną kobiecą rączką lekko nacisnęła jego brzuch, to zupełnie wystarczyło. Pozorny spokój został najpierw przerwany jakimś nagłym, dziwnym, niesamowitym odgłosem, a zaraz potem zdesperowanym wrzaskiem felczera. „O kurwa mać!" Wszystkie oczy zwróciły się w tym kierunku. Okazało się, że lekki nacisk kształtnej kobiecej rączki spowodował, trwające ze trzy sekundy, totalne wypróżnienie się w pozycji stojąc niekontrolującego już nic Karola. Pielęgniarka i zarazem współsprawczyni zdążyła z piskiem „Io Jezu!" w ułamku sekundy odskoczyć i to ją uratowało, natomiast felczer, który w tym momencie miał nieszczęście znajdować się na tyłach Karola, i jeszcze do tego się zagapić, szybko zdarł z siebie felczerski fartuch i cisnąwszy go na podłogę, z oczami szaleńca, nie bacząc na obuwie i na to, że w kieszeni fartucha miał służbowy termometr, deptał go, jakby chciał go wdeptać w ziemię. W ciągu tych bardzo długich, niefortunnych trzech sekund zdezorientowany do maksimum Karol zdążył jeszcze, nie wiadomo dlaczego, wykonać szybki obrót dookoła własnej osi, zbliżony do tak zwanego z niemiecka TEUFELSMUHLE. Z powodu ogromnego, od dłuższego już czasu tłumionego przez Karola ciśnienia siła rażenia i rozrzut, a właściwie rozprysk, były monstrualne. W jego zasięgu znalazło się kilku oficerów i jeden podobno jakiś bardzo ważny cywil, wraz z ich rozłożonymi na stole papierami, stolik z medycznymi akcesoriami, nie mówiąc już o samej miarzewadze i bardzo dużej powierzchni podłogi. Oficer marynarki – komandor, siedzący na samym końcu stołu, a tym samym najbliżej wagi-miary, widząc, co się zaczyna dziać, ratował się brawurową robinsonadą, jak trzecioligowy bramkarz, starający się za wszelką cenę wyłapać niespodziewaną piłkę po przeciwnej stronie bramki. Niestety nabił sobie na czole guza, poważnie uszkodził rękę, ale prawdę mówiąc, na nic mu się to nie zdało. Cała dwudziestokilkuosobowa kadra skupiła się wokół pułkownika, usiłującego w dzikim pośpiechu za wszelką cenę, desperacko otworzyć nigdy nieotwierane okna. Ponieważ stosunkowo szybko zaczął rozprzestrzeniać się niezbyt miły dla nosa zapach, nas popędzono z powrotem do szatni, każąc natychmiast się ubierać, oczywiście z wyjątkiem sprawcy, który nieruchomy, z dramatycznie poważną miną, stał na wadze--miarze, sepleniąc co chwila „metr sześćdziesiąt cztery... metr sześćdziesiąt cztery... metr sześćdziesiąt cztery...", bo w tym całym rozgardiaszu sam zdążył już się dokładnie zmierzyć. Bardzo długo nic się nie działo. Z przyległej sali dochodziły podniesione głosy, z których można było rozróżnić spokojny, niski głos pułkownika z silnym ruskim akcentem i piskliwy dyszkant majora. Po jakiejś półgodzinie pozwolono nam wyjść. Całe towarzystwo z częścią uratowanych papierów stało prawie w komplecie koło opuszczonej estrady, ale co chwilę któryś z oficerów wychodził, demonstracyjnie manifestując obrzydzenie. Nawet Karol, w pewnym sensie bohater dnia, stał na baczność w charakterze obesrańca w swoich długich kalesonach, u których z nadmiaru emocji nie zawiązał był troczków, i w podkoszulku zapinanym pod szyją na trzy pościelowe guziki. Miał minę winowajcy i wyglądał jak podsądny, który na sali rozpraw oczekuje wyroku kary śmierci lub dożywocia.

Głos zabrał pułkownik. „No, stała się nieprzyjemność, albo sabotaż, albo wypadek. Ja twierdzę, że to wypadek, major Kostrzewa – tu garstka poborowych nerwowo zachichotała – major Kostrzewa twierdzi, że sabotaż. Ja uważam, że jakby to miał być sabotaż, to miałby miejsce kilka godzin wcześniej. Wy – tu zwrócił się do wciąż stojącego w bieliźnie na baczność Karola – wy tu wszystko posprzątacie. Zostaniecie tutaj tak długo, jak będzie trzeba i zrobicie wszystko. Sierżant co godzinę będzie was tu sprawdzał. Jeżeli nie wykonacie zadania, major skieruje do prokuratora sprawę o sabotaż, a wtedy marna wasza kiszka. Jutro rano chcę tu mieć bombonierkę, formalnie bombonierkę i ani jednego najmniejszego śladu tego paskudztwa, cóście tu wykonali. I powiem wam na przyszłość, uważajcie, żebyście – tu pułkownik zajrzał do jednej z trzymanych w ręku książeczek wojskowych – uważajcie, żebyście, Kudliński, nie przesrali tak całego waszego życia. Jak skończycie czyścić to paskudztwo, sierżant odda wam waszą książeczkę wojskową i możecie jechać do domu. Macie czas do jutra do siódmej rano. A wy – tu zwrócił się do nas wszystkich – wy pięciu, którzy na skutek tego nieprzyjemnego wypadku, niestety, nie zdążyliście stanąć przed komisją, za kilka dni dostaniecie wezwanie – tu nie wiadomo dlaczego rozbawiony pułkownik puścił do mnie oko – dostaniecie wezwanie na następną komisję w terminie EXTRA". Oddał nam nasze dokumenty. „A teraz rozejść się!"

Dochodziła piąta, kiedy opuściłem budynek, w którym odbywał się asenterunek. Czułem się jak po ciężkim nokaucie. Marzyłem, żeby się wykąpać i przebrać. Wiedziałem dobrze, że jeżeli znajdę się w domu, to z powodu wielogodzinnego napięcia i zmęczenia natychmiast zalegnę w łóżku i żadna siła nie wyciągnie mnie z niego aż do jutra. Tymczasem miałem wielką potrzebę kontaktu z jakimiś normalnymi ludźmi. Ponieważ występ Karola definitywnie odebrał mi apetyt, zdecydowałem, że pójdę na basen. Niemcy zostawili w tym mieście kilka wspaniałych kompleksów krytych pływalni. Poza sezonem letnim, który spędzałem bądź nad morzem, bądź w dużym towarzystwie na którymś z odkrytych basenów, przez resztę roku spotykaliśmy się na basenie krytym. Jeden z nich znajdował się w samym centrum. Bywałem tam kilka razy w tygodniu, a ponieważ sekcja pływacka mojego klubu sportowego miała tam treningi, mnie, mimo że w pływaniu nie byłem wyczynowym zawodnikiem, udało się tam załatwić własną szafkę zamykaną na dwie masywne kłódki. Pływanie zawsze było dla mnie na pierwszym miejscu. Jeżeli udawałem się gdzieś na dłużej niż tydzień, najważniejszym problemem było dla mnie to, czy jest tam gdzie popływać. Niestety pływając od czwartego roku życia, przez wiele lat pogłębiałem swoje drobne pływackie błędy, które praktycznie były już nie do wykorzenienia. Mogłem przepłynąć każdy dystans, każdą rzekę czy każde jezioro, ale o wygraniu poważniejszych zawodów czy o biciu jakichś rekordów nie było już mowy.

Jak zwykle basenowe towarzystwo znajdowało się w komplecie i gdy opowiedziałem im moje dzisiejsze przygody, uświadomili mi pewien bardzo istotny i szalenie niepokojący mnie fakt. Otóż okazało się, że od paru lat istnieją w wojsku jednostki, do których wciela się specjalny element, taki jak synowie byłych kapitalistów i obszarników, synowie bogatych chłopów i przedwojennych polityków, reakcjoniści i młodzi ludzie demonstrujący swoje proamerykańskie i prozachodnie sympatie. Grupę tę pod wspólną nazwą wrogów klasowych lub elementu antysocjalistycznego czy antyradzieckiego kieruje się do specjalnych batalionów, gdzie niby w ramach zasadniczej służby wojskowej zmuszana jest do katorżniczej pracy, często czternaście, szesnaście godzin dziennie, w kopalniach węgla, przemyśle ciężkim i chemicznym, na najbardziej niezdrowych i niebezpiecznych odcinkach. Cel – biologiczne wyniszczenie niepożądanych elementów w budującym socjalizm kraju. Kandydaci do tego wojska typowani są przez partię oraz komunistyczne organizacje młodzieżowe, głównie ZMP i urząd bezpieczeństwa. Nareszcie wyjaśniła mi się obecność w komisji asenterunkowej tych ważniaków po cywilnemu z ponurymi mordami.

Pływałem ponad godzinę. Pływanie w basenie, mimo samej przyjemności obcowania z wodą, jak by nie patrzeć, jest zajęciem dosyć nudnym, często jednak daje okazję do spokojnego pozbierania myśli. Nie powiem, to, co usłyszałem, poruszyło mnie dogłębnie. Praca fizyczna nigdy mnie nie interesowała i nigdy nie czułem najmniejszej potrzeby i predyspozycji w tym kierunku. Nie chciałem znaleźć się w tych karnych roboczych brygadach, wiedziałem jednak świetnie, że na sport też za bardzo nie mam co liczyć. Owszem, istniała pewna szansa, że może zostanę zakwalifikowany do kadry sportowej reprezentacji wojska, ale ponieważ nie posiadałem jeszcze klasyfikacji mistrzowskiej, tylko pierwszą klasę sportową, było prawie pewne, że raczej zasilę stan osobowy roboczych batalionów. Do tego na moją niekorzyść wpływały jeszcze dwa elementy – moja fatalna polityczna opinia oraz jakieś zakulisowe antagonizmy trenerów mojego zrzeszenia z trenerami wojskowej reprezentacji sportowej. Cała ta sytuacja nie przedstawiała się za różowo. Perspektywa, jaka prawdopodobnie wkrótce mnie czekała, nie dawała mi spokoju i zmuszała do reakcji. Miałem więc pełną motywację, żeby chcąc oszczędzić swoje zdrowie, a może nawet i życie, uciekać z tego koszmarnego, zdominowanego przez wieś i lumpenproletariat kraju.

Próbę ucieczki do amerykańskiej strefy okupacyjnej w Niemczech podjęła moja rodzina niespełna dwa lata po zakończeniu wojny, kiedy namacalnie ujawnił się straszliwy, wzmagający się z dnia na dzień terror nowej, komunistycznej i prosowieckiej władzy i kiedy ostatecznie wiadomo już było, że żadnej trzeciej wojny światowej raczej nie będzie i że żadni Amerykanie z generałem Eisenhowerem czy Andersem na białym koniu niestety już tu nie wkroczą, gdy wszyscy dokładnie zaczynali się orientować, co jest i co będzie grane. Główny powód tej ucieczki stanowił jednak mój ojciec, który prawie całą wojnę walczył w oddziałach AK i niedługo po jej zakończeniu był poszukiwany przez UB. Chcąc uniknąć aresztowania, musiał się ukrywać. Całą akcję organizował brat mojej mamy, wujcio Stasio. Przed wojną był współwłaścicielem dobrze prosperującej firmy maklerskiej i obywatelem miasta Gdyni. Całą wojnę pracował dla wywiadu AK, znał świetnie ileś tam języków, bardzo przystojny, energiczny i inicjatywny, tyle że kobieciarz. Ja jako młody chłopak z wojennym doświadczeniem, potrafiący trzymać język za zębami, byłem na bieżąco informowany przez moją mamę o postępie przygotowań. Niestety jakieś dziesięć dni przed całą sprawą wuj został w tajemniczych okolicznościach zamordowany. Tragedia ta bardzo wstrząsnęła moją rodziną i niestety sprawa ucieczki z kraju upadła. W mojej świadomości zostało jednak przekonanie, że jest zupełnie możliwa i realna.

Był już wczesny wieczór, kiedy opuściłem pływalnię. Strój Douglasa MacArthura wraz z swetrem US Navy zostawiłem w swojej basenowej szafce razem z książeczką wojskową, spoczywającą w zapiętej na guzik prawej kieszeni koszuli. Natychmiast przebrałem się w pozostawione tam kiedyś wąskie brązowe welwetowe spodnie, czarny sweter egzystencjalistów z Montmartre'u i angielski oficerski trencz burberry z wszystkimi bajerami. Nawet zmieniłem skarpetki, z białych wełnianych na cieńsze, w czerwono-pomarańczowo-cytrynowe poziome paski.

Znowu czułem się jak Humphrey Bogart. Jak obliczyłem, miałem trzy do pięciu tygodni. Wiedziałem, że jeżeli chcę się ratować, muszę działać błyskawicznie, bo inaczej zginę marnie. Przede wszystkim najważniejsze były kontakty. Ludzi, do których mógłbym się zwrócić i którzy ewentualnie byliby w stanie coś dla mnie zrobić, mogłem policzyć na palcach jednej ręki. Na pierwszy ogień poszedł Bławat. Daniel Bławat był przedwojennym komunistą, weteranem wojny domowej w Hiszpanii, gdzie walczył w międzynarodowych brygadach. Cudem doczekał okresu powojennego i w momencie, kiedy jego towarzysze broni zostawali członkami KC, generałami lub ministrami, Bławat nagle stwierdził, że ten cały komunizm to jest nic innego, tylko jeden wielki szwindel, i pracował jako szatniarz w najbardziej eleganckiej wówczas kawiarni w mieście. Bywałem tam niemal codziennie. Usytuowana była przy jednej z głównych ulic, naprzeciwko gmachu opery i najlepszego hotelu, gdzie jak fama głosiła, miał przed wojną apartament sam Hermann Goering. Odległość od basenu do tej kawiarni wynosiła może ze sto metrów, a nazywała się ona tak samo jak ulica, przy której znajdował się basen. Bławat był starozakonnym, co dla mnie miało bardzo duże znaczenie, bo wtedy bardzo wielu Żydów desperacko rozglądało się za jakąkolwiek możliwością wyjazdu z Polski. Muszę dodać, że w owych czasach legalny wyjazd z kraju był praktycznie niemożliwy. Podróżowali jedynie nieliczni, którzy w depozyt zostawiali swoje rodziny lub swoich partyjnie wysoko usytuowanych poręczycieli. Dla normalnych ludzi granice kraju pozostawały hermetycznie zamknięte. Bławat był człowiekiem prawym, uczciwym i mądrym. Znałem go od dawna i miałem do niego stuprocentowe zaufanie. Kiedy przedstawiłem mu swoją sytuację, pomyślał chwilę i powiedział, żebym się dobrze zastanowił, bo jest to cholernie niebezpieczne. Żydzi mają w pewnym sensie okoliczności łagodzące, że niby jadą budować swoje państwo Izrael, cóż z tego – dodał, śmiejąc się – że przeważnie budują to państwo w USA, Kanadzie, Europie Zachodniej, Ameryce Południowej, a nawet w Australii. Zaraz jednak spoważniał i powiedział, że ja w razie czego żadnych okoliczności łagodzących nie mam i mieć nie będę – i wezmą mnie za dupę pod trzema ciężkimi zarzutami:

Za zdradę socjalistycznego państwa.

Za próbę nielegalnego przekroczenia granicy.

Oraz... za dezercję.

Nie będąc nadto zachwycony moim pomysłem, stwierdził, że z dwojga złego lepiej, że zgłosiłem się z tym do niego, bo nawet nie mam pojęcia, ilu teraz jest w kraju prowokatorów, donosicieli, informatorów i konfidentów. Zapytał też, czy ktoś jeszcze wie o moim planie. Powiedziałem mu, że absolutnie nikt, bo niecałą godzinę temu pomysł ten przyszedł mi do głowy i walę z tym prosto do niego. Bławat nakazał mi konspiracyjnie, że nikt, ale to absolutnie nikt nie ma prawa o tym wiedzieć i żebym za trzy dni przyszedł, to może coś mu się uda do tego czasu dla mnie zrobić. Za trzy dni była to raczej śmieszna propozycja, bo widywaliśmy się właściwie codziennie. W ciągu następnych paru dni, wchodząc do kawiarni, z nadzieją zaglądałem Bławatowi w oczy, a on z kamienną twarzą stał za kontuarem swojej szatni, jakby mnie kompletnie olewał. Nie mogłem spać, bezustannie czekałem i sprawdzałem pocztę, czy przypadkiem nie przysłali mi już tego całego wezwania w terminie EXTRA. Wiedziałem, że mam bardzo mało czasu, a tymczasem Bławat straszliwie się ociągał. Z nerwów zacząłem się zastanawiać, czy nie próbować działać na dwa albo nawet na trzy fronty, ale na razie, jak nakazał mi Bławat, z nikim innym na ten temat nie rozmawiałem. Piątego czy szóstego dnia, kiedy po raz kolejny z nadzieją wchodziłem do kawiarni, Bławat skinął na mnie jakąś koszmarną sowiecką gazetą. „Jutro w probierni ryb na rynku o trzeciej trzydzieści zajmiesz jeden z dwuosobowych stolików pod ścianą naprzeciw baru. Będziesz czytał tę gazetę, podejdzie do ciebie ktoś i powie ŁADNA DZISIAJ JESIENNA POGODA, a ty odpowiesz, czytając gazetę, DLA JEDNYCH ŁADNA, DLA DRUGICH JESZCZE ŁADNIEJSZA. To będzie ten człowiek, którego potrzebujesz. A teraz powtórz hasło.

Następnego dnia po dokładnym sprawdzeniu, czy nie przyszedł do mnie żaden list z wojska, dobrze przed wpół do czwartej siedziałem już przy dwuosobowym stoliku naprzeciw baru. Probiernia ryb był to w założeniu lokal mający na celu reklamowanie ciemnej hołocie konsumpcji ryb, w kraju, który po wojnie powiększył nieco długość swojego wybrzeża. Potrawy rybne podawane tu były super, a sama restauracja należała do najelegantszych w mieście. Zamówiłem karpia po żydowsku i kieliszek białego wina. Ruską gazetę położyłem dyskretnie na brzegu stolika, że niby to nie moja, ale punktualnie o trzeciej trzydzieści z nietajonym wstrętem i obrzydzeniem wziąłem ją do ręki. Najgorsza była świadomość, że zobaczy mnie z nią ktoś ze znajomych, albo nawet ktoś, kto zna mnie tylko z widzenia. Na wszelkie sposoby starałem się zasłaniać tą gazetą i stać się w pewnym sensie niewidzialnym, złorzecząc w duchu, jaki ohydny numer wyciął mi Bławat, którego w tym momencie szczerze nienawidziłem. Ktoś mnie klepnął w ramię. Oderwałem bezmyślny wzrok od zupełnie nieczytelnej dla mnie cyrylicy. Nade mną stał Lio. Już miałem go przeprosić, żeby nie siadał, bo właśnie przy tym stoliku umówiłem się z jakąś cud pięknością, kiedy on zaczął coś bredzić o ładnej jesiennej pogodzie, co przez chwilę do mnie nie dotarło, bo w życiu by mi nie przyszło do głowy, że tym kimś, na kogo czekam, będzie właśnie Lio. Kiedy oprzytomniałem, wyrecytowałem odzew, a on usiadł. „Widzę, że nareszcie zacząłeś czytać normalne gazety. Powiedz teraz, jak się miewa towarzyszka Nadieżda Krupska".

Leona vel Lio znałem od kilku lat. Zwracałem się do niego najpierw panie Leonie, a potem Lio, jak przeszliśmy na ty. Miał około czterdziestki, ale dla mnie był starcem. Lio handlował ciuchami. Najpierw miał duży stragan na gigantycznym targowisku noszącym nazwę od imienia jakiegoś biskupa. Można tam było kupić dosłownie wszystko: Rembrandta, każdy rodzaj broni i amunicji, francuskich impresjonistów, prawdziwe i fałszywe skrzypce Stradivariusa, dobrze zbudowaną kobietę, płytę Colemana Hawkinsa, motocykle Harley-Davidson, Indian, Triumph, Victoria, Norton, BMW, BMW–SAHARA, Zündapp, Zündapp-Sahara, DKW, NSU, Moto Guzzi i Jawa, psy wszystkich ras, dolary, złoty zegarek Patek Philippe, Otto Dixa, morfinę, złoto, amerykańskie prezerwatywy z pojemniczkiem na spermę, w których nawet sam pojemniczek nie był aż tak ważny, jak ważna była niezawodność tego produktu przy szerzącym się w kraju syfilisie i innych francach. Wszyscy sprzedający i wszyscy kupujący ze łzami w oczach wspominali bardzo niedawne jeszcze czasy, kiedy masowo wysiedlano resztki Niemców, z których każdy miał prawo zabrać tylko bagaż ręczny, czyli tyle, ile zdołał unieść. Bogaci niemieccy mieszczanie wyzbywali się tu wszystkiego, często za jeden procent wartości. Ale dobrze im tak, bo z ich powodu mamy to, co mamy, i niech za wszystko dziękują swojemu ukochanemu Hitlerowi. Potem Lio zlikwidował stragan, zawsze z szacunkiem nazywany przez niego stoiskiem, i przeniósł biznes do dużego mieszkania w centrum. Miał sporo bogatych klientów i handel świetnie mu prosperował. Codziennie dyżurował od piątej do siódmej przy stoliku w małej kawiarence niedaleko kawiarni Bławata. Umawiał się zawsze na następny dzień, jak mawiał, „by appointment only", u siebie w domu. Nigdy nikomu nie robił wyjątków, miał żelazne zasady. W soboty nigdzie go nie było. Mieszkał sam i nawet kilka razy prosił mnie, żebym przyszedł do niego i kręcił się po mieszkaniu, bo będą jacyś klienci, których on nie jest pewny, a nawet trochę się ich obawia. Miał dobrych dostawców i oferował tak rewelacyjny towar, że zawsze zostawiało się u niego całe pieniądze, a często donosiło następnego dnia brakującą resztę. Banków wtedy żadnych nie było, a jeżeli nawet jakieś były, to jako czysta fikcja i abstrakcja. Królował wszechpotężny CASH.

Lio był niebieskookim, piegowatym, lekko rudawym blondynem o rysach tak wyraźnie semickich, że w czasie wojny w żadnym zakątku okupowanej Europy nie miałby biedak szans nawet bardzo dyskretnie przejść więcej niż sto metrów. Szmalcownicy lub Niemcy namierzyliby go natychmiast. Najśmieszniejsze było to, że Lio nosił się jak akowiec. Na krótkie i dosyć chude nóżki wkładał zawsze wypastowane i zawsze, mimo zalegających wszędzie gruzów i grubych pokładów jakiegoś koszmarnego pyłu, kurzu i błota, błyszczące buty do konnej jazdy, zwane potocznie oficerkami, jasne gabardynowe spodnie, też do konnej jazdy, noszone na kawaleryjskim pasku z charakterystycznym kilkuogniwowym mosiężnym łańcuszkiem po lewej stronie, służącym kawalerzystom do podwieszania szabli, której Lio niestety nie podwieszał. Na odrobinę przygarbionych plecach spoczywała olbrzymia tweedowa marynara, pod którą akowcy nierzadko ukrywali tak zwany rozpylacz, czyli pistolet maszynowy, najczęściej dosyć zgrabny zrzutowy angielski STEN, żeby w najodpowiedniejszym momencie niespodziewaną serią skosić kilku znajdujących się w zasięgu ognia esesmanów, gestapowców i innego rodzaju faszystowskie gadziny. Ale jak gdyby puentą w stroju Leona vel Lio był zawsze krawat, zawiązany najczęściej na niebieskiej koszuli z małym kołnierzykiem. Krawaty Leona vel Lio były gigantyczne, bardzo kolorowe i przedstawiały a to tańczącą na tle laguny Hawajkę, a to tors kowboja z głową wiernego mustanga na drugim planie, a to palmy z zachodzącym kalifornijskim słońcem, jazz band czy nawet powiększony fragment amerykańskiego dolara, co już ze strony Leona vel Lio było zupełną prowokacją, zważywszy, że od niedawna za posiadanie dolarów i handel nimi groziły różne sankcje, do kary śmierci włącznie. Krawaty Leona vel Lio nie tylko były amerykańskie, krawaty Leona vel Lio były Ameryką. Nigdy przedtem nie ufałem mu za bardzo. Może to z powodu oficerek, które tak chętnie nosili jego współwyznawcy zatrudnieni w aparacie bezpieczeństwa. Bardzo się więc ucieszyłem, kiedy okazało się jednak, że Lio jest czysty jak łza i z aparatem bezpieczeństwa raczej nie ma nic wspólnego. Skinął na kelnerkę i zamówił dwie wódki. Do wódki zawsze miałem stosunek negatywny. Już nawet abstrahując od uprawianego przeze mnie sportu, świetnie zdawałem sobie sprawę z tego, że każdy wypity kieliszek to następna cegiełka w dziele budowy komunizmu. Z tego też powodu często popadałem w konflikty z moimi kolegami, którzy sami nie wylewając za kołnierz, nie byli w stanie zrozumieć, jak można tak jak ja nie pić. Prawdziwy i jedyny dotychczas w moich zasadach wyłom uczyniłem kilka miesięcy wcześniej z niejaką Zulą.

Zula była zjawiskiem. Była tak piękna, że gdy szedłem z nią ulicą, to na sto mijanych przez nas osób może jedna nie obejrzała się za nami. Osoba ta najprawdopodobniej musiała mieć coś z oczami. Zulę można było porównać z młodziutką wówczas, wschodzącą gwiazdą włoskiego kina, Sophią Loren, z tym że Zula, zachowując podobne gabaryty, miała trochę mniej ostre rysy twarzy niż wspomniana Loren. Była ode mnie o trzy czy cztery lata starsza. Jako tak zwana rozwzódka zdążyła już mieć nawet dwóch czy trzech – nigdy nie dowiedziałem się całej prawdy – mężów, ale ja kompletnie straciłem dla niej głowę. Właściwie to znaliśmy się jedynie z widzenia. Owszem, kilka razy przebywaliśmy wspólnie w większym towarzystwie i wydawało mi się, że zawsze patrzyła na mnie z pewnym zainteresowaniem, ale nigdy nie miałem okazji, by podjąć jakieś bardziej zdecydowane kroki. Na brak dziewczyn nie miałem co narzekać, a z Zulą, o której myślałem bardzo często, czekałem na korzystny zbieg okoliczności. Był koniec stycznia. Krótko ostrzyżony, ubrany w RAF-owski kożuszek, żółty szalik, brązowe welwetowe spodnie, kolorowe w poziome paski skarpetki i wiśniowe, oczywiście amerykańskie półbuty na słoninie, czekałem przed Dworcem Głównym na taksówkę. Zobaczyłem, że podjeżdża, a kiedy się zatrzymała, ujrzałem wysiadającą z niej Zulę. Miała niewielką skórzaną walizkę i takąż torbę podróżną. Nie bacząc na nic, rzuciłem się natychmiast jej pomóc. Niosąc jej bagaż, przez cały czas złorzeczyłem, że tak mi nie na rękę to wszystko, bo tak bardzo nie mam czasu, ale muszę jej pomóc, bo odczuwam do niej bardzo silne uczucia rodzinne. Kiedy zaintrygowana spojrzała na mnie pytająco, powiedziałem, że ulubiona klacz pod wierzch jak również do linijki mojego wujka Poldyka nosiła właśnie imię Zula, co zresztą było szczerą prawdą. Rozbawiło ją to bardzo, może dotychczas nikt nie śmiał porównywać jej do klaczy. Staliśmy chwilę na peronie. Zula udawała się w podróż do stolicy, ponad siedem godzin pośpiesznym. Z pociągiem jak zwykle było coś nie tak i przez dworcowy megafon zapowiedzieli, że będzie opóźniony około czterdziestu minut. Oświadczyłem wtedy Zuli, że muszę jednak iść, bo nie mam czasu, i zostawiłem ją z walizką na środku peronu. Rozczarowana i wściekła zobaczyła, jak w pośpiechu się oddalam, ale ja wtedy szybko wbiegłem do dworcowej kwiaciarni, kupiłem największy i najpiękniejszy bukiet i po trzech minutach, zachodząc sprytnie Zulę od tyłu, wręczyłem jej kwiaty i zapytałem, czy wiedziała, że zaraz wrócę. Wiedziała. Na peronie czas minął bardzo szybko i kiedy podstawili pociąg, wsiedliśmy do wagonu. Zula podróżowała pierwszą klasą. W przedziale od razu się rozebrałem, powiesiłem kożuszek i usiedliśmy. Powiedziałem, że mam dla niej bardzo miłą niespodziankę. Wszystko teraz sobie dokładnie przemyślałem, a ponieważ od dawna tak bardzo ją kocham, postanowiłem jechać z nią do stolicy. Na jej pięknej twarzy odmalowały się trzy uczucia – rozbawienia, wzruszenia i przerażenia. Za wszelką cenę Zula próbowała odwieść mnie od tego zamiaru. Powiedziałem, że nie będę dla niej żadnym, ale to żadnym ciężarem i pokazałem jej sporo pieniędzy, które przypadkowo miałem przy sobie, oświadczając równocześnie, że będę tylko nosił jej walizkę – i to już będzie dla mnie maksimum szczęścia. Ponieważ do przedziału wsiadło jakieś starsze małżeństwo, a zaraz potem ksiądz, wyszliśmy z Zulą na korytarz.

Na temat podróży w jednym kolejowym przedziale z księdzem miałem bardzo świeże wspomnienia. Niecały rok temu tym samym pociągiem jechałem wraz z dwoma przyjaciółmi, Baczem i Siedlikiem, na konspiracyjną jazzową imprezę do Łodzi. W mieście tym przy Wyższej Szkole Filmowej istniał jazzowy zespół Melomani, składający się głównie ze studentów tej uczelni, którego liderem był grający na klarnecie student wydziału operatorskiego, legendarny Duduś Matuszkiewicz. Od czasu do czasu od mojego przyjaciela jeszcze z okresu wojny, kiedy to wspólnie z naszymi matkami uciekaliśmy przed bandami UPA, niejakiego Dziedziny, studiującego również w szkole filmowej, który często pomagał przy organizacji takich imprez, dostawałem cynk, że coś będzie, i wtedy, jak tylko mogłem, jechałem do Łodzi. Dziedzina zawsze był w stanie wpuścić mnie na imprezę, mimo że zawsze na jeden metr kwadratowy przypadało tam po kilkanaście osób. Te tajne koncerty odbywały się w zupełnie przypadkowych miejscach, w jakimś dużym mieszkaniu, w jakiejś świetlicy czy nawet – podobno – w jakiejś kotłowni. Nie muszę dodawać, że wszystko to wtedy było nielegalne i z pozycji władz oceniane skrajnie negatywnie. Cały czas obowiązywały zasady pełnej konspiracji. Jazz w tym czasie, jako symbol wrogiego amerykańskiego stylu życia i amerykańskiego imperializmu, nie mówiąc już o zgniłej amerykańskiej kulturze, był surowo zabroniony. Każdy z uczestników, niezależnie, czy grał czy tylko słuchał, musiał się liczyć z tym, że w każdej chwili może wtargnąć ubecja i po prostu wszystkich za wrogą działalność przynajmniej na czterdzieści osiem godzin zapudłować. Niemniej słuchanie na żywo dobrego jazzu, a Melomani to był w tym czasie numer jeden w kraju, było warte wszystkiego. Bacz i Siedlik, wiedząc, w jakim celu jadę do Łodzi, postanowili jechać ze mną, licząc, że dzięki mnie zostaną jakoś na krzywego ryja wpuszczeni na imprezę, obydwaj studiowali zresztą w stolicy, tak więc ten wypad był dla nich rodzajem krótkiej przerwy w podróży. Nie miałem oczywiście nic przeciwko temu, bo obaj byli to bardzo fajni i weseli faceci – i obaj kochali jazz.

SKYLINER Charliego Barneta był wtedy sygnałem rozpoznawczym niekonformistycznych, antykomunistycznych i proamerykańskich młodych ludzi. Pragnę tylko jeszcze dodać, że bynajmniej nie był to wcale ruch masowy i procentowo na tle całego społeczeństwa tylko jeden na dziesięć albo i piętnaście tysięcy cokolwiek na ten temat kumał. Jeżeli na przykład zagwizdało się kilkanaście pierwszych taktów tego utworu, to czasem ktoś o takich samych poglądach dawał odzew, kontynuując melodię. Kontakt został nawiązany i w każdej sytuacji można było liczyć, oczywiście jeżeli zachodziła taka potrzeba, na pomoc. Przed SKYLINEREM takim rozpoznawczym kodem przez jakiś czas była piękna i łatwa melodia Gershwina THE MAN I LOVE, którą podstępnie i bezpardonowo, co było dla nas maksymalną profanacją, zaanektowali pedali i do znudzenia, o każdej porze dnia i nocy, melodia ta wygwizdywana była koło wszystkich czynnych szaletów w tym wielkim, pięknym mieście, a szczególnie w okolicach szaletu najbardziej reprezentacyjnego, usytuowanego na skwerku prawie w połowie drogi między kawiarnią Bławata a gmachem Urzędu Bezpieczeństwa i w bardzo bliskim sąsiedztwie, jak gdyby na tyłach galerii, w której namiętnie wystawiali swoje bohomazy liczni zaangażowani politycznie, socrealistyczni malarze, aktywni członkowie partii oraz ZPAP-u, czyli Związku Polskich Artystów Plastyków. Było to straszne towarzystwo. Kilku z nich, prawdopodobnie na skutek swoich partyjnych zasług, było nawet profesorami Państwowej Wyższej Szkoły Sztuk Plastycznych, uczelni, na której w poprzednim roku usiłowałem studiować. Tam poznali się na mnie dosyć szybko i z powodu moich silnych prozachodnich sympatii oraz w obawie przed moim destrukcyjnym wpływem na resztę zastraszonych i potulnych uczniów, na wniosek ZMP decyzją dziekana i rektora dosyć szybko zostałem skreślony z listy studentów. Stało się to w połowie drugiego semestru, a jako powód podano brak postępów i rozwoju w artystycznej edukacji.

Jazzowe standardy, zwłaszcza z epoki swingu, bardzo łatwo wpadają w ucho i zapisują się w muzycznej pamięci. SKYLINER jako przebój Charliego Barneta był potwornie trudny do zapamiętania. Prawie każdy utwór z tego okresu po trzykrotnym wysłuchaniu już się pamiętało i można go było spokojnie gwizdać nawet przy goleniu, SKYLINER trzeba było systematycznie słuchać dobre kilkadziesiąt razy, a i tak bardzo często nic z tego nie zostawało w głowie. Trudniejsza była chyba tylko kilkunastotaktowa solówka gwizdana przez saksofonistę Texa Beneke'a w unikatowej, pochodzącej ze ścieżki dźwiękowej filmu SERENADA W DOLINIE SŁOŃCA wersji bardzo popularnego utworu Glenna Millera CHATTANOOGA CHOO CHOO, nie do opanowania. Z Baczem nie było problemów, natomiast biedny Siedlik ku swojej wielkiej rozpaczy od wielu miesięcy w żaden sposób nie był w stanie ogarnąć SKYLINERA swoją bardzo ograniczoną muzyczną pamięcią. Stale chodził za mną i nudził, żeby mu zagwizdać, a gdy on próbował, zawsze wychodziło coś pomiędzy JESZCZE POLSKA a popularną wtedy ruską piosenką KAPITAN, KAPITAN. Był niepocieszony, a Bacz się śmiał, mówiąc, że gdy Siedlik jako dziecko zwiedzał zoo, to prawdopodobnie właśnie tam słoń mu nadepnął na ucho. Nasz wyjazd do Łodzi odbył się według planu. Ponieważ fatalnie staliśmy z pieniędzmi – bo chłopcy z podniecenia, że jadą na koncert Melomanów, ostatniej nocy przepili prawie całą gotówkę – o żadnej pierwszej klasie nie mogło być mowy i już to, że wzięliśmy pospieszny, stanowiło z naszej strony szczyt rozrzutności, ale żadne inne dobre połączenie po prostu nie istniało. Mieliśmy na trzech jedną paczkę tanich papierosów marki Sport, a ja w skrytości ducha liczyłem, że na jakąś drobną pożyczkę naciągnę Julka Dziedzinę. Pociąg został podstawiony według planu i do przedziału weszliśmy jako pierwsi, zajmując dwa miejsca przy oknie i jedno środkowe, ale zgodnie z kierunkiem jazdy pociągu. Tym razem wyjątkowo nie było za dużego tłoku i nawet dosyć długo siedzieliśmy sami w przedziale. Kiedy pociąg już prawie ruszał, do naszego przedziału w pośpiechu wbiegło dwóch zdyszanych milicjantów, którzy zajęli miejsca po obu stronach wejścia. Jazda w takim towarzystwie to było dla nas już zupełne dno. Oczywiście mogliśmy zmienić przedział, ale z drugiej strony trochę nam nie wypadało i trochę nam się nie chciało, bo dobrze wiedzieliśmy, że takich dobrych miejsc nigdzie w tym pociągu już nie znajdziemy. Liczyliśmy zresztą, że najprawdopodobniej funkcjonariusze niedługo wysiądą, a nas w końcu czekała ponadczterogodzinna podróż. Na następnej stacji wsiadł właśnie ksiądz, wyjął z kieszeni białego prochowca brewiarz i niby zagłębił się w modlitwie, ale cały czas znad książki obserwował otoczenie, a głównie nas. Gdzieś po dwudziestu minutach schował brewiarz z powrotem do kieszeni płaszcza, zakładając uprzednio kontemplowaną stronę jedną z kilku różnokolorowych tasiemkowych zakładek. Oparł się wygodnie i zadrzemał. Mijała już druga godzina tej potwornie nudnej podróży, kiedy nagle milczenie przerwał Siedlik. „Panie plutonowy – zwrócił się do starszego stopniem milicjanta – czy mogę iść do toalety?" Ten przez sekundę oniemiał, ale bardzo szybko zorientował się, o co chodzi, i świetnie wczuwając się w rolę, wstał, poprawił pas, przesuwając kaburę z pistoletem do przodu, i skinął na Siedlika: „Chodźcie, tylko żadnych numerów". Wyszli, zostawiając zszokowanego księdza, który nigdy nie podejrzewał, że możemy być konwojowanymi więźniami. Teraz cały czas z milicjantami, którzy aktorsko byli jeszcze lepsi od nas, z nudów bawiliśmy się wspaniale, zadawaliśmy pytania, kiedy będziemy na miejscu, czy po przyjeździe dostaniemy jakieś jedzenie, ubolewaliśmy, że już prawie nie mamy papierosów – i zawsze z ich strony padały tępe, służbowe i bezduszne odpowiedzi, tak typowe dla przedstawicieli władzy ludowej, i chyba zresztą dla każdej policji na całym świecie. Księdzu zaczęło się teraz wszystko zgadzać. Wszyscy trzej byliśmy jakoś tak dziwnie ubrani i bardzo krótko ostrzyżeni, nawet zaczynający już na dobre łysieć Bacz resztki włosów miał również bardzo krótkie. Biedny, robiony przez wszystkich w balona duszpasterz patrzył teraz na nas z sympatią i współczuciem, ale ani razu się nie odezwał i widać było, że jest bardzo zdenerwowany. Zbliżała się jakaś stacja, ubrał swój prochowiec, zdjął z półki teczkę, powiedział do widzenia i szybko skierował się do wyjścia. Rzeczywiście musiała to być jakaś trochę większa stacja, bo pociąg stał tam z dziesięć minut, i kiedy miał już ruszać, nagle ktoś zaczął walić w szybę. Wyjrzeliśmy z Baczem, pod oknem stał nasz ksiądz i gestem pokazywał, żeby je otworzyć. Gdy to uczyniliśmy, a pociąg już powoli odjeżdżał, w ostatniej chwili wcisnął nam do rąk sporych rozmiarów szarą papierową torbę, której zawartość, śmiejąc się, wysypaliśmy na dopiero co opróżnione przez niego miejsce. Okazało się, że są to papierosy. Podzieliliśmy się równo z milicjantami i na każdego wypadło po trzy paczki.

Muszę teraz wrócić do brutalnie przerwanej opowieści o tym, jak to Zula jechała do stolicy, a ja koniecznie chciałem jej towarzyszyć. Gdy z przedziału wyszliśmy na korytarz, szeptała co chwila, całując mnie w ucho, żebym nie jechał. Pociąg właśnie ruszył, ale ja wiedziałem, że następna stacja w tym samym mieście jest dokładnie za dziesięć minut. Mało tego, tak się składało, że czekając na taksówkę, akurat wybierałem się w okolicę tej następnej stacji. W dalszym ciągu, nie reagując zupełnie na jej perswazje, obstawałem przy swoim pomyśle noszenia za nią walizki po stolicy i cały czas się całowaliśmy, aż Zula, przejmując inicjatywę, postawiła konkretną propozycję: „Jeżeli, głuptasie, zostaniesz, to czekaj pojutrze wieczorem o dziesiątej z minutami na pośpieszny, którym będę wracać. Z dworca możemy pojechać prosto do ciebie, przygotuj wszystko, będziemy mieli mnóstwo czasu dla siebie. Pamiętaj, pojutrze na dworcu głównym". „A kto ci będzie nosił walizkę?", zapytałem. „Jestem wystarczająco silna – zaśmiała się Zula – prawie tak silna jak klacz tego twojego wujka Poldyka". Wysiadłem.

Następne dwa dni, a dokładnie pięćdziesiąt sześć godzin, spędziłem pod znakiem nadaktywności, dyskrecji i szastania pieniędzmi i kiedy specjalnie zarezerwowaną taksówką przyjechaliśmy z dworca do mnie, mimo potwornej biedy w tym zrujnowanym wojną i komunistycznymi rządami kraju wszystko z mojej strony było zapięte na ostatni guzik. Z jedzenia miałem przygotowane: rybę w galarecie, pasztet, kawior czarny i kawior czerwony, wędzonego łososia, polędwicę surową opalizującą, szynkę, pieczeń wołową na zimno, sery, nie mówiąc już o sosach, chrzanie i innych dodatkach. Z alkoholi kilka co lepszych gatunków wódek, białe i czerwone wino oraz szampańskie. Nawet nie będę wspominał, ile to mnie wszystko kosztowało, ale chwilowo miałem jakieś pieniądze, które mogłem beztrosko zainwestować, a Zula naprawdę warta była tej inwestycji. Obawiałem się, że wieczór może zacząć się od wódki – taki był w tych czasach trend – a będąc prawie pewny, że w tej dyscyplinie Zula może być ode mnie nieco lepsza, desperacko kombinowałem, żeby jakoś się zabezpieczyć przed ewentualną fizjologiczną destrukcją, jaką mógł spowodować w moim nienawykłym organizmie mocny alkohol. Odbyłem nawet na ten temat kilka konsultacji z różnymi osobami. Niestety, najbardziej przekonała mnie rada pewnego idioty. Idiota ten zaklinał się, że znał faceta, podobno był to rzeźnik, słynącego z tak zwanego mocnego łba. Rzeźnik ten zawsze przed alkoholową libacją, a zdarzały mu się one nader często, wypijał trzy czwarte szklanki roztopionego ciepłego smalcu. Uczyniłem to tuż przed wyjściem na dworzec. Już na peronie, kiedy odbierałem z pociągu Zulę, czułem się fatalnie. W taksówce było jeszcze gorzej. Zula, która mimo trudów długiej podróży wyglądała zdrowo i ślicznie, parę razy troskliwie pytała, czy nic mi nie jest. Ja, świetnie orientując się, co mi mogło zaszkodzić, łgałem, że to z nerwów, bo przez cały czas bardzo się denerwowałem, czy na pewno przyjedzie. Gdy nareszcie znaleźliśmy się u mnie, w desperackiej nadziei, że może właśnie to postawi mnie na nogi, natychmiast z marszu nerwowo nalałem dwa spore kielichy najlepszego gatunku wódki, tłumacząc, że trzeba się rozgrzać, bo niby tak było zimno w drodze z taksówki do domu. Wypiliśmy toast, a ja w sekundę z ciężkim atakiem torsji, czyli z tak zwanym pawiem, ledwo zdążyłem wybiec na taras. Kompromitacja była gigantyczna. Nie pozostawało mi nic innego, jak tylko przyznać się do wszystkiego zszokowanej i przerażonej Zuli, która wykazała jednak wielki instynkt opiekuńczy i znowu przejęła całkowicie inicjatywę, reanimując mnie wszelkimi możliwymi sposobami, tak że w ciągu dosyć krótkiego czasu wróciłem do formy.

A wracając do Leona vel Lio, to tę wódkę wypiłem z nim z największą przyjemnością. „Mam mało czasu, odprowadzisz mnie kawałek, to porozmawiamy". Zapłacił, wyszliśmy. Rynek w świetle popołudniowego jesiennego słońca byłby piękny, gdyby jedna trzecia kamieniczek nie została zharatana ogniem artyleryjskim lub bombardowaniem, olbrzymi ratusz gotycki z unikatowym pilastym dachem też pozostawiał bardzo wiele do życzenia. „Mój drogi – zaczął Lio – moja mowa będzie krótka, przyjemność, która ciebie interesuje, kosztuje sto. Zapłacisz, o nic cię głowa nie boli i najdalej za dwa tygodnie szlifujesz bruki KU'DAMMU lub SCHWABINGU, jak wolisz". „Sto czego?", zapytałem naiwnie. „Sto tysięcy złotych. Nie musisz mi niczego mówić, wiem wszystko od Bławata. Cześć, kompletuj kasę" – i zniknął w bramie swojego domu. Z otwartą gębą zostałem na ulicy. Teraz, jeżeli chodzi o sumy, zaczynała się astronomia.

Moja sytuacja finansowa na tle potwornej biedy z nędzą panującej w tym powojennym, starającym się budować socjalizm kraju nie była wcale taka zła. Robiłem to, co lubię, i dostawałem za to nie najgorsze pieniądze, nieporównywalnie lepsze niż moi liczni przyjaciele. Zawdzięczałem to wszystko swojemu talentowi, inteligencji, a przede wszystkim szczęściu. Niemniej, ponieważ do kraju nie dotarły jeszcze żadne gry liczbowe typu LOTTO, a jedyna istniejąca Państwowa Loteria Pieniężna była, o czym wszyscy zresztą wiedzieli, niczym innym tylko kolejnym wielkim komunistycznym oszukaństwem, kilkakrotnie uczestniczyłem we wspólnych przedsięwzięciach mających na celu zrobienie tak zwanej dużej forsy. Operacje te wykonywaliśmy we dwóch, trzech czy nawet czterech młodych napaleńców, a było to na przykład odzyskiwanie ceramiki budowlanej, produkcja abażurów:

1 abażur – 100 zł

10 abażurów – 1000 zł

100 abażurów – 10 000 zł

1000 abażurów – 100 000 zł

10 000 abażurów – 1 000 000 zł

100 000 abażurów itd.

produkcja giętych metalowych mebli, w tym wypadku krzeseł, foteli i stolików, przeszukiwanie podziemi po byłych niemieckich bankach oraz odzyskiwanie kryształowych luster dużego formatu i handel nimi. Nigdy żadne z tych usiłowań nie zakończyło się pełnym sukcesem finansowym. Nierzadko mocno skłóceni kończyliśmy akcję, tracąc zainwestowane pieniądze, zresztą zawsze niezbyt duże, albo dochód był tak niewspółmiernie marny wobec naszych śmiałych oczekiwań, że sprawa po krótkim czasie sama upadała. Teraz myślę, że licząc trochę na ewentualne profity, robiłem to głównie z powodów towarzyskich, w przeciwieństwie do pozostałych, nigdy naprawdę nie wierzyłem w pełne powodzenie żadnej z tych operacji. Dzięki tym klęskom zdobyłem jednak pewne doświadczenie. Teraz na przykład wiedziałem, że trzeba działać samemu, sowicie opłacając ludzi, którzy coś dla mnie robią, bo ze wspólnikami zawsze w końcu następuje rozbieżność myśli, która z kolei zamienia się w rozbieżność interesów, a to już prowadzi do generalnej klapy. Wiedziałem również, że najważniejszy jest obiektywnie i dokładnie przemyślany plan oraz jego spokojna, precyzyjna i profesjonalna realizacja.

Mijał już drugi tydzień, każdego przedpołudnia byłem pewien, że już dziś przyjdzie wezwanie w terminie EXTRA i co dzień szczęśliwie jeszcze nie przychodziło. Piękna jesień trwała nieprzerwanie, a ja nie miałem kompletnie żadnego pomysłu na te sto tysięcy. Jak gdyby nigdy nic chodziłem na treningi, raz nawet na trzy dni wyjechałem na jakiś turniej, spotykałem się z dziewczynami, grywałem w brydża, opracowywałem ilustracje, wymyślałem, rysowałem i publikowałem komiksy i głupie rysunkowe dowcipy, jadałem w dobrych restauracjach i właściwie, pozornie bez zakłóceń, prowadziłem, zdawałoby się, beztroskie życie Romana. Z Bławatem tematu nie poruszaliśmy, temat został chwilowo zawieszony. Minął trzeci tydzień, żadne pismo o terminie EXTRA szczęśliwie dalej nie nadchodziło. Podświadomie czułem jednak, że to już chyba końcówka. Zrobiło się chłodniej i zaczęły padać deszcze. Długa piękna jesień definitywnie się kończyła, a ja jak nie miałem, tak nie miałem żadnego pomysłu na te sto tysięcy. Prawdę mówiąc, teraz nareszcie zaczęło do mnie docierać, jaka jest to straszna kupa pieniędzy. Minęło znowu kilka dni i z wezwaniem w terminie EXTRA dalej cisza. Któregoś dnia jak zawsze wstąpiłem do szatni Bławata, mającego przeróżne kontakty i rozmaite informacje. Tym razem prawie szeptem opowiedział mi o przezabawnym incydencie, który podobno kilka dni temu wydarzył się w znajdującym się nieopodal Urzędzie Bezpieczeństwa, siejącym grozę w mieście i okolicy.

Bardzo blisko kawiarni, nie dalej niż dwieście metrów, znajdowało się stare koryto rzeki nazywane fosą, ciągnące się na tyłach centrum miasta na długości około dwóch kilometrów. W pewnym miejscu nad tą fosą, po przeciwnej stronie niż kawiarnia, stały trzy olbrzymie ceglane kompleksy budynków, podobne do berlińskiego Spandau. Mieściły się tam milicja, Urząd Bezpieczeństwa i sąd. Każdy z kompleksów miał własne więzienie lub areszt. W tych latach więziono tysiące ludzi. Nie licząc bardzo dużej liczby tak zwanych przestępców pospolitych, jak złodzieje, bandyci, defraudanci, szabrownicy, zabójcy i mordercy, więzienia zapełniali przede wszystkim stale wyławiani zbrodniarze wojenni, głównie Niemcy i Ukraińcy, oraz liczni polscy antykomuniści, należący do najrozmaitszych antykomunistycznych organizacji. Kilku moich licealnych kolegów, jak na przykład bracia Klimczewscy czy kolega z jednej klasy, niejaki Tacik, również tam wylądowali z kilkuletnimi wyrokami. Ja na szczęście, jak każdy obywatel tego kraju liczący się z tym, że w każdej chwili, choćby za wygląd, mogę zostać przez funkcjonariuszy tego urzędu aresztowany, nie bawiłem się w takie rzeczy i ulokowałem całe swoje patriotyczne uczucia w miłość do Ameryki, oficjalnie uznawanej za największego wroga. Bardzo często zapadały tam wyroki śmierci. Za przestępstwa natury politycznej egzekucje przeważnie wykonywano w ponurych podziemiach gmachu UB. Jak głosiły miejscowe, powtarzane szeptem relacje, istniało tam coś w rodzaju ślepego korytarza, a na samym jego końcu znajdował się bardzo gruby drewniany słup, długi od podłogi do sufitu. Dwa metry przed nim na całej przestrzeni rozpostarta była czarna rozsuwana kotara. Skazańca przywiązywano do słupa, prokurator czytał wyrok i zasuwano kotarę. Pluton egzekucyjny składał się z dwóch czy trzech ubeków, nierzadko pijanych, którzy z odległości dziesięciu kroków na komendę oficera walili w czarną tkaninę z pistoletów maszynowych. Bławat opowiadał, że właśnie miała się odbyć egzekucja na jakimś zbrodniarzu wojennym, esesmanie, który na pewno na tę karę śmierci uczciwie sobie zapracował. Zbrodniarz, wiedząc, co się święci i nie mając w pewnym sensie nic do stracenia, gdy znalazł się w podziemiach, w sekundę załatwił trzech konwojujących go ubeków i ze zdobytej broni zabił wszystkich tam obecnych, razem z prokuratorem, w sumie siedem osób. Działał bardzo szybko i fachowo, był przecież doskonale wyszkolonym i doświadczonym zabójcą. W czapce i mundurowej bluzie, zabranej największemu z zabitych, z dwoma pistoletami, dużym zapasem amunicji oraz pistoletem maszynowym na plecach dyskretnie ruszył na piętra, gdzie w gabinetach urzędowali ubeccy oficerowie śledczy. Ponieważ najczęściej przesłuchiwaniom towarzyszyły tortury i bicie do utraty przytomności, drzwi każdego z gabinetów były bardzo starannie wygłuszone. Znający świetnie topografię budynku Niemiec, mający na głowie służbową ubecką czapkę z granatowym otokiem, a na grzbiecie mundur, nie zwracając specjalnie na siebie uwagi, spokojnie wchodził do kolejnych gabinetów i zamykał za sobą drzwi. W prawej, schowanej za plecami ręce trzymał odbezpieczony pistolet, a wskazujący palec lewej ręki przykładał do ust, że niby należy być cicho, potem robił trzy kroki do przodu i błyskawicznie oddawał strzał, deponując pocisk dokładnie pomiędzy zdziwione oczy funkcjonariusza. Jeżeli w pokoju znajdował się jakiś przesłuchiwany, rozkazywał mu kłaść się twarzą do podłogi i tak leżeć. Następnie opuszczał gabinet, starannie zamykając za sobą drzwi, i ostrożnie kierował się do następnego. Niestety, kiedy obszedł już dwanaście gabinetów, w pechowym trzynastym od wielu godzin trwało przesłuchanie jakiegoś nieszczęśnika. Oficer miał nawet dwóch pomocników. Właśnie zabierali się do drugiej ręki przesłuchiwanego, bo w pierwszej miał już powyrywane wszystkie paznokcie, a palce połamane masywną szufladą z poniemieckiego dębowego biurka. Wyeliminowanie trzech ubeków nie stanowiło dla strzelającego bardzo szybko i bardzo celnie Niemca wielkiego problemu, ale kiedy po wszystkim esesman otwierał drzwi do następnego gabinetu, skatowany delikwent, zamiast jak miał przykazane, grzecznie leżeć twarzą do podłogi, prawdopodobnie znajdując się w stanie obłędu, wybiegł zaraz z pokoju i zanim dosięgła go kula, zaczął jak jakiś pokutnik wydawać z siebie na cały głos przeraźliwe nieartykułowane dźwięki. Niestety wrzaski i strzał zdemaskowały Niemca. Bitwa w gmachu toczyła się długo. W końcu został unieszkodliwiony, gdy ubecy, tracąc jeszcze kilku swoich, użyli trzech obronnych granatów typu F-1, przy okazji demolując prawie całe piętro. Totalny rozpiździaj.

Bardzo długo śmialiśmy się wspólnie z Bławatem z tej przezabawnej historii, kiedy nagle zobaczyłem, wychodzącą z prawej sali kawiarni, tę czarnowłosą śpiewaczkę, która już ponad miesiąc temu latała po komisji asenterunkowej. Wyglądała znacznie lepiej. Zdepilowany albo utleniony wąsik, nogi ogolone, lekko odchudzona i jakoś lepiej ubrana. Podała Bławatowi numerek, odebrała płaszcz, który jej szarmancko podałem, podziękowała z uśmiechem i zapłaciła za szatnię. Chwilę potem wybiegł za nią pianista, ale mimo dużego napisu SZATNIA OBOWIĄZKOWA gumowiec obowiązkowo miał na sobie. Teraz zrozumiałem, że gumowiec wcale nie był na niego za długi, tylko sam pianista był w pewnym sensie za krótki. Piosenkarka raz jeszcze posłała mi uśmiech i gdy była już w drzwiach, obaj z Bławatem spojrzeliśmy na nią, a głównie na jej nogi. I znowu Bławat, jak to on, zaczął swój kolejny filozoficzny wywód: „Wiesz, przed wojną zjeździłem cały świat. Byłem w obu Amerykach, Kanadzie, Australii, Afryce Południowej, Egipcie, Indiach, Palestynie, Rosji i Europie, którą znam jak własną kieszeń. I wyobraź sobie, wszędzie, ale dokładnie wszędzie, pewna grupa kobiet, może cztery, a może i siedem procent, niezależnie od mody, klimatu, pogody i pory roku, nie wiadomo z jakich przyczyn, musi nosić korkowce. Twierdzę nieśmiało, że sprawa korkowców nie jest sprawą damskiego obuwia, sprawa korkowców jest to sprawa damskiego charakteru". Spojrzałem na Bławata i nagle w ułamku sekundy doznałem olśnienia. Nareszcie miałem pomysł na te sto tysięcy. Dziękuję ci, Daniel, dziękuję ci za wszystko, nawet sobie nie wyobrażasz, jak mi bardzo pomogłeś. Wyszedłem na ulicę.

Następnego dnia między jedenastą a dwunastą, po uprzednim sprawdzeniu skrzynki pocztowej, w której były tylko dwa skromne przekazy pieniężne z jakichś biedniejszych redakcji, ale żadnych wezwań o terminie EXTRA, udałem się w okolice uniwersytetu. Ze sobą zabrałem trzy śrubokręty różnego kalibru, kombinerki, dwa olbrzymie arkusze dosyć grubego szarego papieru pakowego, parę metrów sznurka, scyzoryk oraz niewielki biały ręcznik frotte, jeden z tych, które zawsze woziłem na rozmaite zawody. Wszystko starannie złożyłem i precyzyjnie ulokowałem w olbrzymich dolnych wewnętrznych kieszeniach angielskiego oficerskiego płaszcza burberry. Z zewnątrz zupełnie nie było widać, jakie akcesoria mam tam pochowane. Po drodze kupiłem jeszcze w sklepie monopolowym pół litra wódki, ale nie tę czterdziestoprocentową z czerwoną kartką za 31,10, tylko nieco droższą czterdziestopięcioprocentową z kartką niebieską. Zależało mi na dobrym wrażeniu. Zachodnie miasta mają to do siebie, że jak przepływa przez nie jakaś większa rzeka, to w samym mieście jest pełno przeróżnych kanałów, sztucznych odnóg, zbiorników wodnych, spiętrzeń, mostów, śluz, zapór i jazów. Nigdy, tak jak na Wschodzie, miasto sobie, a rzeka sobie. To miasto było miastem zachodnim, chociaż obecnie chwilowo należało do Wschodu. Szedłem wzdłuż dosyć pokaźnego, głębokiego ocementowanego kanału, oddzielonego od ulicy jakimś zarośniętym chaszczami terenem, szerokim na dziesięć metrów. Betonowe ściany mogły mieć od poziomu głębokiej wody jakieś trzy, cztery metry. Sam kanał nie był szerszy niż pięć, siedem metrów. W pewnym miejscu kanał rozdwajał się, okalając wyspę, kształtem zbliżoną do kropli, ale kropli jakby płynącej pod prąd. Kropla-wyspa mogła mieć jakieś sto trzydzieści na pięćdziesiąt metrów. W najszerszym miejscu wyspy, to znaczy w górę prądu, stał dwupiętrowy, tynkowany dziewiętnastowieczny pałacyk. Jego ściany miały liczne ślady od kul i pocisków, jak zresztą niemal wszystkie ściany w tym przez wiele miesięcy obleganym mieście. Mimo to był jeszcze w nie najgorszym stanie, z podjazdem dla samochodów i z widocznymi śladami dużego okrągłego klombu na wprost wejścia, po którym teraz swobodnie biegały cztery prawdopodobnie sowieckie konie z długą sierścią, trzy kasztany i jeden gniady. Trochę niżej niż w połowie wyspy znajdował się jedyny mostek, po którym w te i nazad spacerował sowiecki wartownik z pistoletem maszynowym typu PEPESZA. Przez wiele lat widok takiego sołdata napawałby mnie niemałym lękiem. Teraz czułem się pewny siebie, silny i świetnie wytrenowany.

Doskonale zdawałem sobie sprawę z tego, że w ciągu sekundy byłbym w stanie takiego wartownika wraz z jego pepeszą oraz ciężkim urazem kręgosłupa spuścić na wieczny odpoczynek, ale oczywiście ku chwale jego ojczyzny, do sielankowo przepływającego pod mostkiem kanału.

Cokolwiek propaganda wmawiałaby mi na temat Związku Radzieckiego i ludzi radzieckich, ja zawsze wiedziałem, kto na przykład był odpowiedzialny za Katyń. Dla mnie była to po prostu psychicznie zdegenerowana, niecywilizowana, nienawistna, niebezpieczna dzicz. Owszem, czasem trafiał się w niej jakiś kulturalny Dymitr Szostakowicz, kulturalny Siergiej Eisenstein czy jakiś bardzo kulturalny Siemion Budionny, ale były to tylko rzadkie wyjątki, które właściwie potwierdzały regułę. Ponieważ cała moja rodzina, to znaczy wszyscy, którzy byli w tym czasie dorośli lub prawie dorośli, brali czynny udział w wojnie bolszewickiej, od wczesnego dzieciństwa karmiony byłem mrożącymi krew w żyłach opowieściami o tym, jakie to straszliwe rzeczy potrafili w czasie tej wojny wyprawiać krasnoarmiejcy. Na początku wojny jako dziecko prawie dwa lata byłem pod sowiecką okupacją, bo w momencie jej wybuchu moja mama wraz ze mną niefortunnie bawiła we wschodnich rejonach kraju. Cudem tylko uszliśmy z życiem i teraz, jak wielu nam podobnych, dokładnie wiedzieliśmy, jakie to naprawdę jest towarzystwo. Przed wojną, a właściwie to nigdy, naród mój bynajmniej nie należał do grupy najbardziej cywilizowanych narodów Europy. Na przykład w roku 1863, w czasie powstania styczniowego, kiedy to szlachta z Romualdo Traugutto i Arturo Grottgero, próbując bić Moskala, przewalała się z mało skutecznymi kapiszonowymi dwururkami po leśnych ostępach i uroczyskach, a we dworkach panie i panny, dyskretnie nucąc Moniuszkę, zajęte były masową produkcją ANTISEPTIC szarpii dla coraz to liczniejszej grupy rannych powstańców, otóż w roku tym, cały czas mowa o roku 1863, w takiej na przykład Anglii najpoważniej myślano już o ligach piłkarskich. Niemniej, nawet mimo pewnych niedociągnięć, między moim krajem a najeźdźcami ze Wschodu przepaść cywilizacyjna była gigantyczna, bo po prostu tam w ogóle żadnej cywilizacji nie było, a powtarzane wielokrotnie w formie abstrakcyjno-surrealistycznych dowcipów wesołe przygody kacapa z maszynką do mięsa, wodą kolońską, patefonem, zegarkiem czy waterklozetem były najszczerszą prawdą.

Poniżej mostka, gdzie wyspa na przestrzeni jakichś siedemdziesięciu pięciu metrów formowała się w szpic, tuż przy końcu, gdzie okalające wyspę odnogi znowu łączyły się w jeden nurt, stały dwa baraki: na brzegu krótszy, a przy nim mostek, a nad drugą odnogą przynajmniej trzy razy dłuższy. Gdy się patrzyło w dół nurtu, obydwa baraki kończyły się w jednej linii, tuż przy dolnym końcu wyspy, i zbiegały się, niemal stykając się rogami pod kątem mniejszym niż trzydzieści stopni. Mimo że stykały się rogami, dodatkowo jeszcze połączone były rodzajem zabudowanej i zadaszonej galeryjki. Znajdujące się nad kanałem ściany baraków tworzyły jeden pion z ocementowanymi brzegami kanałów trzymetrowej wysokości. Trójkątną przestrzeń między pałacykiem a barakami zajmowało coś w rodzaju złomowiska samochodów. Wszystkie miały ślady kul. Oprócz amerykańskich ciężarówek większość aut osobowych stanowiły niemieckie luksusowe pojazdy z okresu przedwojennego. Z okien pałacyku nie dało się zobaczyć baraków, bo oddzielało je parę rzędów ozdobnych, dosyć wysokich drzew iglastych, tworzących na stosunkowo niewielkiej przestrzeni rodzaj autentycznej królowej gęstwiny.

Opowiadał mi kiedyś jeden znajomy facet, Bagiński czy Bagniewski, mniejsza z tym, będę go dalej nazywać panem B. Jak zeznawał pan B., od czasów agresji na Rosję aż do pierwszych tygodni oblężenia na wyspie znajdował się ekskluzywny burdel dla generałów i wyższych oficerów Wehrmachtu i ss, a także innych hitlerowskich prominentów. W okolicznych obozach i więzieniach wybierano najładniejsze dziewczyny i młode kobiety i dostarczano je tu. Mieszkały w dłuższym baraku i zawsze trzymano ich sześćdziesiąt, siedemdziesiąt, plus rekrutujący się również z więzień i obozów sztab fryzjerek, kosmetyczek i lekarzy. Był nawet żydowski szewc, żydowski krawiec i dwie polskie kucharki, razem jakieś dwanaście, piętnaście osób. Dziewczyny musiały być superzadbane. Pan B. też był więźniem jakiegoś obozu i dekował się w komando elektryków. Będąc z pochodzenia Ślązakiem, znał perfekt niemiecki i wiele razy go tu przywożono, żeby coś naprawił czy wymienił. Mówił, że były tu Jugosłowianki, Czeszki, Polki, Ukrainki, kilkanaście Francuzek, dwie Belgijki, a nawet trzy Norweżki. Wszystko to z najdrobniejszymi szczegółami zdążył opowiedzieć mi pan B., kiedy raz wiozłem go pożyczonym przez niego autem, w nocy, we mgle, ponad sto pięćdziesiąt kilometrów w jedną stronę. Nie wiadomo, dlaczego pan B. nie miał prawa jazdy, a kierowca, który był już przedtem umówiony i nawet dostał sporą zaliczkę, upił się do nieprzytomności. Wiedząc, że stale kombinuję coś z jakimiś samochodami, pan B., za namową swojej żony Mileny, poprosił mnie o tę drobną przysługę. Ja prawo jazdy miałem zawsze. Cztery miesiące przed ukończeniem szesnastego roku życia moja mama, przedwojenna automobilistka, trochę nawet wbrew mojej woli, bo miałem jakieś inne atrakcyjne plany, zapisała mnie na czteromiesięczny kurs samochodowy, tak że prawo jazdy, z czego w końcu byłem bardzo dumny, otrzymałem dokładnie na moje szesnaste urodziny.

Rosjanek, ciągnął dalej pan B., Cyganek i Żydówek nie brano. Przybytek ten, mimo że powstał z inicjatywy Reinharda Heydricha – numer drugi w ss – nie podlegał wcale ss, tylko Organizacji Todt czy coś takiego, i kobiety miały tu w miarę znośne warunki. Obowiązywał je na przykład ośmiogodzinny dzień pracy. Przeważnie w grupach, pod raczej symboliczną eskortą, bo z wyspy praktycznie nie było żadnej możliwości ucieczki, z baraku, w którym mieszkały, szły do pałacyku, gdzie pracowały. Jak mówił pan B., wszystkie wyglądały jak gwiazdy filmowe. Wymyślne fryzury, makijaż, manicure, pedicure. Pracująca w mniejszym baraku ekipa nie próżnowała, dziewczyny co dwa dni miały dokładnie golone krocze, bo jak śmiał się pan B., Niemcy panicznie bali się chorób przenoszonych przez mendy czy jakieś inne małe insekty. W pałacyku dziewczyny musiały od razu się rozebrać. Pracowały nago, miały tylko wymyślne pantofle na bardzo wysokich obcasach, dzieło żydowskiego szewca, i małe torebki, w których trzymały kosmetyki, ale głównie prezerwatywy. Na każdej torebce z obu stron umieszczony był duży numer. Mimo ogólnokrajowej akcji oszczędzania opału w miejscu tym kotłownia przez cały czas pracowała na najwyższych obrotach i występujące nago dziewczyny prawie nigdy nie narzekały na zimno. W olbrzymim holu był bar, gdzie siedzieli zainteresowani. Dziewczyny musiały wyprostowane przechadzać się naokoło, demonstrując swoje wdzięki. Nie wolno im było siadać przy barze. Gdy któryś z nadludzi się zdecydował, wzywał dziewczynę skinięciem ręki albo wołał ją według numeru, który miała na torebce, na przykład FREULEIN EINUNDZWANZIGSTE. Dziewczyna z uśmiechem podchodziła do niego. Wtedy zobowiązana była założyć ręce na tył głowy lub szyi, aby lepiej zademonstrować wszystko, co miała do zaoferowania, a jedną nogę, przy nieznacznym rozchyleniu ud, musiała oprzeć na dolnej poprzeczce barowego stołka, na którym siedziała rozparta hitlerowska świnia.

Od dawna drogę blokowała nam jakaś ciężarówka, która mimo że jechaliśmy szybciej, nie chciała dać się wyprzedzić. Próbowałem kilka razy i za każdym w ostatniej chwili, gdy już prawie byliśmy na jej wysokości, niebezpiecznie odbijała i zjeżdżała na lewą stronę. Kiedy wreszcie, wbrew przepisom, przy podjeździe pod jakąś górę udało mi się ją przeskoczyć, kierowca ze złości, jadąc tuż za nami, chyba chcąc mnie ukarać, dał bardzo silne długie światła. W naszym aucie zrobiło się nagle jasno. Przelotnie spojrzałem na mojego pasażera. Pan B. pod płaszczem normalnie, jak gdyby nigdy nic walił konia. Nic już z tego nie rozumiałem. Podniecony opowiadał dalej, że ręka Niemca często sprawdzała twardość piersi czy delikatność skóry między udami. Czasem kazał odwrócić się dziewczynie tyłem i badał stan i jędrność jej pośladków. Wszystkiego tego najwięcej naoglądał się pan B., kiedy przez dwa dni montował kryształowy żyrandol w przyległej do baru salce. Mówił, że w życiu widział wiele, ale to, co widział tam, zrobiło na nim tak silne wrażenie, że o mało dwa razy dosłownie nie zleciał z drabiny. Tymczasem gdy wszystko było OK i dziewczyna została zaakceptowana, prowadziła kanalię do któregoś z pokoi na górze, pobierając przed wejściem na olbrzymie schody ręcznik. Tam zobowiązana była na jego oczach, przed i po, skorzystać z bidetu, a potem wracała na dół do baru i tak na okrągło przez osiem godzin. Dziewczyny musiały bez żadnej dyskusji wykonywać nawet najdziwniejsze polecenia, bo w wypadku jakiejkolwiek niesubordynacji wracały natychmiast tam, skąd przybyły, a jak mówił pan B., z dwojga złego tu było dobre jedzenie i poza ośmioma godzinami, podczas których często musiały naprawdę porządnie się napracować, miały względny spokój i pełen relaks. Panu B. chodziło o przywiezienie jego brata, który niby gdzieś tam był księdzem i musiał przejść jakieś badania w tutejszej klinice. Gdy wracaliśmy, rozmowa już się kompletnie nie kleiła, ksiądz, który siedział z tyłu, był zdecydowanie niekomunikatywny. Stale się na głos modlił, co mnie w końcu tak ogłupiło, że o mało nie przejechałem jakiegoś pijanego nieoświetlonego rowerzysty. Pan B. też wydawał się osowiały. Nad ranem byliśmy z powrotem.

Podszedłem do wartownika krasnoarmiejca na odległość jakichś pięciu metrów, pokazując mu butelkę. Rozejrzał się, skinął na mnie, a kiedy stanąłem przy nim, wziął flaszkę i jednym zdecydowanym szybkim i mocnym uderzeniem w dno wybił korek. „Upij, niemnoszku, bo wyglądasz kak imperialistycznyj szpion". Na jego oczach pociągnąłem z butelki. Wtedy on przyłożył ją do dzioba, przechylił, przymknął oczy, a przez szkło widać było tylko lecące do góry bąbelki. Gdy odjął butelkę od ust, została w niej może jedna czwarta zawartości. Trzymając stale wódkę w prawej ręce, lewą zaczął się macać po kieszeniach. Domyśliłem się, że szuka papierosów, i wyjąłem paczkę chesterfieldów. Spojrzał na opakowanie. „No ty krugom nastajaszczyj szpion. Co chcesz?" Wyjął dwa papierosy, jeden wsadził sobie pod furażkę za ucho, a drugiego zapalił. Zaciągnął się trzy razy, doceniając aromat dymu, znowu przyłożył butelkę i jak spragniony na pustyni jednym haustem opróżnił ją z reszty wódki, po czym piżgnął w stronę kanału, tak że szkło roztrzaskało się o twardy cement. „Co ty chcesz, panie szpion?" Roześmialiśmy się obaj. „Chciałem sobie wybrać krzesło". „U nas krzeseł mnogo, idź tam i wybierz sobie, jakie tylko chcesz", wskazał na duży barak. „Drzwi tam otwarte. Jak znajdziesz, to zagwizdaj, to ci dam znak, kiedy możesz wyjść. Ja tu stoję do czwartej", z dumą spojrzał na jeden z trzech zegarków, które miał na lewej ręce. „Jakiego czasu, moskiewskiego czy naszego?", upewniłem się. „Waszego czasu, w Moskwie – tu znowu spojrzał na swoje trzy zegarki – w Moskwie budiet szósta", rozmarzył się. „Idy już, bo jak się spóźnisz, to sołdat, który będzie po mnie stojał, to może tiebie i rozstrielac. Tylko nie kury tam, job twoju mać", przyjacielsko klepnął mnie w plecy. Ruszyłem w stronę baraku. Cały dystans nie był większy niż jakieś trzydzieści parę metrów. Omijałem stojące po drodze wraki samochodów. Pomiędzy nimi wśród rozmaitych innych śmieci walało się kilkanaście potrzaskanych bidetów. Pomyślałem, że chyba jednak pan B. mówił prawdę. Tak naprawdę to nigdy panu B. zanadto nie wierzyłem. Prawie wszyscy łgali wtedy jak najęci, wymyślając jakieś nieprawdopodobne historie z okresu wojny, oczywiście ze swoim udziałem. Na przykład w sprawie swojego brata księdza pan B. mijał się w pewnym sensie z prawdą. Właściwie to nie można powiedzieć, żeby kłamał, ale na pewno kręcił. Od dawna całą prawdę znałem od Mileny, która czasami pomstowała na swojego męża wraz z jego bratem księdzem.

Milena była Czeszką, pana B. poznała w cyrku, gdzie po wojnie oboje pracowali. Ona była akrobatką, on też coś tam robił. Potem ona miała wypadek na trapezie i nieznacznie uszkodziła sobie kręgosłup. Musiała na zawsze pożegnać się z karierą, ale ogólnie kontuzja prawie w niczym jej nie przeszkadzała, normalnie chodziła, biegała, skakała, jeździła na nartach i tańczyła. Tyle że nie mogła mieć dzieci, do tego seks mogła uprawiać tylko od tyłu. Milena z mężem mieszkała na tej samej ulicy co ja, dwie wille dalej. Pan B., który był raczej niepozornym człowiekiem, szalenie mi kiedyś zaimponował. Robiłem właśnie coś przy samochodzie, którego kupno negocjowałem i który podczas jazdy próbnej odmówił mi posłuszeństwa akurat koło ich domu. Pan B. remontował dach w swojej jednopiętrowej willi. Trzej robotnicy zrobili sobie przerwę w porze lunchu, rozłożyli gazetę, mieli chleb, pomidory, salceson, przez najdowcipniejszego z nich zwany salcefiksem, i pół litra wódki. Normalny robotniczy posiłek w tej części Europy. Pan B. kręcił się w pobliżu. Gdy skończyli jeść i już mieli wracać do roboty, jeden z nich oświadczył, że boi się iść na dach, bo czuje się pijany. Pan B. roześmiał się, wyjął z tylnej kieszeni spodni gruby plik banknotów, z którego wyciągnął stówę, i kazał temu niby-pijanemu iść do pobliskiego sklepu i kupić litrową flaszkę wódki. Kiedy ten wrócił, pan B. zręcznie odkorkował butelkę i kazał każdemu z niej pociągnąć, byle nie za dużo, mnie też poprosił, żebym spróbował. Była to najnormalniejsza wódka, o czym każdy z degustatorów, łącznie ze mną, mógł się przekonać. „A teraz zobacz, palancie", zwrócił się do tego niby-pijanego, fachowo rozkręcił litrową flaszkę, z której w czasie naszej degustacji mogło ubyć nie więcej niż dziesięć procent, i przyłożył do ust. Poziom wódki obniżał się miarowo, a panu B. tylko rytmicznie poruszała się grdyka. Kiedy w butelce nic już nie było, pan B. wskazał na stojącą nieopodal czteropiętrową kamienicę ze stromym czerwonym dachem, reprezentującą styl architektoniczny typu heimschtedt. „A teraz patrz, kurwa, na ten komin", powiedział i oddalił się szybko, by po minucie pomachać do nas z czerwonego dachu. Podszedł do komina, stanął wyżej, pochylił się i rękami łapiąc go od góry, powoli wykonał stójkę na rękach. Stał równo głową w dół z minutę, potem przechylił się nieco, przekładając ciężar ciała na jedną rękę. Znowu z minutę stał tylko na tej ręce, wolną ręką machając do nas, zmienił ręce, pomachał do nas drugą, a potem stojąc już na dwóch rękach, odbił się, zrobił salto do tyłu i obiema nogami delikatnie wylądował na wąskiej deseczce, umocowanej koło włazu na dach. Oczywiście czteropiętrowy heimschtedt to nie żaden Empire State Building, ale wysokość była wystarczająca, żeby się jednak zabić. Milenę, która z jakichś tam powodów nie żyła ze swoim mężem, poznałem znacznie wcześniej. Często, jak tylko miała okazję, przychodziła dyskretnie dwa domy dalej do mnie. Pan B. stale jeździł do swojego brata księdza i czasem zostawał tam nawet na tydzień. Milena kochała JAZZ, który bez przerwy leciał u mnie z radia, łapany za pomocą specjalnej anteny z amerykańskich stacji mieszczących się w amerykańskim sektorze w Niemczech. Gdy tylko się u mnie znalazła, z typową dla Czeszek bezpruderyjnością, nie zważając na porę dnia czy nocy, natychmiast, już prawie w drzwiach rozbierała się i szliśmy do łóżka. Była kilka lat starsza ode mnie i bardzo piękna, pięknością dojrzałej kobiety. Miała może trochę za duże piersi, ale będąc kobietą niegłupią, nawet powiedziałbym: inteligentną, piękne swoje piersi, z których zawsze była szalenie dumna, traktowała bardzo poważnie, jak jakąś kosztowną biżuterię czy nawet bardzo, ale to bardzo wartościową nieruchomość. A jeżeli chodzi o mnie, to mogłem się nimi bawić godzinami, co zresztą

Milena bardzo lubiła i udostępniała mi je przy każdej okazji. Opowiadała, że jak miała ten wypadek w cyrku, to prawdopodobnie podczas skomplikowanej ewolucji na trapezie niechybnie przeważył jej biust i dlatego zwaliła się na dół. Miała śmieszny czeski akcent, co dla mnie było bardzo podniecające. Jak tylko w radiu zaczynał się jakiś naprawdę dobry JAZZ, Milena prawie zawsze wspominała swoją byłą miłość z Pragi, jazzowego kontrabasistę, który nazywał się Luděk Hulan. Wspominała go dosyć często, tak że czasem było mi nawet przykro, że nie gram na kontrabasie ani na żadnym innym instrumencie. Dla Mileny JAZZ to był zawsze Luděk Hulan, a Luděk Hulan to był zawsze JAZZ. Gdy Milena dokładnie poznała moją prawość, uczciwość i dyskrecję, wyznała mi w największej tajemnicy, że jej mąż, pan B., pod sam koniec wojny zwinął esesmanom bardzo pokaźną ilość złota pochodzącego z przetopionych przez ss żydowskich zębów. Złoto miał podobno zakopane w jakimś bardzo odległym lesie i raz do roku, zawsze w okresie grzybobrania, udawał się tam w stroju grzybiarza, żeby sprawdzić, odkopać i odpiłować potrzebny im na cały następny rok kawałek.

Pan B. utrzymywał, że jego brat jest gdzieś tam proboszczem, albo że jest gdzieś tam wikarym, a był po prostu pensjonariuszem czegoś w rodzaju wariatkowa. Nie był to, broń Boże, żaden normalny szpital psychiatryczny, tyko zamknięte miejsce odosobnienia, należące do archidiecezji, gdzie pod troskliwą i staranną opieką zakonnic dyskretnie trzymane były osoby duchowne z rozmaitymi psychicznymi problemami, najczęściej natury seksualnej. Brat pana B. święcenia kapłańskie otrzymał tuż przed wojną, po czym zaraz został gdzieś na południowym zachodzie kraju wikarym. W drugim roku wojny aresztowany przez gestapo, trafił do obozu koncentracyjnego w Dachau. W obozie tym na zlecenie Luftwaffe czy Kriegsmarine przeprowadzano na więźniach eksperymenty medyczne na okoliczność ratowania rozbitków – lotników czy marynarzy – wyłowionych z wody w warunkach zimowych lub polarnych. Do doświadczeń tych używano przeważnie sowieckich jeńców wojennych więzionych w obozach koncentracyjnych. Pech chciał, że pewnego dnia Ruscy prowadzeni na eksperymenty zaczęli się stawiać i konwojujący ich esesman, będący tego dnia w nie najlepszym humorze, wyjął pistolet i niewiele się zastanawiając, zastrzelił na miejscu dwóch z sześciu prowadzonych. Ponieważ doświadczenie musiało się odbyć według planu, brakujących dwóch jeńców ad hoc zastąpili dwaj inni więźniowie, którzy wyglądali w miarę zdrowo i akurat znaleźli się w pobliżu. Jednym z nich był właśnie brat pana B. Eksperyment polegał na tym, że więźnia układano w wodzie w czymś w rodzaju wanny lub kadzi, podobnej do dzisiejszego jacuzzi. Następnie drastycznie obniżano temperaturę wody, tak że w końcowej fazie spadała ona do mniej więcej trzech stopni Celsjusza, i więzień, który był podłączony do różnych wskaźników, po potwornych cierpieniach najpierw tracił przytomność, a po chwili zapadał w rodzaj śmierci klinicznej. Wtedy z tej lodowatej wody wyciągano go, kładziono na dużą pryczę w bardzo ciepłym pomieszczeniu i do akcji wkraczały specjalnie przeszkolone kobiety. Przeważnie na jednego przypadały dwie lub nawet trzy. Okładały nieprzytomnego swoimi gorącymi kobiecymi ciałami, masowały i sobie tylko znanymi sposobami starały się pobudzić u niego krążenie krwi. Przeważnie były to zawodowe niemieckie prostytutki, które jako element asocjalny nierzadko również trafiały do obozów koncentracyjnych. Brat pana B. przed zamrożeniem był pewien, że czeka go niechybna śmierć. Do momentu utraty przytomności cały czas się modlił, a kiedy po eksperymencie zaczął ją odzyskiwać, stwierdził, że znajduje się w pozycji horyzontalnej na jakimś gigantycznym posłaniu, między dwiema nagimi, nieznanymi mu kobietami, które przytulają się do niego najatrakcyjniejszymi częściami swoich kobiecych ciał. Jakby tego było jeszcze mało, trzecia kobieta, też naga, siedziała pochylona na nim i z piękną twarzą autentycznej diablicy ujeżdżała go, muskając po szyi czubkami swoich pokaźnych piersi. Brat pana B., który będąc księdzem, parokrotnie ślubował czystość i tak naprawdę nigdy w życiu nie miał kobiety, zamiast po odzyskaniu świadomości jakoś zareagować i przerwać to wszystko, on tymczasem, symulując dalej swoją zapaść i omdlenie, z premedytacją przedłużał i delektował się ciężką, aż do skutku, pracą tych niemieckich kurew. Eksperymenty z reanimacją powtarzane były wielokrotnie i zakończyły się prawie po roku, kiedy te pseudo-doświadczenia przeniesiono do innego obozu, chyba nawet do Oświęcimia. Po wojnie, którą udało mu się jakoś przeżyć, jako były więzień obozów koncentracyjnych po kilku latach starań otrzymał parafię na wsi położonej dokładnie trzydzieści trzy kilometry od willi swojego brata, pana B.

Na początku wszystko szło zupełnie normalnie. Parafianie, głównie repatrianci z bezpowrotnie utraconych wschodnich terenów kraju, byli bardzo zadowoleni ze swojego proboszcza, a proboszcz nie narzekał na swoich parafian. Na plebanii prowadził ascetyczny tryb życia, nie miał gospodyni i nawet sam sobie gotował, byle co i byle jak. Zajmował tylko jeden pokój w dużym, przysługującym proboszczowi domu. Nietrudno było jednak zauważyć, że coś go gnębi. Gdy pewnego razu odwiedził swojego brata, co czynił bardzo rzadko, w drodze na dworzec, skąd miał jakiś lokalny pociąg do swojej miejscowości, dokonał ciekawego odkrycia. Okolice dworca, to znaczy wszystkie przylegające uliczki, okupowane były przez kurwy, stojące niemal na każdym rogu. Księdzu dało to wiele do myślenia. Następnego dnia, z niespotykaną ostatnio u siebie energią, zarządził zmiany. Przede wszystkim kazał wyremontować całą plebanię, wymalować pokoje, odnowić stolarkę i co najważniejsze – urządzić olbrzymią łazienkę. Wanna, która nie była dostatecznie duża, została usunięta i sprzedana, a zamiast niej miejscowy zdun wymurował mu coś w rodzaju baseniku, zasilanego ciepłą i zimną wodą. Poniemieckich mebli na plebanii było wystarczająco dużo, zlecił tylko miejscowemu stolarzowi i zarazem tapicerowi wykonanie olbrzymiego tapczanupryczy według własnoręcznie narysowanego projektu. Ponieważ parafia była biedna, pieniądze na to wszystko brał od swojego brata, pana B., który miał ich nieograniczoną ilość i chętnie służył mu zawsze każdą sumą. Kiedy wszystko było już gotowe, brat pana B. dobrze napalił w łazienkowym piecu, a wychodząc, dodatkowo dorzucił jeszcze parę szufelek koksu. Wiedział dobrze, że o którejkolwiek godzinie wróci, będzie na niego czekała ciepła woda. Jak podawały różne sprzeczne ze sobą wersje, brat pana B. wyruszył pociągiem do miasta. Nie miał na sobie sutanny i już w wagonie ubrał czarny baskijski beret, a koloratkę zasłonił zawiązanym na gruby węzeł jaskrawoczerwonym szalikiem. Wyglądał jak dobrze sytuowany rozpustny świntuch żabojad. Na miejscu zadzierzgnął kontakt z taksówkarzem trudniącym się stręczycielstwem i sutenerstwem. Podobno zaprosił go do restauracji na obiad i bardzo długo coś tam omawiali. Wieczorem wrócił na swoją plebanię z trzema kurwami, a po drodze miał zakupić jeszcze trzy półlitrówki wódki i jakieś kanapki. Taksówkę odesłał, zamówiwszy ją uprzednio na godzinę szóstą rano. Kurwy zostały w salonie z tapczanem, a on zamknął się w łazience. Tam wszedł do baseniku i zaczynając od ciepłej wody, po pewnym czasie puścił tylko zimną, tak że po półgodzinie pogrążony był w wodzie lodowatej. W tym czasie kurwy raczyły się alkoholem i zakąskami. Dokładnie nie wiem, czy tak było naprawdę, ale kiedy z łazienki zaczął wyć „KURWY! KURWY! Wasz dobrodziej zaraz u was będzie!", one, uprzednio dokładnie poinstruowane przez taksówkarza, błyskawicznie rozebrały się do rosołu i kiedy on, goły, zimny i mokry, pojawił się i runął na pryczę, one dokładnie tak jak te niemieckie prostytutki w Dachau zaczęły przeprowadzać na nim niby-zabiegi reanimacyjne. Brat pana B. nareszcie miał to, za czym nieświadomie tak długo tęsknił przez te kilka monotonnych, pustych powojennych lat. Bardzo chcąc jak najszybciej nadrobić powstałe od końca wojny zaległości, poszedł w pewnym sensie na całość i seanse reanimacyjne powtarzane były dosyć często, jeden, dwa, a nawet i trzy razy na tydzień. Od czasu do czasu, dręczony wyrzutami sumienia, brat pana B. przerywał reanimacje i kazał gołym kurwom wkładać ministranckie komże i pędził je do przyległego pokoju, gdzie na ścianie wisiał wielki krucyfiks. Tam wszyscy klękali i brat pana B. zaczynał się żarliwie modlić. Kurwy też musiały klęczeć, raz dłużej, raz krócej, ale zawsze dostawały za to extra money. Niestety, po roku, siedmiu miesiącach, trzech tygodniach i pięciu dniach, licząc oczywiście od pierwszej sesji, brat pana B. został przez władze kościelne zdemaskowany. Był on typową ofiarą permanentnego nieprzestrzegania przez kler tajemnicy spowiedzi. Kiedy to którejś z licznych pracujących dla niego reanimatorek zachciało się w okresie Wielkanocy przystąpić do spowiedzi świętej i gdy głupia została przez spowiednika dokładnie przepytana, sprawa z miejsca się rypła. W trybie nagłym pozbawiony parafii, został internowany we wspomnianym archidiecezjalnym wariatkowie.

Wartownik Wania miał rację, drzwi do baraku były uchylone. Wszedłem do środka. Panował tu półmrok i zaduch, a każdy, najmniejszy nawet ruch wzbijał tumany kurzu. Małe okna z potwornie brudnymi szybami wpuszczały minimum światła. Ostatni raz byłem tu dwa albo trzy lata temu. Kupowałem wtedy od innego Wani, ale na tej samej zasadzie, czyli za pół litra wódki, potrzebny mi wówczas stół kreślarski. Bardzo się tu od tego czasu zmieniło. Jedyne, co zostało, to zdeklarowane barachło. Pod sam żebrowany strop stały tu spiętrzone, najczęściej uszkodzone, stoły, szafy, krzesła, kredensy, łóżka, komody, stoliki nocne, fotele i wszystko, co kiedyś służyło jako meble. Ponadto walały tu się jeszcze tysiące niemieckich książek, jakichś urzędowych niemieckich papierów, potłuczonych naczyń oraz wiele różnych przedmiotów o bliżej nieustalonym przeznaczeniu. Sowieci od końca wojny zwozili i przechowywali tu zdobycz wojenną z całego rejonu, która systematycznie, pociąg za pociągiem, wysyłana była do Sojuza. Tego, co tu teraz zostało, po prostu nie opłacało się już transportować. To po prostu zalegało. Rozejrzałem się dookoła. Skrzynki, o które mi chodziło, stały spiętrzone, jakby zepchnięte buldożerem. Było ich sporo, na oko dobrze ponad sto, pomalowane na ochronny kolor feldgrau, z naniesionym na wieku za pomocą szablonu czarnym orłem ze swastyką, który skutecznie wszystkich odstraszał. Podniosłem jedną, była nieproporcjonalnie lekka w stosunku do swoich dosyć sporych rozmiarów – jakieś czterdzieści na czterdzieści na osiemdziesiąt centymetrów.

Wieko na zawiasach, dno oraz wszystkie boczne ścianki miały około siedmiu, ośmiu centymetrów grubości. Z zewnątrz wyglądało to jak monolityczne drewno, ale od wewnątrz na rogach i na środku były prawie niezauważalne, niewielkie wkręty. Każda z czterech długich ścianek, wliczając w to wieko i dno, miała sześć wkrętów, a dwa szczytowe kwadraty – po cztery. Razem, jak szybko obliczyłem, były trzydzieści dwie śrubki do odkręcenia. Spojrzałem na zegarek, dochodziła druga. Wyszukałem średnich rozmiarów stół kuchenny, który postawiłem pod jednym z licznych okien. Przesunąłem również jedną z trzystu szaf, tak żeby nikt stojący w drzwiach nie mógł mnie widzieć. Punktualnie o drugiej przeżegnałem się, wyjąłem najodpowiedniejszy z trzech śrubokrętów i zacząłem odkręcać śrubki. Tak czasem bywa, że na przykład coś naprawiając, trzeba odkręcić pewną liczbę śrub. Najpierw wszystko idzie szybko, ale przeważnie pod sam koniec jedna ze śrub jakby przez złośliwość nie daje się odkręcić i cały plan bierze w łeb. Tego najbardziej się bałem, lecz na szczęście wszystkie śruby, jakby posmarowane mydłem lub oliwą, odkręcały się idealnie. Odkładałem je precyzyjnie do olbrzymiej aluminiowej popielniczki z symbolem Luftwaffe i reliefowym wizerunkiem sztukasa JU-87, ale za to z obracającym się śmigłem. Kiedy wszystkie wkręty były już w popielniczce, ponownie sprawdziłem czas. Zajęło mi to dokładnie czternaście minut. Wziąłem wtedy największy ze śrubokrętów i trochę wyważając, zacząłem zgrabnie wydłubywać cienkie arkusze sklejki, które przed chwilą były jeszcze przykręcone. Każdy arkusz sklejki, również w kolorze feldgrau, odsłaniał czysty, jasny, odpowiednio gruby, regularny kawał najlepszego gatunku i najwyższej jakości korka, którym wyłożona była cała powierzchnia ukryta pod pokrywą z dykty. Niemcy używali tych skrzynek do dostarczania gorących potraw na pierwszą linię frontu. Każdą skrzynkę wypełniał stulitrowy aluminiowy pojemnik. Eintopf czy zupa w nim przechowywana nawet po kilkunastu godzinach była gorąca, a po kilkudziesięciu jeszcze ciepła. Aluminiowe pojemniki były niezmiernie przydatne dla tak licznych producentów bimbru, dlatego już bardzo dawno je rozszabrowano. Zostały tylko skrzynki, bo nikt nawet się nie domyślał, jaką przedstawiają wartość. Kiedy wszystkie sześć arkuszy korka stały równo oparte o ścianę, minęło dwadzieścia jeden minut. Teraz szybko i byle jak powsadzałem i przykręciłem dykty z powrotem. Jedną ręką, jak kulomiot, cisnąłem wypatroszoną przed chwilą skrzynkę daleko, za największą hałdę nienadających się już do niczego mebli. Przewróciłem stół z powrotem na bok, zacierając wszelkie ślady. Była druga dwadzieścia pięć, kiedy wszystko było skończone. Nieźle jak na pierwszy raz. Teraz zacząłem szukać odpowiedniego okna. Jak to w baraku, okna były pojedyncze, zakratowane, z tym że kraty, jeżeli to można nazwać kratami, były pionowymi, bardzo mocno osadzonymi grubymi stalowymi prętami. Nie było mowy, żeby któraś z trzymanych tu dziewczyn mogła się przez nie przecisnąć. Okien tych nie dało się otworzyć, tylko w górnej części co drugie czy co trzecie posiadało na całej swojej szerokości coś w rodzaju otwieranego na zewnątrz, wąziutkiego poziomego oberluftu. W którymś z dalszych okien zauważyłem wybitą szybę. Przecisnąłem się tam przez zwały starych mebli z moimi korkami i w ciągu paru sekund spuściłem je wszystkie do kanału. Teraz należało działać bardzo szybko. Prawie biegiem ruszyłem w stronę drzwi. Kiedy w nich stanąłem, nie musiałem nawet gwizdać na Wanię, od razu mnie dostrzegł i dał mi znak, że mogę iść. Już miałem to uczynić, kiedy nagle przypomniałem sobie, że przecież przyszedłem tu w sprawie krzesła, cofnąłem się więc i złapałem pierwsze lepsze, które leżało najbliżej. W sekundę stwierdziłem, że nic mu nie brakuje. Dźwigając je, przeciskałem się między wrakami samochodów, a potem, przeskakując potłuczone bidety, pobiegłem w stronę Wani. „Oczień, oczień, spasiba", dałem mu pudełko z resztą chesterfieldów, z którego uprzednio wyjąłem jednego. Wania dał mi ognia zapalniczką zrobioną z łuski naboju karabinowego mauser. „Czy mogę tu przyjść pozałtra?" „Kanieszna, pozałtra budu stojał tak, jak siewodnia".

Szybko oddaliłem się z krzesłem w dół kanału. Do pierwszej przecznicy, gdzie znajdował się most i rodzaj tamy, było może dwieście metrów. Maszerowałem szybko. Po pewnym czasie zauważyłem, że wyspa, prawie niewidoczna przez dziką roślinność oddzielającą ulicę od kanału, się kończy. Pas chaszczy bardzo się tu poszerzał i kanał oddalał się od ulicy. Kiedy wreszcie doszedłem do przecznicy, musiałem zaraz przejść na drugą stronę, bo z powodu jakichś zniszczeń wojennych tylko po tamtej stronie biegł chodnik. Na ulicy było bardzo mało ludzi, co bardzo mi odpowiadało, bo wiedziałem, że nikt z mostu nie będzie się gapił, jak płyną moje korki. Tuż obok był przystanek tramwajowy, na którym stał dobrze już podpity jegomość. „Ładne krzesło pan masz", zagadnął mnie z wileńskim akcentem. „Mogę je panu sprzedać", odpowiedziałem. „Kiedy nie mam teraz przy sobie gotówki". „Jesteś pan z Wilna?" Facet przytaknął. „Jak jesteś pan z Wilna, to daję je panu za darmo. Pewnoś pan tam wszystko potracił". Postawiłem krzesło przed zdumionym gościem, a sam zbiegłem cementowymi schodami pod most. Dokładnie pod samym jego środkiem znajdował się rodzaj naturalnej zapory, składającej się z różnego rodzaju wojennego złomu, rozrzuconego na prawie całej szerokości odnogi. Były tam dwie częściowo zatopione i podziurawione sowieckie desantowe amfibie, które kiedyś musiały spłynąć z prądem i zaklinować się na dobre, obie wywrócone do góry nogami. Tak jak inne zalegające tu pojazdy miały oczywiście wymontowane wszystkie koła. Byłem najzupełniej pewien, że obecnie koła te stanowiły dumę właścicieli furmanek, do których to najprawdopodobniej zostały przemyślnie przetransferowane. Znajdował się tu nawet, również częściowo zatopiony, z dziwnie wygiętą, skierowaną do góry lufą, duży niemiecki tank, a właściwie działo pancerne. Z lewej strony nie miał gąsienicy, która częściowo wystając z wody, leżała nieopodal. Nawet średnio wygimnastykowany człowiek, naturalnie mający odpowiednie obuwie, bez żadnego problemu był w stanie, nie korzystając wcale z mostu, prawie suchą nogą przejść po tym wszystkim na drugą stronę. Oczywiście różne śmiecie i inne drobne przedmioty spokojnie przez tę przeszkodę przepływały, ale moje korki, nawet te mniejsze, musiały się na niej zatrzymać. Właśnie dopływały i przyklękając na leżącej bokiem amfibii, z łatwością powyciągałem je z wody, a następnie wytarłem do sucha ręcznikiem. Dwa kwadraty zapakowałem w jedną paczkę, a z czterech długich zrobiłem następną, większą. Obie paczki owinięte papierem pakunkowym i przewiązane sznurkiem wyglądały nawet dość elegancko. Z bagażem tym udałem się schodami na górę i za chwilę byłem znowu na moście. Wilniuk z krzesłem stał jeszcze na przystanku. Ponieważ niespodziewanie zaczął padać lekki deszcz, postanowiłem podjechać tramwajem cztery krótkie przystanki, żeby chwilowo zostawić paczki w szatni u Bławata. Kiedy tramwaj nadjechał, wsiadłem szybko, zapłaciłem za bilet i skierowałem się na przedni pomost, bo przecież niedługo miałem wysiadać. Paczki wcale mi nie przeszkadzały, prawie nic nie ważyły. Wilniuk wsiadł również, usiadł na krześle, oparł się wygodnie, założył nogę na nogę i bezczelnie zaczął się przyglądać konduktorowi. Na moim krześle czuł się i wyglądał jak panisko. Teraz miałem okazję dokładnie przyjrzeć się meblowi, którym uszczęśliwiłem wilniuka. Krzesło było imponujące, ciemny dąb ręcznie rzeźbiony w motywy roślinne z dominacją żołędzia, wygodne oparcie i siedzenie pokryte mięsistym aksamitem w kolorze wiśni, który niestety chwilowo nie był zbyt intensywny, najprawdopodobniej nie z powodu wyblaknięcia, ale dużego zakurzenia. Całość wyglądała jednak mocno, bardzo solidnie i bogato. W czasie jazdy wilniuk, przez cały czas patrząc prowokacyjnie w oczy konduktorowi, próbował nawet trochę na krześle się huśtać, pogwizdując przy tym beztrosko jakąś wileńską melodyjkę. Kiedy wszyscy pasażerowie zapłacili już za bilety, konduktor ze służbową torbą podszedł do wilniuka. Niestety nie był to mój ulubiony konduktor, bo jedynie on byłby w stanie docenić wileńską fantazję. Mój ulubiony konduktor pochodził ze Lwowa. Całe życie pracował w tramwajach, najpierw tam, a potem tu. Był już w wieku przedemerytalnym, prawie zupełnie ślepy. Zawsze nosił jakieś dziwne okulary z potwornie grubymi okrągłymi soczewkami, powiększające do wprost nadnaturalnych rozmiarów jego oczy, i kiedy sprawdzał nominały na wręczanych mu za bilet banknotach, to przykładał je do twarzy tak blisko, że miało się wrażenie, jakby próbował je obwąchiwać. Wśród pasażerów zawsze budził sympatię i wesołość, bo przy każdej okazji sypał dowcipami, sam przy tym zanosząc się od śmiechu. Do każdej pasażerki bez względu na wiek, tuszę i urodę zwracał się per „mój ty aniołku", a jego powiedzenia, często obsceniczne, nikogo o dziwo nie gorszyły. Gdy na przykład do maksymalnie przepełnionego tramwaju usiłował upchnąć jeszcze kilku pasażerów, potrafił, wyjąc oczywiście ze śmiechu, wołać: „Panie szerzej, panowie głębiej!" Tymczasem ten konduktor z torbą i poważną miną podszedł do wilniuka, który spojrzał na niego, jakby pierwszy raz w życiu zobaczył konduktora, i zaczął jak niedorozwiniętemu dziecku tłumaczyć, że chyba sam widzi, że on siedzi na swoim własnym krześle i że nie ma najmniejszego zamiaru płacić ani nawet dyskutować z nim na ten temat. „Zapłać pan lepiej, bo jeszcze każę panu kupić bilet na bagaż". Tego już było dla wilniuka za wiele. Zaczynała się gigantyczna awantura, ale ja niestety musiałem wysiadać, bo tramwaj stał już przed kawiarnią. Bławata nie było, a w szatni urzędował jego zmiennik. Nie lubiłem tego typa, bo podobno kablował, co od razu świetnie było widać po jego szczurzej mordzie, poza tym parokrotnie ostrzegał mnie przed nim Bławat. Mówiąc, że są to materiały do jakiejś scenografii, którą teraz robię w teatrze, zostawiłem tam większą paczkę, a z mniejszą ruszyłem w miasto. Przede wszystkim bardzo chciałem spotkać Anitę, która miała największe kontakty w interesującej mnie obecnie branży.

Gdy zaczynałem sportową karierę w moim świeżo powstałym zrzeszeniu sportowym, poza moją sekcją były jeszcze trzy inne: pływacka, gimnastyczna i koszykówki. Do sekcji gimnastycznej należała kiedyś właśnie Anita. Gdy zaczynała, była śliczną piętnastoletnią dziewczynką. Piękna, niewinna buzia z niebieskimi oczami, jasna blondynka, ciało dziewczęce, dopiero co się formujące. Przez lata ćwiczyła bardzo pilnie, przychodziła na treningi trzy razy w tygodniu, często odprowadzana przez mamusię lub przywożona przez tatusia. Szybko zaczęła robić postępy i zdobywać niezłe miejsca w rozmaitych lokalnych zawodach i konkursach. Niestety, mijał czas i z Anitą zaczynało dziać się coraz gorzej, a jednocześnie jakby coraz lepiej. Otóż powszechnie wiadomo, że wyczynowe gimnastyczki są to przeważnie krótkonogie, krótkoszyje kurduplice i że dziewczyny o takiej właśnie budowie mają największe szanse na wyniki w tym sporcie. Niestety Anita, rozwijając się fizycznie, stawała się żywym zaprzeczeniem rasowej wyczynowej gimnastyczki. Bardzo wyrosła, miała piękne długie nogi, długą szyję, dostała nagle duży piękny biust i słodką wypukłą dupeńkę. Bardzo kochała tę swoją gimnastykę, dlatego długo nie chciała jej rzucić, ale gdy ostatecznie stwierdziła, że w tym sporcie nie ma już żadnych szans, żeby zabić ten okropny stres spowodowany sportowym niespełnieniem, po prostu zaczęła dawać dupy. Przelecieli ją prawie wszyscy, a ponieważ mimo młodego wieku robiła to z dużą klasą i kulturą, wszyscy ją wielbili i szanowali. Zarząd klubu bardzo chciał pomóc Anicie, proponował jej inne sekcje, wysyłana była na różne obozy, ale do sportu nie miała już takiego zapału jak przedtem. Zainteresował się nią pewien nowobogacki. Z zawodu był szewcem, ale naprawa brudnych, starych, znoszonych butów od dawna go nie interesowała. Postawił na masową produkcję. Sytuacja na rynku obuwniczym była bardziej niż żałosna: czasy powojenne, żadnego importu, żadnych dobrych surowców, mały przemyt z Czechosłowacji, kompletne dno. Kraj miał ważniejsze sprawy niż modne buty, a pod względem ideologicznym najlepiej by było, żeby za przykładem Sowietów zimą wszyscy chodzili w walonkach, a w lecie albo boso, albo w pepegach. Za ładne i modne buty eleganckie były skłonne zapłacić majątek, a nawet zapłacić swoim ciałem. Nowobogacki kręcił się trochę koło sportu i prawdopodobnie od dawna miał na

Anitę oko. Rozwiódł się ze swoją dotychczasową starą żoną i w krótkim czasie poślubił niefortunną gimnastyczkę. Ich wesele było największym wydarzeniem sportowym roku. Nowobogacki, ponad dwa razy starszy od Anity, ale o pół głowy od niej niższy, ubierał się z niewymuszoną elegancją, wypośrodkowaną dokładnie pomiędzy elegancją Ala Capone a elegancją Jana Kiepury. Jasne, stonowane, pastelowe kolory, najlepsze pilśniowe kapelusze, pelisy, brązy, beże, zamsze, sygnety, bajery. Szyli dla niego najlepsi krawcy w dalekiej stolicy. Mimo że byli ze sobą już prawie trzy lata, dzieci nie mieli. W poprzednim małżeństwie nowobogacki zdążył narobić ich sporo i często, napuszczane przez ex, przychodziły do warsztatu awanturować się o pieniądze, których nowobogacki nigdy im nie odmawiał. Nowobogaccy ulicą szli zawsze powoli, z wielką godnością, i czuło się promieniujący od nich wielki szmal. Kiedy wchodzili do któregoś z nocnych lokali, orkiestra zawsze, jak na komendę, przerywała grany aktualnie utwór i zaczynała refren popularnej w owym czasie idiotycznej piosenki, której słowa, jak pamiętam, brzmiały:

Oj, szewczyku, nie bądź głupi,
Szczęście chcesz za buty kupić...

Nowobogacki od razu kładł orkiestrze pięćset i dawał znaki, żeby kontynuowała przerwany utwór. Dobrze wiedział, że Anita jest jego największym szczęściem. Tego popołudnia i wieczora nie mogłem nigdzie znaleźć Anity, telefonu nikt nie odbierał, a w sklepie-warsztacie powiedziano mi, że chyba gdzieś wyjechali. Ponieważ cały czas czułem, jak grunt pali mi się pod nogami, wstąpiłem do szewca numer dwa w mieście, niejakiego Zapory, którego również znałem i któremu oddawałem czasem do naprawy swoje obuwie. Wiedziałem, że on też, oczywiście na znacznie mniejszą skalę niż nowobogacki, zajmuje się produkcją. Pokazałem mu dwa kwadratowe arkusze korka, które miałem ze sobą. Gdy je zobaczył, nie był w stanie ukryć podniecenia. Ręce aż mu się trzęsły. Zapytał po ile. Powiedziałem, że po trzysta. Czy mam jeszcze? Mówię, że mam jeszcze cztery, ale nie czterdzieści na czterdzieści jak te, tylko większe, czterdzieści na osiemdziesiąt, po sześćset, i że mogę mu je dostarczyć w dziesięć minut. Bławata dalej nie było, wydał mi je zmiennik. Zauważyłem, że opakowanie ma lekko naddarty róg. Zmiennik musiał zaglądać do środka. Słowo do słowa stanęło na tym, że dostanę po pięćset za każdy duży i po dwieście pięćdziesiąt za mały. Bez dalszej dyskusji Zapora wypłacił mi dwa i pół tysiąca, mówiąc, że gdybym miał więcej, to chętnie kupi. Zapowiadało się nieźle, a ja miałem już dwa i pół procent tak bardzo potrzebnej mi sumy. Teraz trzeba było działać precyzyjnie, dyskretnie i szybko. Przede wszystkim poszedłem popływać. Jak zwykle pływałem ponad godzinę. Dzień miałem bardzo nerwowy i pracowity, tak że potrzebowałem relaksu, a czas spędzony w baraku pełnym pyłu i kurzu nie wpłynął najlepiej na moje samopoczucie. Kiedy opuściłem basen, dokładnie wiedziałem, co robić. Najpierw udałem się na dworzec główny, gdzie długo studiowałem rozkład przychodzących pociągów. Z dworca poszedłem do oddalonej o niecałą minutę poczty, z której wysłałem telegraficzny przekaz pieniężny na pięćset złotych i depeszę następującej treści: PRZYJEDŹ KONIECZNIE STOP CZWARTEK SIÓDMA JEDENAŚCIE STOP CZEKAM NA DWORCU STOP ANDRZEJ… WYŚLIJCIE KONIE NA DWORZEC – JANKOWSKI… To ostatnie zdanie pochodziło z oprawionego w ramki wzorca telegramu, eksponowanego w każdym urzędzie pocztowym. Każdą wysyłaną przez siebie depeszę zawsze kończyłem tym zdaniem.

Nie lubiłem tego urzędu pocztowego, kojarzył mi się z nieprzyjemną przygodą, która zdarzyła się ostatniego lata. Otóż, oczywiście dzięki Leonowi vel Lio, za ciężkie pieniądze wszedłem w posiadanie włoskich okularów – panoramicznych lustrzanek. Były rewelacyjne i chyba nikt w całej Europie Wschodniej takich nie miał. Każda dziewczyna chciała się w nich przejrzeć, tym bardziej że w tym czasie można było kupić tylko dwa brzydkie modele: czeskie i jeszcze gorsze krajowe, typu „ślepy grajek"... A moje lustrzanki MADE IN ITALY to był maksymalny szpan. Pamiętam jak dziś, było to w przeddzień moich urodzin. Tego dnia wypadła akurat pierwsza rocznica egzekucji parki sowieckich szpiegów w Ameryce, małżeństwa niejakich Rosenbergów. Komunistyczna propaganda szalała. Wszędzie przez liczne megafony i głośniki mówiono tylko o nich, ulicom, szkołom i zakładom pracy nadawano ich imiona i cały dzień był tylko im poświęcony. Wczesnym popołudniem poszedłem na pocztę nadać coś do jakiejś redakcji, na sekundę okulary zostawiłem na stoliku i podszedłem do okienka, a gdy wróciłem – już ich nie było. Złodziejski naród.

Teraz adresatem telegramu i przekazu był mój brat cioteczny Bronek, młodszy z dwóch synów wspomnianego już wujka Poldyka i siostry mojej mamy, cioci Marty. Przez parę lat wojny wychowywaliśmy się razem i zawsze mogłem na niego liczyć. Teraz bardzo go potrzebowałem. Tego dnia był wtorek, czyli Bronek miał przyjechać pojutrze. Z poczty udałem się znowu na dworzec, żeby w kolejowej informacji dowiedzieć się, czy pociąg Bronka przychodzi dokładnie na czas czy ma, co się wtedy często zdarzało, tendencję do wielkich opóźnień. W informacji nikogo nie było, ale ktoś mi powiedział, że informator udał się w okolicę dworcowych klozetów, bo coś się tam ciekawego wydarzyło. Okazało się, że w jednej z kabin jakiś facet poderżnął sobie brzytwą gardło. Podniecony dziadek klozetowy wszystkim opowiadał, że nic nie przeczuwając, otworzył mu kabinę, wręczył cztery kawałki przygotowanej specjalnie pociętej gazety i wpuścił go do środka. Facet bardzo długo nie wychodził i dziadek myślał nawet, że może, choć ma tu wszystko pod kontrolą, po prostu nie zauważył, jak on wyszedł, aż tu nagle ktoś przybiega do niego i mówi, że struga krwi wypływa spod drzwi jednej z kabin. Dziadek od razu wiedział, o które drzwi i o którą kabinę chodzi, bo jednak kłopotliwy użytkownik tego przybytku wyglądał mu jakoś podejrzanie, ale skąd mógł wiedzieć, że aż taki numer mu wytnie. „Powinno się takich w ogóle nie wpuszczać do publicznych klozetów, niech srają gdzieś po torach", inteligentnie przerwał wywody dziadka jeden z przybyłych milicjantów. Wszyscy łącznie ze mną oglądali denata. Siedział ze spuszczonymi spodniami na sedesie, trochę odchylony do tyłu. Z boku szyi widniało precyzyjne skośne, głębokie cięcie, niewątpliwie był fachowcem i nie wiadomo ilu ludziom już przedtem to zrobił. Wnętrze kabiny, pomalowane na zielonkawoszary kolor, wraz z betonową podłogą całe było zabryzgane krwią. Otwarta brzytwa leżała na podłodze, dokładnie pod bezwładnie wiszącą prawą ręką. Nieszczęsny ten człowiek, mimo że od pewnego czasu już nie żył, mordę miał dalej jak jakiś ubek, potwornie wredną. Ponieważ w tym czasie ubecy raczej samobójstw nie popełniali, był to prawdopodobnie jakiś zdemaskowany i ścigany esesman, opanowany manią samobójczą psychopata, namierzony szmalcownik czy osaczony członek UPA – mnóstwo takich wszędzie się tu kręciło. W mieście tym widziałem już niezliczoną ilość zabójstw, morderstw i samobójstw

i jak myślę, większość z nich miała ścisły związek z zakoń-
czoną kilka lat temu wojną. Z dworca wziąłem taksówkę,
którą pojechałem do mamy. W czasie pysznej kolacji
mama opowiedziała mi mniej pyszną historię starszego
ode mnie o rok czy dwa syna znajomych, który niedawno
usiłował przedostać się przez zieloną granicę do amerykańskiej strefy okupacyjnej w Niemczech. Złapany przez
polskie służby graniczne, siedział w więzieniu i czekał na
proces. Groził mu kilkuletni wyrok. Jakoś nigdy nie miałem okazji poznać tego faceta, ale mama znała dobrze jego
rodzinę, bo jego ojciec czy stryj jeszcze grubo przed wojną
aplikował w Poznaniu u mojego dziadka. Nazywał się War-
dejn. W nie najlepszym nastroju wróciłem do siebie.
Dochodziła akurat jedenasta, więc zdążyłem jeszcze na
przegląd najlepszych big-bandów ze stacji AMERICAN FORCES
NETWORK IN EUROPE. Przegląd, jak zawsze, otwierał Charlie
Barnet i jego SKYLINER. Zaraz po tym urwał mi się film.

Po dziewiątej rano zbudził mnie telefon – cudem posia-
dany i niedawno z potwornym trudem załatwiony dzięki
moim wynikom sportowym. Dzwoniła Anita i chciała się
ze mną zobaczyć. Powiedziałem jej, że czekam na bardzo
ważną pocztę, i od razu, jak tylko przyjdzie listonosz,
gdzieś około południa przyjdę do zakładu. Przesyłki o terminie EXTRA na szczęście jak nie było, tak, Bogu dzięki, nie
było, otrzymałem jednak bardzo dziwny list. Koperta
i znaczek z Bolciem Bierutem wskazywały, że list został
wysłany w kraju, natomiast w środku znajdowała się kolorowa pocztówka przedstawiająca jakąś główną ulicę za-
chodniego miasta. Zdjęcie na pocztówce zostało zrobione
w nocy. Była to kwintesencja Zachodu. Wszędzie pełno
neonów, reklam coca-coli, cameli, filmów, teatrów, kon-
certów, kin, barów, restauracji i jeszcze diabli wiedzą cze-

go, ulicą jechało dużo pięknych, wielkich, kolorowych aut i spacerowało mrowie dobrze ubranych ludzi. Na drugiej stronie kartki łatwo rozpoznałem charakterystyczne pismo Zuli. Pisała, że już tu jest, że przeprasza, ale nie wolno jej było nic mówić, że bardzo tęskni i dużo o mnie myśli, podpis: klacz wujka Poldyka – Stuttgart. Ostatni raz widzieliśmy się z Zulą jakieś dwa tygodnie przed asenterunkiem. Zachowywała się trochę dziwnie, ale ja zupełnie inaczej to sobie interpretowałem. Spędziliśmy razem półtorej doby. Drugiej nocy, kiedy w radiu, cały czas nastawionym na amerykańską stację dla amerykańskich żołnierzy, właśnie dla nich Lena Horne śpiewała STORMY WEATHER, Zula, będąca zapewne w lekkim pijanym widzie, dodatkowo kierowana jeszcze jakimś miłosnym uniesieniem, zaczęła mnie zaklinać, żebym zawsze, kiedy usłyszę tę melodię, pomyślał o niej. Rzeczywiście, do dziś gdziekolwiek i kiedykolwiek ją słyszę, zawsze chwilę pomyślę o Zuli, lecz uwzględniając jej dużą romansowność, nie jestem w stu procentach pewny, czy przy tym pięknym standarcie jedynie ja mam podobne skojarzenia. Pamiętam, że STORMY WEATHER Zula miała wtedy przy sobie nieprawdopodobną ilość pieniędzy, oczywiście w gotówce, i nawet śmiałem się z niej, że pewnie chce kupić całą moją ulicę. Drugiego ranka oświadczyła mi tajemniczo, że nie będzie jej przez jakiś czas, ale zawsze będzie o mnie myśleć i w swoim czasie się odezwie.

Zaraz po dwunastej zjawiłem się u Anity. Nowobogackiego nie było i Anita przyjmowała mnie sama. Nowobogacki lubił rozmach i jako wielki miłośnik coraz rzadziej pokazywanych na krajowych ekranach amerykańskich filmów na tyłach swojego bardzo skromnie z zewnątrz wyglądającego warsztatu szewskiego posiadał duży reprezentacyjny pokój, urządzony na podobieństwo sali konferencyjnej średniej wielkości amerykańskiej korporacji. Długi ciemny HOCHGLANZ drewniany stół, takież wyścielane skórą krzesła, telefony, duży, stylizowany na antyczny globus, kilka powiększonych, oprawionych w srebrne ramy zdjęć prześlicznej i do tego bardzo fotogenicznej Anity, pochodzących głównie z czasów, kiedy jeszcze dawała na mieście dupy, na ścianie jakieś sportowe proporce i dyplomy. Tu przyjmował najbardziej zaufanych dostawców i kontrahentów oraz najważniejszych interesantów – tu czuł się jak prawdziwy boss. A co w tym wszystkim najśmieszniejsze, jego personel z uporem maniaka cały czas ten gabinet nazywał jadalką. Nie będę się wdawał w szczegóły, ale Anita tego dnia wyglądała rewelacyjnie. Kiedy wszedłem, ku swojemu wielkiemu zdziwieniu na długim ciemnym blacie stołu zobaczyłem w równym rzędzie sześć arkuszy korka, które sprzedałem wczoraj Zaporze. „Wiem, że mnie wczoraj szukałeś. Władek – było to imię nowobogackiego – poszedł po twoich śladach i przyniósł to", wskazała na korki. „Nie mogłeś z tym poczekać jeden dzień?" „To bez znaczenia – odparłem – bo między nami mówiąc, mam mieć tego od cholery i trochę". „Skąd?", zapytała Anita. „To zbyt skomplikowane, żeby teraz o tym opowiadać", zrobiłem unik. „Słuchaj – powiedziała Anita – ile byś tego miał, Władek jest w stanie wszystko od ciebie kupić. Oczywiście nie po takiej wysokiej cenie, po jakiej sprzedałeś biednemu Zaporze, ale myślimy, że po trzysta za mały i sześćset za duży nie będzie wcale dla ciebie źle, no i nam się też opłaci. Jeden tylko warunek: sprzedajesz nam i nikomu innemu ani jednego kawałka. Kupujemy wszystko i płacimy od razu. Kiedy możesz coś dostarczyć?" „Niedługo, jeszcze w tym tygodniu, może jutro pod koniec dnia". U Anity w sumie zabawiłem prawie godzinę. Siedzieliśmy, piliśmy jakiś wermut i namawiała mnie, żebym jeszcze został i poczekał na nowobogackiego, który pojawi się niebawem. Kilka razy na chwilę wyskakiwała do warsztatu. Ja siedziałem, bo uwielbiałem na nią patrzeć. Poza klasyczną pięknością, którą bezsprzecznie była, teraz stała się jeszcze uosobieniem seksu. Paroletnie gimnastyczne treningi wykształciły u niej piękne ruchy i pełną kontrolę nad dynamiką ciała. Każde najmniejsze jej poruszenie, najmniejszy gest były doskonałe. Nowobogacki musiał być szczęśliwy, jeżeli potrafił to docenić. Jestem jednak pewien, że potrafił. Wyszedłem, mówiąc, że teraz muszę szybko działać w naszych wspólnych interesach.

Dochodziła druga, kiedy opuściłem zakład nowobogackich. Miałem bardzo duże plany. Najpierw postanowiłem odwiedzić coś w rodzaju sklepu sportowego i mimo że znajdował się daleko, zdecydowałem się iść piechotą. Gdy zbliżałem się na miejsce, ogarnął mnie jakiś dziwny niepokój, silne zdenerwowanie i niewytłumaczalne uczucie zagrożenia. Nie zabawiłem w sklepie zbyt długo. Kupiłem najkrótszą składaną wędkę, czeski kołowrotek TAP, kilka błystek z agrafkami i sto pięćdziesiąt metrów nylonowej żyłki zero trzydzieści pięć. Wydałem majątek. Chciałem z tym pójść do domu, zmontować spinning, trochę się nim pobawić, a potem iść, oczywiście już bez spinningu, na pływalnię, bo jutro znowu czekał mnie ciężki dzień. Gdyby jutro udało mi się wypatroszyć chociaż pięć skrzynek, to dostałbym piętnaście tysięcy, czyli miałbym już ponad siedemnaście procent tak potrzebnej mi sumy. Dziwny niepokój nadal mnie nie opuszczał, aż zauważyłem, że od dawna ktoś za mną chodzi, czyli po prostu mnie śledzi. Miałem swoisty instynkt, bardzo silnie rozwinięty jeszcze od czasów wojny, kiedy to jako rozgarnięty jedenasto-, dwunastoletni chłopiec wiele razy eskortowałem wujka Stasia w jego konspiracyjnych akcjach. Szedłem wtedy za nim w bezpiecznej odległości, przeważnie po drugiej stronie ulicy, i obserwowałem, co się za nim dzieje, a konkretnie – czy nie jest śledzony. Miałem z nim kontakt wzrokowy i jeżeli zauważyłem coś niepokojącego, a prawie nigdy się nie myliłem, dawałem mu umówiony sygnał. Przeważnie było to przełożenie z lewej do prawej ręki czegoś, co akurat niosłem. W razie jakiejś bardziej niebezpiecznej sytuacji na tyłach wuja, na przykład gdy ktoś wyciągał broń, natychmiast miałem użyć niklowego sędziowskiego gwizdka z trzytonowym akordem, który dostawałem zawsze na czas akcji. Na szczęście nigdy nie musiałem go użyć, ale torbę z ciastkami, jakiś mały pakunek czy owoce kilka razy przekładałem z lewej do prawej ręki. Wiele razy jeździłem eskortować wujka Stasia również do innych miast. Lubiłem to bardzo, bo ubierałem wtedy mój nowy, i jedyny, garnitur w kolorze zgniłej śliwki, składający się z marynarki z dragonikiem czy nawet z paskiem, spodni typu pumpy oraz kamizelki, z której byłem bardzo dumny. Tak szalenie się sobie podobałem, że eskortując wujka, przeglądałem się dokładnie w każdej wystawie sklepowej. Teraz, nie dając nic po sobie poznać, szedłem dalej. Bardzo chciałem dokładnie zobaczyć, kto to taki. Od czasu do czasu, kątem oka oglądając się za jakąś ładniejszą mijaną dziewczyną, udawało mi się przejechać po nim wzrokiem. Ale nareszcie nadarzyła mi się świetna okazja, bo z naprzeciwka szła osoba, którą znałem. Była to matka Ewy, mojej koleżanki z liceum. Miała znane nazwisko, ponieważ brat jej ojca, czyli stryj, był w stolicy jednym z nadwornych reżimowych architektów, a ojciec znanym w mieście naukowcem i profesorem uniwersyteckim. Ewa, która nie grzeszyła urodą, uczyła się świetnie, ale należała raczej do kategorii inteligentnego kujona. Bywała jednak bardzo pomocna, na przykład przy uzupełnianiu powstałych czasem dydaktycznych zaległości. Kilka razy w tej sprawie składałem w jej domu wizyty. Była niepoprawną miłośniczką góralskiego folkloru. Po domu nosiła wyłącznie góralskie stroje, a to kierpce, a to guńki, jakieś góralskie wyszywane bluzki, jakieś góralskie chustki, jakieś góralskie podpaski. Wyglądała w tym jak stara maleńka gaździnka. Wymogła na swoich dobrze sytuowanych rodzicach, żeby w sporej poniemieckiej willi, którą posiadali, urządzić dla niej na górze dwa pokoje w góralskim stylu. Sprowadzono z Podhala czteroosobową ekipę, która przez miesiąc, śpiąc, jedząc i pracując na miejscu, wymodziła wnętrze godne Sabały lub Kasprowicza. Ewa przez cały czas robót znajdowała się w stanie tak ciężkiego amoku, że nawet nie zauważyła, jak któryś z wykonawców wykonał jej dziecko. Pamiętam, że maturę zdawała już w stanie dosyć zaawansowanym, co w tych czasach było niemałym skandalem typu towarzysko-obyczajowego. Dzielny sprawca tajemniczo rozpłynął się gdzieś we mgłach okalających Giewont czy Gubałówkę. Na szczęście rodzice Ewy podeszli do tego jak do jeszcze jednego kaprysu jedynaczki. Tak więc cała profesorska rodzina była szczęśliwa, a teraz mama Ewy z nietajoną dumą wyznała mi, że Janosik właśnie przedwczoraj skończył trzy lata.

Podczas gdy rozmawiałem z mamą Ewy, mogłem stanąć jak gdyby przodem do tyłu i dokładnie przyjrzeć się gagatkowi, nie wzbudzając jego podejrzeń. Teraz wiedziałem już prawie wszystko. Gdy wczoraj szukałem Anity, przez chwilę widziałem go w warsztacie, bawiącego tam pod nieobecność właścicieli. Rzucała się w oczy jego wielka zażyłość z personelem. Teraz miałem dwa wyjścia: albo facet dowiedział się od pracowników, że mam dojście do bezcennego surowca, i teraz chce mnie z tego interesu normalnie wymiglancować, albo też działa na zlecenie lub w zmowie z synem szewca Zapory, Krzysztofem, którego zresztą dosyć dobrze znałem. Krzysztof, mimo że dawał nieźle w trąbę, co zresztą jako syn szewca miał poniekąd w genach, jako młody człowiek był dosyć inteligentny i oczytany. Do ZMP nigdy nie należał. Gardził pospólstwem, a przed swoim nazwiskiem, wzorem pułkowników marszałka Józefa Piłsudskiego, zawsze dodawał rodzaj przedrostka. Ponadto, aby ukryć swoje rzekomo niskie pochodzenie, na salonach, na których cały czas usiłował robić za hrabiego, przedstawiał się zawsze jako Krzysztof Prawdziw Zapora, często dodając jeszcze nazwę jakiegoś podejrzanego herbu. W tych koszmarnych, szarych czasach był jednak postacią barwną i interesującą. Zawsze oceniałem go pozytywnie, choć świetnie wiedziałem, że zrobi każde świństwo, żeby zdobyć finansowe środki na swój hulaszczy i pasożytniczy tryb życia. Śledzący mnie osobnik robił wrażenie dosyć sprytnego prostaka. Był wysokim, pewnym siebie, dobrze zbudowanym łysiejącym blondynem, na oko miał trzydzieści pięć, czterdzieści lat. Idealny obiekt do sprowokowania. Dzięki naukom, które systematycznie pobierałem od Plebańczyka, przy pewnego rodzaju towarzyskich kontrowersjach świetnie potrafiłem wykorzystać sygnalizowany cios i w ułamku sekundy przeciwnik leciał na mordę z cięższą lub lżejszą kontuzją ręki, która przed chwilą miała właśnie wylądować na moim nosie, moich zębach czy mojej szczęce. Wszystko to zawdzięczałem mojemu mistrzowi i nauczycielowi – Plebańczykowi.

Był o dobre kilkanaście lat ode mnie starszy. W czasie wojny służył w armii Andersa, a pod koniec w jakiejś specjalnej grupie, czymś w rodzaju dzisiejszej Delta Force, gdzie został rewelacyjnie przeszkolony. Po wojnie wrócił do kraju. Zawsze powtarzał, że Pan Bóg odebrał mu rozum... Do swojego Borysławia nie miał już po co jechać, więc osiadł w tym mieście. Pracował w jakimś biurze i prawdopodobnie, żeby nie stracić formy, szczęśliwy, że ma we mnie odpowiedniego i dyskretnego napaleńca, w pełnej do przesady konspiracji robił ze mną rodzaj treningu. Z młodą ładną żoną mieszkał w usytuowanym w środku bardzo dużego ogrodu niewielkim śmiesznym domku, który sam odbudował z gruzów. Byli bezdzietni, a wszelkie komentarze na ten temat Plebańczyk zbywał zawsze odpowiedzią, że jak niedługo wejdą Amerykanie, w co przez cały czas święcie wierzył, to na pewno zdecyduje się na potomstwo. Wówczas prawie zawsze padało dosyć dwuznaczne pytanie: a po co akurat oni są ci do tego potrzebni? Nasze zakonspirowane ćwiczenia odbywały się w zupełnie odizolowanej od świata części ogrodu. Cały trening, bez względu na porę roku i pogodę, trwał zawsze równą godzinę. Plebańczyk ubierał się w dziwny, przywieziony jeszcze z Anglii sportowy strój, w którym wyglądał jak angielski drugoligowy piłkarz z okresu, kiedy u nas właśnie dogasało powstanie styczniowe. Ja trzymałem u niego swoje dresy, ręczniki i sportowe obuwie. Miałem tego w nadmiarze, bo bez przerwy dostawałem coś ze swojego klubu. Trening zaczynał się intensywną piętnastominutową gimnastyką, zawsze z ćwiczeniem salt do przodu i do tyłu, co przy moim wzroście – metr osiemdziesiąt siedem – wcale nie było takie łatwe, a potem do znudzenia powtarzaliśmy wszystkie wersje obrony przed atakiem z gołymi pięściami, z pistoletem, nożem, karabinem, karabinem z bagnetem, przed atakiem dwóch, na przykład jeden z pałą, drugi z dzidą, trzech, czterech i więcej napastników. Nie była to piękna walka i nie miała zupełnie nic wspólnego ze spektakularnym dżentelmeńskim boksem w wydaniu na przykład Lorda Byrona czy doskonałym boksem oglądanym w ówczesnych amerykańskich filmach. U Plebańczyka biło się nie tylko pięścią, biło się kantem dłoni, łokciem, głową, kolanem i wszystkim, co było pod ręką. Przede wszystkim liczyła się odwaga, szybkość, refleks, determinacja i bezkompromisowość. Walka zawsze musiała się skończyć jak najszybszym totalnym wyeliminowaniem przeciwnika, czyli po prostu zabiciem go. Tak uczyli Plebańczyka i tak teraz on uczył mnie. Posiadłem nawet sztukę rzucania nożem, co gdy wiele lat później demonstrowałem w jakimś kulturalniejszym towarzystwie, zawsze wywoływało mieszane uczucia. Nasze treningi, przy założeniu wstępnym, że bez względu na wszystko mają się odbywać minimum dwa razy w tygodniu, nie były regularne: czasem spotykaliśmy się w ciągu dnia, czasem bardzo wcześnie rano lub późną nocą. W jednej tylko sprawie Plebańczyk był jakby niepocieszony. Opowiadał mi, że w czasie szkolenia w Anglii jednym z najważniejszych ćwiczeń było wyskoczenie w pełnym rynsztunku tyłem ze znajdującego się na drugim piętrze okna. W czasie tego krótkiego lotu trzeba było jeszcze wykonać w powietrzu szybkie salto i spokojnie, w gotowości do dalszej walki, wylądować na nogach. Całe szczęście nigdy nie dysponowaliśmy drugim piętrem. Prawie zawsze po skończeniu treningu, kilka razy nawet w czasie przymrozku, braliśmy pod gołym niebem zimny prysznic za pomocą urządzenia, które skonstruowaliśmy z dużej beczki umieszczonej na dachu altany. Dzięki swoim sportowym koneksjom zdobyłem nieosiągalną w tych czasach gumową rurę długości ponad trzydziestu metrów, prowadzącą wodę z domku prosto do tej beczki. Nie muszę dodawać, że wówczas i wiele lat potem różnego rodzaju przeziębienia, grypy i tym podobne dolegliwości były dla mnie pojęciem dosyć oderwanym od rzeczywistości. Gdy tylko mogłem, starałem się rewanżować Plebańczykowi, wręczając jemu i jego żonie jakieś drobne prezenty lub w czymś im pomagając. Do jednego tylko nie byłem zdolny – do pracy w ogrodzie. Grzebanie w ziemi wywoływało u mnie zawsze alergiczną odrazę. Wiedzieli oni o tym i nigdy mnie o to nie prosili. Domyślałem się, że Plebańczyk tęskni za swoim Borysławiem, dlatego namalowałem mu kiedyś landszaft. Przedstawiał on pola naftowe w Teksasie czy Oklahomie. Na surrealistycznej bezhoryzontalnej, a właściwie składającej się głównie z horyzontu równinie, zatopionej w bardzo romantycznym zachodzie słońca o pięknej nazwie SUNSET, umieściłem sporą liczbę naftowych szybów. Motyw ten wziąłem ze zdjęcia zamieszczonego w amerykańskim tygodniku „Life" którego trzy różne numery posiadałem, traktując je rzecz jasna jak przenajświętszą relikwię. Plebańczyk lekko skrytykował dzieło, mówiąc, że naftowe szyby w Borysławiu były raczej drewniane i że krajobraz był tam zdecydowanie górzysty, niemniej jednak oprawiony w jakąś poniemiecką ramę obraz wisiał zawsze na honorowym miejscu w niewielkiej jadalni w ich domu.

Jaka to jest niebezpieczna sztuka, przekonałem się w niecały rok od czasu, gdy zacząłem kontaktować się z Plebańczykiem. Pewnego razu na jakimś odludziu zaczepili mnie czterej zetempowcy. Zielone zetempowskie koszule, czerwone zetempowskie krawaty, bardzo szerokie zetempowskie spodnie, specyficzne i niepowtarzalne prowincjonalno-wsiowe zetempowskie fryzury i przysłowiowo chytre lub tępe zetempowskie mordy. Jaka była to wstrętna i obrzydliwa organizacja i jacy to podli i wredni młodzi ludzie do niej należeli, mógłbym pisać bardzo długo. Zawsze miałem z nimi duże kłopoty i zawsze mimo woli potwornie ich prowokowałem. Pamiętam, jak jeszcze w liceum parokrotnie byłem wzywany na jakieś ich zebrania, w trakcie których z fałszywym współczuciem ubolewali nad tym, że noszę kolorowe skarpetki, wąskie spodnie, że mam inną fryzurę i że słucham amerykańskich stacji radiowych z amerykańskim jazzem. Chociaż nie rozumieli za bardzo tego słowa, zarzucali mi kosmopolityzm, która to cecha w przeciwieństwie do proletariackiego internacjonalizmu była uważana za przestępstwo, chociaż ta druga również budziła pewne podejrzenia i mobilizowała do wzmożenia czujności klasowej. Całe zebranie marzyło o mojej transformacji na ich wzór i podobieństwo – żebym wyrzekł się swoich idoli, takich jak Louis Armstrong, Glenn Miller, Chick Webb czy Benny Goodman, a zastąpił ich zetempowskimi idolami, jakimś Jankiem Krasickim czy Hanką Szapiro-Sawicką, którzy to idole, jak również ich fani, nie byli w stanie kompletnie niczym mi zaimponować. W liceum tym koleżanka z o rok starszej klasy, filigranowa jasna blondynka, zetempówa, niejaka Kopeć, z drugą taką potężniejszą w okularach, której nazwiska już nie pamiętam, ogłupiły i sterroryzowały większość młodzieży. Kiedy ja i moi przyjaciele czytaliśmy rozmaite przedwojenne wydania literatury europejskiej i amerykańskiej, poza oczywiście takimi autorami jak Marczyński czy Pitigrilli, oraz z braku innej lektury nawet dziewiętnastowiecznych, głównie francuskich klasyków, to te zetempowskie kurwy po zajęciach prowadziły sporą grupę zastraszonych debili do świetlicy i na przemian, z wypiekami podniecenia na twarzach, czytały im na głos żałosnych przedstawicieli żałosnej sowieckiej lub krajowej socrealistycznej literatury czy jakieś bolszewickie głupoty, na przykład o takim młodym bolszewiku, który miał na imię Pawka i który był aż tak podły, że zadenuncjował do Czeka własnego ojca. Mało tego, uczestnicy tych pseudo-lektoratów musieli jeszcze robić notatki, a po przeczytaniu każdego z tych arcydzieł odbywały się dyskusje, jakby w ogóle było o czym dyskutować. A co najgorsze w tym wszystkim, dziewczyny te pochodziły z przyzwoitych inteligenckich domów i już choćby z tej przyczyny powinny mieć jakoś w miarę równo poukładane w głowach. Zawsze kiedy widziałem tę udającą się do świetlicy grupę, nie mogłem sobie odmówić, żeby nie stuknąć się palcem w czoło. Dwa czy trzy razy, chyba dla poprawy statystyki, byłem nawet przez jakiegoś idiotę aktywistę wbrew swojej woli i wiedzy zapisywany w poczet członków tej koszmarnej organizacji, ale ponieważ olewałem to swoje członkostwo, szybko zostawałem zdemaskowany i szczęśliwie skreślony z listy, jeszcze bardziej umacniając swoją jak najgorszą polityczną reputację wroga klasowego, jak i zdeklarowanego opozycjonisty Związku Radzieckiego. Na studiach wyższych, które zazwyczaj są jednym z najpiękniejszych okresów młodości, było jeszcze gorzej. Tam organizacja ta przeważnie aż tak się panoszyła, że gdy ktoś się im z jakichś powodów nie podobał, często wymuszali na rektorze, który przeważnie nie chciał mieć z nimi żadnych kłopotów, relegację delikwenta ze studiów. Każdy kandydat na każdą wyższą uczelnię, niezależnie, czy był czy nie był członkiem tej organizacji, składając papiery o dopuszczenie do egzaminów wstępnych, musiał dołączyć opinię zmp, która znajdowała się w zaklejonej i obstemplowanej kopercie. Gdy złożyłem kiedyś podanie do Państwowej Wyższej Szkoły Filmowej w Łodzi, po tygodniu moje dokumenty przyszły z powrotem z adnotacją, że na podstawie opinii zmp nie mogę nawet składać egzaminów wstępnych. Do dziś zresztą odczuwam rodzaj filmowego nie-spełnienia i często się zastanawiam, czy byłbym obecnie jednym z czołowych twórców światowego kina czy też znajdowałbym się w licznym gronie czołowych filmo-wych nieudaczników, gdyby wtedy ZMP nie odebrało mi tej wielkiej życiowej szansy. Niedługo potem lekkomyśl-nie pokazałem tę korespondencję STORMY WEATHER Zuli. Oświadczyła poważnie, że z tymi moimi papierami musi jak najszybciej pojechać do Łodzi, gdzie po prostu komu trzeba da dupy i ponad tym koszmarnym ZMP zostanę choćby w połowie roku przyjęty na studia filmowe. Co do powodzenia całej akcji nie miałem nawet najmniejszej wątpliwości – tak była piękną i atrakcyjną kobietą. Nie-mniej kierowany zazdrością, a przede wszystkim wstydem bożym, w żaden sposób nie mogłem tego według niej wspaniałego projektu zaakceptować i w ogóle na ten te-mat ze STORMY WEATHER Zulą dyskutować. Ona w rozmo-wach ze mną bardzo często powracała do tej idei, tak że ja w swojej paranoi zacząłem nabierać obsesyjnego prze-konania, że całe te moje filmowe studia nie są dla niej tak ważne, jak ważny jest ewentualny fakt ewentualnego da-nia dupy. I chociaż bez przerwy przekonywałem ją, że szkoła filmowa przestała mnie zupełnie interesować, że w ogóle moje twórcze zainteresowanie filmem jest nieak-tualne, że już mi definitywnie wszystko przeszło, STORMY WEATHER Zula była nieustępliwa i wbrew moim prote-stom precyzyjnie przygotowywała całą akcję. Najbardziej stresujące były dla mnie jej rozmowy z przyjaciółkami, z uwielbieniem w nią wpatrzonymi, w czasie których, czę-sto w mojej obecności, beztrosko i bezwstydnie zwierzała się im ze swoich planów. W końcu jednak sprawa sama ja-koś się rozmyła. A wracając jeszcze do ZMP, to ci gnoje do wszystkiego starali się wtrącać, rozwijając przy tym do perfekcji całą swoją podłość. Współpracowali z bezpieką i różnego rodzaju denuncjacje były na porządku dziennym. Przez lata systematycznie ogłupiani, kierowali się tylko ideologią walki klasowej i prawie każdy z nich był w stanie kogoś, kogo uważał za wroga klasowego, zarżnąć przysłowiowym tępym nożem. Tak brnęli w tej swojej umysłowej degeneracji i już jako w pełni dojrzali politycznie ludzie przeważnie wstępowali do partii. Co najgorsze, niektórzy z nich, nie mówiąc już o ich dzieciach, stanowią polityczną i intelektualną elitę tego kraju i często bezczelnie chełpią się, do jakiej to cudownej organizacji należeli w swojej młodości.

Tym czterem najwyraźniej coś się we mnie nie podobało. Szli bardzo blisko za mną i dogadywali coś na temat mojego rzekomo amerykańskiego wyglądu. Wszyscy czterej byli lekko podpici i czuło się promieniującą od nich pewność siebie i nieukrywaną agresję. Najprawdopodobniej wracali z jakiegoś swojego zebrania i po drodze obalili jedną lub dwie flaszki taniego słodkiego owocowego wina. Niewykluczone, że na zebraniu tym wbijano do ich tępych zetempowskich łbów propagandę o największym przyjacielu Związku Sowieckim i o największym wrogu – Stanach Zjednoczonych, z którymi z powodu mojego wyglądu i ubioru najwyraźniej mnie utożsamiali. Sprawa stawała się poważna. Moją pierwszą myślą była ucieczka. Miałem dobre buty, długie nogi i naprawdę potrafiłem bardzo szybko biegać, a ucieczka przed czterema nie była znowu żadną plamą na honorze, tym bardziej że wyglądało na to, że chcą mnie najpierw powalić, a potem do nieprzytomności skopać. Już miałem to uczynić, kiedy stwierdziłem, że to jest czysty nonsens, bo, do cholery, wystarczająco długo trenuję z Plebańczykiem, a trenując, nie ma co ukrywać, właściwie przez cały czas marzę o takiej właśnie sytuacji. Podszedłem do nich bardzo blisko. Byliśmy mniej więcej w tym samym wieku. Największy, wyglądający na najsilniejszego, wystąpił krok naprzód i z nienawiścią wysyczał „Ty amerykański...", jednocześnie wyprowadzając z dołu dosyć silny, ale niezdarny chamski cios.

Nigdy nie dowiedziałem się, co amerykańskiego miał mi on do zarzucenia, bo w tej samej sekundzie złapałem go za rękę i przerzuciłem przez moje ramię, tak że zrobił duży łuk w powietrzu i z łomotem trzasnął twarzą o żwirową ścieżkę, padając pod nogi swoich trzech zdumionych zetempowskich kolegów. Kiedy leciał, trochę za długo przetrzymałem mu rękę, i czułem, że ma nieźle wybity staw barkowy i łokieć. Dzięki Plebańczykowi oraz temu, że od kilku lat byłem zawodowo-wyczynowym sportowcem, wszystkie moje ruchy, chwyty i ciosy były, aż sam się sobie dziwiłem, precyzyjne i błyskawiczne. Z drugim, który momentalnie rzucił się na mnie, wykonałem, jakbym w życiu nic innego nie robił, powtarzane wielokrotnie aż do znudzenia ćwiczenie z saltem do tyłu. W ułamku sekundy złapałem go dwiema rękami za ramiona w okolicy szyi i wykonałem z nim salto, w ostatniej chwili wybijając go nogami w górę do tyłu. Poleciał pięknie. Ja natychmiast stanąłem na nogach, a kiedy on, złorzecząc, niezdarnie usiłował się podnieść, celnym i niezbyt mocnym kopem, żeby lepiej popamiętał, uszkodziłem mu lekko uzębienie. Trzeci, który nie miał może czasu na pozbieranie myśli oraz wyciągnięcie logicznych wniosków z porażki kolegów, dalej rwał się do walki. Plebańczyk wielokrotnie ostrzegał mnie, że te niewinnie wyglądające ciosy bardzo często bywają śmiertelne, dlatego kantem prawej dłoni, coś jakby backhandem, specjalnie niezbyt mocno walnąłem go w bok szyi i gdy padał, na wszelki wypadek poprawiłem kopem w podbrzusze, a właściwie w jaja. Cały ten tumult trwał nie dłużej niż pięć sekund i kiedy w ferworze walki chciałem dopaść czwartego, zobaczyłem, że bardzo szybko spierdala. Z obłędem na twarzy pędził tak, że aż miło było patrzeć, jak furgotały mu te jego szerokie zetempowskie spodnie, przez nas, zwariowanych proamerykańskich wąskospodniowców, pogardliwie nazywane Rurami Jezuickimi, od nazwy wsi, w której w 1892 roku urodził się aktualny przywódca tego obecnie żałosnego kraju, syn ludu, towarzysz Bolesław Bierut. Popis dałem piękny. Nigdy już potem, dokładnie znając swoje możliwości, nie wdawałem się w niepotrzebne bójki, a do tej z zetempowcami nigdy nie przyznałem się Plebańczykowi i nawet wzorem mojego mistrza nierzadko dla dowcipu zgrywałem się na cykora. Nasze treningi, które kontynuowaliśmy do ostatniego dnia mojego pobytu w tym mieście, zacząłem traktować bardziej jako rodzaj FITNESS CLUBU.

A wracając do śledzącego mnie typa, to mimo wszystko nie chciałem mieć jakichkolwiek dodatkowych komplikacji i całą sprawę z korkiem załatwić możliwie szybko, cicho i bezboleśnie. Ostatecznie dla własnej satysfakcji postanowiłem ze śledzącym mnie typem po prostu sobie pograć, zasypując go taką masą sprzecznych ze sobą informacji, żeby od tego wszystkiego zupełnie pomieszało mu się w jego chytrej, a zarazem tępej głowie. Zacząłem się zastanawiać, co najbardziej kojarzy się z korkiem. Drzewo korkowe, jako roślina egzotyczna, w naszym klimacie bezsprzecznie musiała się kojarzyć z ogrodem botanicznym. Udaliśmy się w tym kierunku. Mimo że ogród znajdował się w odległości prawie pół godziny marszu, postanowiłem całą trasę przejść na piechotę. Wszystkie ulice, którymi nasza trasa prowadziła, były w miarę ruchliwe, pora dnia również wydawała się odpowiednia, dlatego śledzący mnie cwaniaczek miał prawdopodobnie pewność, że zupełnie nie orientuję się w sytuacji. Gdy dochodziliśmy, typ został jakby trochę bardziej z tyłu, natomiast ja wdałem się w jakąś idiotyczną rozmowę z uzbrojoną w karabin i ubraną w granatowy mundur strażniczką, stojącą w bramie wjazdowej. Wypytywałem ją o jakieś dwie dziewczyny, mieszkające rzekomo w znajdującej się naprzeciw nas, między bramą ogrodu a katedrą, wolnostojącej czteropiętrowej żółtej kamienicy. Strażniczka, tak samo zresztą jak ja, o dziewczynach nie miała żadnego pojęcia, a ja stale pokazywałem ręką na ten budynek. W końcu skierowałem się w jego stronę. W kamienicy tej mieszkał mój bardzo dobry kolega Waśkiewicz, w związku z którym miałem pewien plan. Denerwowałem się tylko, czy go zastanę w domu. Był. Powiedziałem, że jestem śledzony, i dyskretnie pokazałem mu przez okno grzecznie czekającego na mnie palanta, wpatrzonego w bramę. Potrzebowałem pomocy w wykonaniu czegoś, co przypominałoby duży pakunek. Z szarego papieru, sznurka i jakichś tekturowych pudełek zrobiliśmy z Waśkiewiczem, który notabene był rzeźbiarzem, piękną makietę paczki, takiej samej, z jaką mój inwigilator widział mnie wczoraj, kiedy to bezskutecznie poszukiwałem Anity. Niebawem zszedłem na dół i ku uciesze czekającego przez cały czas typa udałem się z powrotem w stronę centrum miasta. W pewnym momencie zobaczyłem nadjeżdżającą wolną taksówkę i po pięciu minutach byłem już w domu. Tymczasem śledzący mnie typ, mimo że uciekłem mu sprzed samego nosa, pozostał z silnym przekonaniem, że zdobył już masę informacji, które, gdy złoży je razem w logiczną całość, pozwolą mu niebawem całkowicie opanować zaopatrzenie wszystkich okolicznych producentów tak modnego wówczas damskiego obuwia na korku.

Następnego dnia wstałem bardzo wcześnie i żeby uniknąć ewentualnego śledzenia, tylnym wyjściem przez taras opuściłem dom, kierując się przez częściowo dzikie, zarośnięte ogrody, a potem już tylko przez gruzy. Owo tajemnicze wyjście pozwalało mi znaleźć się dwie czy nawet trzy ulice dalej, prawie w innej dzielnicy miasta. Punktualnie o siódmej jedenaście byłem na peronie i gdy zapowiedzieli półgodzinne opóźnienie, z nudów zacząłem się wałęsać. Dworzec ten zawsze bardzo silnie działał na moją wyobraźnię. Niezliczoną ilość razy słyszałem powtarzane sobie z ust do ust najrozmaitsze tajemnicze i ekscytujące opowieści, że tu niby taki dworzec, a pod nim znajdują się jeszcze trzy poziomy, czyli trzy takie same dworce, że w czasie oblężenia pociągi przez jakiś czas jeszcze spokojnie kursowały, ponieważ podziemne perony mają często tunele długości do kilkudziesięciu kilometrów i że na najniżej położonym peronie stoi podobno pociąg pełen złota, bo w ramach działań wojennych wszystko nagle zostało zalane wodą, której do dzisiaj w żaden sposób nie można wypompować. Nareszcie pojawił się Bronek. Wyglądał świetnie, opalony, sportowy wygląd, sportowa sylwetka. Z bagażu miał tylko, przewieszony przez ramię, amerykański wojskowy chlebak z charakterystyczną czarną pięcioramienną gwiazdą pomiędzy dwoma poziomymi paskami. Ten chlebak dostał kiedyś ode mnie i od tego czasu nigdzie się bez niego nie ruszał. Wiedząc, że Bronek jechał do mnie przez całą noc i że niedługo zaczniemy działalność, zaproponowałem mu kawę, na którą poszliśmy do nawet nie najgorszej dworcowej restauracji, bo wszystko naokoło, oprócz znajdującego się na najbliższym rogu baru mlecznego, czynnego całą dobę i okupowanego rzecz jasna przez kurwy, było jeszcze na głucho pozamykane. Koniec końców zjedliśmy dobre śniadanie. Dałem słowo Bławatowi i Leonowi vel Lio, że zachowam pełną tajemnicę, dlatego przedstawiłem Bronkowi zupełnie inne okoliczności wydarzeń, które miały nastąpić. Otóż powiedziałem mu, że muszę w tych dniach przeprowadzić pewną szalenie dla mnie ważną i skomplikowaną operację. Tu Bronek bardzo się zaniepokoił, myśląc dosłownie o operacji chirurgicznej. Wyprowadziłem go z błędu, mówiąc, że chodzi tu o operację typu finansowo-organizacyjnego, a mówiąc krótko – o trafienie, w bardzo szybkim czasie, sześciocyfrowej sumy pieniędzy. Wymyśliłem i opracowałem ze wszystkimi najdrobniejszymi szczegółami całą akcję, ponieważ muszę mieć te pieniądze i do pomocy potrzebuję kogoś naprawdę zaufanego. W związku z tym poprosiłem go o przyjazd, bo sam mógłbym sobie nie dać rady i posrać całą sprawę. „Jeśli akcja się powiedzie, sowicie ci to wszystko wynagrodzę, tak że na pewno nie będziesz żałował", powiedziałem. „Po co ci tyle pieniędzy?", zapytał. „Bo muszę sobie coś kupić". „Co?" „Widzisz, ktoś sprzedaje bugatti, bugatti royale, i muszę go mieć". „Po co ci samochód? Będziesz mógł przejechać miesięcznie dwieście kilometrów, i to jeszcze w granicach swojego powiatu, bo już dawno tak głupi przepis dali". „Auto będę trzymał w garażu i przez cały miesiąc codziennie będę mu się przyglądał, tak jakby w garażu wisiała MONA LISA, a te dwieście kilometrów co miesiąc przejadę w ciągu jednej godziny". Bronek nie wyglądał na przekonanego. Kończyliśmy jeść śniadanie, na które wziął gigantyczną jajecznicę z szynką, a ja, ponieważ jaj nigdy nie lubiłem, świeże bułki, masło, pasztet i ser. Do tego nie najgorszą białą kawę.

Od początku moją uwagę zwracał pewien dżentelmen, który przyszedł kilkanaście minut po nas. Duży, zwalisty, ubrany bogato, ale zgodnie z modą obowiązującą w jego klasie społecznej, tylko że wszedł w śnieżnobiałych wełnianych skarpetkach, a buty, nowe błyszczące oficerki, wniósł godnie w lewej ręce, trzymając je przy piersi, a właściwie na sercu, w prawej zaś trzymał dużą czarną teczkę. Był sam, zajął miejsce dwa stoliki od nas, ale na pełnym widoku. Wyciągnął z teczki jakąś gazetę i jakby to miało jakiekolwiek znaczenie, dokładnie sprawdził tytuł, po czym pedantycznie rozłożył ją na podłodze i z godnością umieścił na niej swoje stopy w skarpetkach. Obok gazety równo postawił buty. Miał bardzo smętną minę i pijąc czarną kawę, palił papierosa za papierosem. Papierosy palił krajowe, ale te najdroższe, pakowane po dwadzieścia pięć sztuk w podłużnym, sztywnym biało-czerwonym pudełku. Bronek, widząc, że facet mnie zaintrygował, powiedział, że podróżowali w jednym przedziale. Dżentelmen ten jechał tu na tydzień, czy dłużej, w jakichś ważnych sprawach i lekkomyślnie założył buty, które zrobione były przez miejscowego szewca specjalnie dla niego na tak zwaną miarę. Odebrał je tuż przed wyjazdem, założył i zaraz musiał dymać na pociąg. Już w pociągu coś się z butami stało, jakby się skurczyły, i tak go strasznie zaczęły uciskać, że z wielkim trudem, i przy pomocy współpasażerów, w końcu je ściągnął. Resztę podróży odbył, starając się nie myśleć o tym, co będzie dalej, w skarpetkach, a godzinę przed przyjazdem pociągu zdecydował się w końcu z powrotem buty założyć. Ni cholery. Cały przedział, a właściwie prawie cały wagon, usiłował mu pomóc. Pół przedziału trzymało faceta, żeby nie wyleciał, gdy wystawił na piętnaście minut nogi przez otwarte okno, by na skutek powiewu zimnego powietrza trochę się ochłodziły i zarazem skurczyły. Ni cholery. Jakaś pani dała mu puszkę amerykańskiego talku, jeszcze z Unry – też nic. Radzono, żeby do butów nalać spirytusu albo nawet wódki, ale nic z tego nie wyszło, bo pociąg mimo spóźnienia wtaczał się już na stację. Kiedy płaciłem rachunek, gość zaczął dawać Bronkowi jakieś rozpaczliwe znaki. Wychodząc, podeszliśmy do niego. Błagał, żeby mu zorganizować jakieś buty, że mogą być nawet pepegi, a nawet takie łapcie, które każą wkładać, jak się jest w muzeum. Był kompletnie załamany. Za dwadzieścia pięć minut musiał być w sądzie, gdzie jako adwokat uczestniczył w jakiejś ważnej sprawie. Ma tu być ponad tydzień. Ma zarezerwowany hotel, najlepszy hotel w mieście, ten od Goeringa. Zrobiło mi się żal faceta. Zapytałem, jaki ma numer stopy – czterdzieści sześć. Była za dwadzieścia dziewiąta, o jedenastej otwierano sklepy. Bronkowi, z którym nie chciałem się raczej nigdzie pokazywać, ponieważ mnie śledzono, dałem klucze do mieszkania i poleciłem wziąć kąpiel i odpocząć, by przed dwunastą zacząć działać. Sam zaś szybko poszedłem do stosunkowo blisko położonego teatru, z którym kilka razy współpracowałem. Wiedząc, że ekipy techniczne pracują tam już od ósmej rano, zapytałem znajomego garderobianego, czy ma na składzie jakieś buty numer czterdzieści sześć. Miał dwie pary: buty muszkietera, używane również często przez halabardników, oraz buty kupca weneckiego. Zdecydowałem się na buty kupca i poprosiłem, żeby, jeśli może, na dwa dni dyskretnie mi je wypożyczył. Kiedy wróciłem do restauracji, adwokat znajdował się u szczytu załamania i ku uciesze widowni, składającej się z licznych w tym czasie konsumentów, desperacko, oczywiście bez powodzenia, usiłował raz jeszcze wzuć te swoje nieszczęsne oficerki. Gdy wręczyłem mu teatralne obuwie, nie mógł wyjść z podziwu. Nie przypuszczał, że coś tak wygodnego kiedykolwiek w życiu jeszcze założy na swoje biedne, zbolałe stopy. Buty były imponujące: fioletowy zamsz czy aksamit z bardzo ściętym kwadratowym nosem, podwyższony obcasik i duża złocista kwadratowa klamra na wysokości podbicia. Adwokat dwoił się i troił, żeby okazać mi swoją bezgraniczną i dozgonną wdzięczność. Co chwilę nazywając mnie swoim dobroczyńcą, szybko płacił za kawę i zbierał w pośpiechu swoje manatki. Zdążył jeszcze zapisać mój numer telefonu. Oddalił się szybko. Widziałem go jeszcze, jak prześmiesznie biegł truchtem, a właściwie dreptał w tych butach w kierunku taksówek. Nie wyglądał jak wenecki kupiec, wyglądał po prostu jak stare pedalisko.

Poszedłem do domu. Bronek w moim płaszczu kąpielowym zażywał relaksu po podróży. Wszystko przebiegało według planu. Najpóźniej o dwunastej piętnaście chciałem być u Wani, a więc czasu miałem jeszcze sporo, nawet biorąc pod uwagę to, że przedtem musiałem jeszcze poinstruować i ustawić pod mostem Bronka. Miał on udawać, że łowi ryby, ale głównie wyławiać i chować arkusze korka. Musiałem przewidzieć wszelkie możliwe okoliczności i być przygotowanym na różne niespodzianki. Na szczęście pora roku i pogoda były niezbyt atrakcyjne i nikt raczej nie pętał się bez powodu po tym terenie. Owszem, może raz na pół godziny ktoś korzystał ze schodów prowadzących z mostu, ale na dole skręcał od razu i szedł w drugą stronę, gdzie w odległości jakichś osiemdziesięciu metrów stały trzy domy, w których mogło mieszkać nawet kilkanaście rodzin. Droga z mostu przez schody była mało używana, bo do tych trzech domów z dwóch innych stron prowadziły znacznie krótsze i wygodniejsze dojazdy i dojścia. Sam most miał kształt klasycznego łuku, z tym że całe konstrukcyjne ożebrowanie było ocementowane, dlatego z daleka kształtem i wyglądem przypominał most średniowieczny, a nawet rzymski. W czasie oblężenia od strony wyspy musiał walić niezły ogień artyleryjski, bo w wielu miejscach boczna ściana mostu miała ogromne wyrwy i dziury. Prawdopodobnie konstrukcja nośna była jednak nienaruszona, bo po moście normalnie i beztrosko mknęły po szynach niebieskie tramwaje i nawet nie było żadnych znaków drogowych i zakazów ograniczających ciężar przejeżdżających pojazdów, chociaż, prawdę mówiąc, wszystko w tym czasie funkcjonowało raczej na słowo honoru. Wyrwy i dziury w ścianie mostu były dla nas bardzo przydatne jako schowki. Ze względu na wczorajszą inwigilację musieliśmy ustalić z Bronkiem pewną taktykę. Na razie nigdzie nie pokazujemy się razem. Jeżeli gdzieś się udajemy, Bronek idzie w dużej odległości za mną, a ja pilnuję, żeby się nie zgubił. Cały czas używam tajemnego wyjścia, chyba że znowu będę chciał zdezinformować śledzącego mnie osobnika. Szczegóły techniczne najważniejszej części programu, to znaczy spławu, ustaliliśmy następująco. Ja w baraku będę demontował skrzynki i wyjmował arkusze korka. Bronek w tym czasie w okolicach mostu będzie udawał, że łowi ryby spinningiem. Ustaliliśmy, że na wszelki wypadek uzyskany korek będę wrzucał do kanału dokładnie o wpół do każdej godziny. W razie jakiegoś zagrożenia Bronek miał z drugiej strony dojść na wysokość okien baraku i umówionym sygnałem dać mi znak, żebym wstrzymał się chwilowo ze spławem. Nie było to wcale takie proste. Trzeba było iść kawał w drugą stronę, potem przejść na jednej z odnóg rzeki przez mostek i pokonać jeszcze dwie małe wysepki, z których dopiero druga, na następnej odnodze, znajdowała się w niewielkiej odległości od baraku. Cały ten teren porośnięty był większym niż gdziekolwiek buszem. Przedtem musiała tu być jakaś elektrownia. Olbrzymie zwały gruzu, pomieszane z zardzewiałymi kawałami jakichś gigantycznych maszyn – wszystko razem splątane z nadnaturalnych rozmiarów dziką roślinnością, która przez ładnych kilka lat wegetowała tu bezkarnie i bez żadnych zakłóceń. Rejon ten miał złą sławę i ludzie unikali go jak ognia, bo od czasu do czasu stacjonujący w pałacyku pijani krasnoarmiejcy urządzali sobie ostre strzelanie. Raz nawet, bardzo dawno temu, kogoś zabili, kilka razy jakichś ludzi poranili. Oczywiście wszystko zostało przez władze miasta starannie zatuszowane. Inna sprawa, że strzelaniny najczęściej odbywały się w nocy, a w godzinach między dwunastą a czwartą po południu chyba od czasów wojny nigdy nie świstały tu żadne kule. Naszej działalności najbardziej sprzyjała wstrętna, deszczowa jesienna pogoda, w czasie której nikt nie miał ochoty na wałęsanie się po tej dzikiej i niezbyt bezpiecznej okolicy. W końcu dokładnie poinstruowany Bronek ustawił się na swoim odpowiedzialnym stanowisku, a ja udałem się z półlitrówką do wartownika. Była dokładnie dwunasta dziewięć. Powiedziałem Wani, że dzisiaj będę prawie do czwartej, bo interesują mnie książki, których tysiące tu zalega, i chciałbym sobie kilka z nich wybrać. Wania nie mógł się nadziwić, jak można interesować się jakimiś germańskimi knigami. Podejrzliwie pytał, czy może jestem Niemcem. Kiedy zaprzeczyłem, uspokoił się nieco, ale niezbyt chętnie przepuścił mnie na ścieżkę wiodącą do baraku. Od razu zabrałem się do pracy, tak że o pierwszej trzydzieści spora ilość korka spłynęła już kanałem w stronę Bronka. Pierwszego dnia eksploatacji udało mi się zdemontować dwanaście skrzynek, znacznie przekraczając planowaną normę, a wychodząc, wziąłem oczywiście trzy książki – jeden tom N-P z dwunastotomowej dziewiętnastowiecznej encyklopedii z pięknymi grawiurami, atlas historyczny wydany już w czasach Josefa Goebbelsa, zaczynający się hasłem EIN VOLK, EIN REICH, EIN FÜHRER, oraz jeden tom z czterotomowego atlasu zoologicznego Bremma, tym razem z bardzo kolorowymi rotograwiurowymi planszami. Wania był wyraźnie rozczarowany, nijak nie mogąc zrozumieć mojego ekscentrycznego upodobania. Umówiliśmy się na jutro. Gdy znalazłem się pod mostem, sam wyciągnąłem moje ostatnie korki. Bronek spisał się świetnie. Opowiadał, że jak udawał wędkarza, w pewnym momencie zaczęła mu asystować trójka dzieci, mieszkająca prawdopodobnie w jednym z trzech pobliskich domów. Musiał pozbyć się ich w jakiś delikatny sposób, tym bardziej że za chwilę miały przypłynąć korki. Dzieci były nawet dość rozmowne. Bronek wypytywał je o różne rzeczy, a gdy nagle zapytał, gdzie ich rodzice chowają pieniądze, od razu spoważniały i bardzo szybko się zmyły. Wszystkie arkusze były sprytnie poukrywane w wyłomach w bocznej ścianie mostu. Kiedy z połowy z nich, znów za pomocą szarego papieru i sznurka, zrobiłem dwa duże eleganckie pakunki, poprosiłem Bronka, żeby odniósł je na dworzec, ale nie na dworzec główny, tylko na ten, na którym wysiadłem z pociągu, kiedy wybierałem się z Zulą do stolicy. Było tam z naszego mostu dosyć blisko. Bronek miał te dwie paczki zdeponować w tak zwanej przechowalni bagażu ręcznego i paczek. Ja tej stosunkowo krótkiej drogi pomiędzy naszym mostem a tym drugim dworcem po prostu nienawidziłem. Nie lubiłem jej jeszcze bardziej niż urzędu pocztowego, gdzie ostatniego lata rąbnęli mi sławne włoskie panoramiczne lustrzanki. Droga ta na pewnym odcinku prowadziła koło niewielkiego skwerku, okupowanego przeważnie przez matki z dziećmi, pijaków i starszych ludzi. Na skwerku tym, kilkanaście tygodni

przedtem, przeżyłem największą kompromitację swojego
życia.

Jakieś pół roku przed tą moją największą życiową plamą poznałem Stellę-Stellę by Starlight. Właściwie nie
poznałem, tylko idąc ulicą, normalnie ją zaczepiłem i zaprosiłem do pobliskiej kawiarni, ponieważ szalenie mnie
zaintrygowała. Siedzieliśmy tam dosyć długo, potem piliśmy jeszcze jakieś koszmarne ciepłe słodkie wermuty, a na
koniec tak jakoś wyszło, że Stella-Stella by Starlight wylą-
dowała u mnie w domu. Musiałem zrobić na niej kolo-
salne wrażenie, o co zresztą zawsze bardzo się starałem.
Biedne dziewczyny zdane były na przerażająco głupich,
nieciekawych i przeciętnych prostaków, tak więc gdy na-
gonił się młody człowiek dobrze ostrzyżony, pewny siebie,
towarzysko obyty, ubrany tylko w amerykańskie ciuchy, do
tego jeszcze wysoki, wysportowany i przystojny, reprezentujący ponadto jakąś inną kulturę niż oficjalnie obowiązu-
jąca i jakąś kasę, to normalnie traciły głowę. Tak było ze
Stellą-Stellą by Starlight. Na oko wydawała się potwornie
chuda, ale nie była to sprawa tuszy, tylko budowy. Szalenie, jak to się mówi, drobnokoścista, nie należała jednak
do kategorii filigranowych, ponieważ była bardzo jak na
kobietę wysoka, miała piękne wąskie, stosunkowo duże
dłonie i stopy, ciekawą pociągłą, zmysłową twarz z małym
prostym noskiem, długą szyję, a włosy w kolorze biało-żół-
tym nosiła bardzo krótko ostrzyżone. Jej ciało nie wyglądało jak ciało chudzielca, nie było na nim znać żadnego
śladu kości, a w dotyku czuło się nawet jakąś podskórną
warstwę tkanek tłuszczowych. Pośladki miała pięknie wy-
pukłe, co było potęgą, bo jak zawsze mawiał mój wspaniały trener i przyjaciel major Czesław Ostankowicz: „Nie
ma gorszej u kobiet rzeczy jak płaskodupie". Jej piersi

z sutkami różowymi jak u płowej suczki, co stanowiło nie-
zbity dowód, że jest autentyczną blondynką, nie należały
do największych. Stella-Stella by Starlight nie musiała uży-
wać biustonosza. Ubierała się nieźle, zresztą wszystko, co
na siebie założyła, wyglądało rewelacyjnie. Dzisiaj dziewczyna taka jak Stella-Stella by Starlight mogłaby być światową topmodelką, ale niestety wtedy nikt takich nie doceniał.
Gdy kiedyś zabrałem ją na jakieś większe party, to wszyscy
na wyścigi złośliwie dopytywali się, skąd wytrzasnąłem tę
miss krematorium. Była bardzo tajemnicza i tak naprawdę
właściwie nic o niej nie wiedziałem. Spotykaliśmy się dosyć
rzadko, raz na tydzień lub nawet raz na dwa tygodnie. Ona
to tak ustawiła, a mnie było to nawet na rękę, bo równolegle prowadziłem jeszcze jakieś inne męsko-damskie afery.
Zawsze dzień wcześniej zawiadamiała mnie, że jutro będzie mogła. Ustalaliśmy godzinę i spotykaliśmy się albo
w jednej kawiarni, z której było do mnie stosunkowo blisko, albo, co najbardziej Stella-Stella by Starlight lubiła,
brałem taksówkę i podjeżdżałem po nią pod ten kosz-
marny skwerek, gdzie zawsze czekała. Wówczas wskakiwa-
ła radośnie do auta i natychmiast jechaliśmy do mnie.
U mnie zabawiała różnie, czasem trzy godziny, czasem
pięć, czasem całą noc. Raz balowaliśmy przez trzy doby,
parę razy przez dwie. Była bardzo inteligentna i bardzo
miło spędzało się z nią czas. Gdyby mierzyć i klasyfikować
kobiecą seksualność na przykład w dziesięciostopniowej
skali jakiegoś Richtera czy, pod warunkiem, że byłaby
również dziesięciostopniowa, jakiegoś Beauforta, to Stella-Stella by Starlight spokojnie lokowałaby się gdzieś po-
wyżej dziewięciu. Czasem za to wszystko kupowałem jej
od Leona vel Lio jakiś gustowny superciuch, ale z kategorii drobiazgów, który ona potrafiła docenić i który zawsze
sprawiał jej olbrzymią frajdę. Raz, kiedy wszystko po-

przedniego dnia było już ustalone i podjechałem taksówką pod skwerek, Stella-Stella by Starlight nie przyszła. Jakiś czas czekałem, po czym oddaliłem się parę kroków od samochodu, żeby się lepiej rozejrzeć. Nigdzie jej nie było, za to zaczął zbliżać się do mnie jakiś miło wyglądający facecik. Grzecznie mnie przeprosił i zapytał, czy to ja przypadkiem nie czekam na Stasię. „Na żadną Stasię nie czekam", odparłem. „A na taką szczupłą, wysoką jasną blondynkę z obciętymi krótko włosami?" „Tak, czekam", potwierdziłem pytająco, naiwnie kombinując, że może coś się stało i że ma on od Stelli-Stelli by Starlight jakieś posłannictwo. Posłannictwo to on miał, ale od siebie. Nie dając mi żadnych szans i działając przez pełne zaskoczenie, w ułamku sekundy na moją szczękę puścił serię bardzo szybkich, bardzo celnych i bardzo mocnych ciosów. Tym razem nie pomogła mi nawet obszerna wiedza nabyta od Plebańczyka, który często powtarzał, że zawsze trzeba być przygotowanym na najbardziej nieoczekiwany atak. Mimo stosunkowo dużej odporności na ciosy zostałem momentalnie znokautowany, a w czasie, kiedy padałem na deski, ten miło wyglądający facecik zdążył jeszcze podbić mi oko i dotkliwie rozkwasić mi nos kolanem. Jak mówili potem liczni widzowie, gdy już się ostatecznie nakryłem nogami, to jeszcze doskakiwał i kopał mnie w korpus. W końcu został odciągnięty przez mojego szofera i kilku bankietujących na najbliższej ławce pijaczków. Tą samą taksówką wróciłem jak niepyszny do domu, starając się bardzo, aby nikt w tym stanie mnie nie zobaczył. Nic mi specjalnie nie było, wiele razy wdawałem się w jakieś nieodpowiedzialne bójki i miałem w tej dziedzinie spore doświadczenie. Okładając oko bezcennym kawałkiem lodu, pochodzącym z posiadanej przeze mnie unikatowej przedwojennej poniemieckiej lodówki, leżałem ze dwie godziny w wannie i czułem, jak wszystko szybko wraca do normy. Pod wieczór przybiegła biedna praczka Stasia – Stella--Stella by Starlight i płacząc – nigdy przedtem nie widziałem jej płaczącej – i przepraszając mnie strasznie, wyznała, że nie mówiła mi, że ma męża, bo się bała, że nie będę chciał się z nią zadawać, że bardzo mnie kocha i chce się dla mnie rozwieść. Nasz romans trwał jeszcze dosyć długo, a ja przez cały czas kombinowałem, żeby spotkać tego faceta, który mnie systematycznie unikał, i wziąć odwet za tę straszliwą hańbę. A skwerek, gdzie, jak mi się zdawało, wiele osób mnie jeszcze świetnie pamięta, zawsze z daleka omijałem, jak jakieś straszliwe siedlisko zarazy.

Tu chciałbym jeszcze wrócić do wspomnianej przeze mnie unikatowej przedwojennej poniemieckiej lodówki. W tym czasie lodówki jako takie były nieosiągalne, bo ich po prostu uspołeczniony państwowy handel nie importował. Owszem, w sklepach, magazynach, restauracjach, barach i stołówkach istniały wtedy na pewno jakieś różnego rodzaju chłodnie, gdzie podatne na zepsucie produkty zabezpieczano przed tak zwanym zaśmierdnięciem, ale normalny obywatel zmuszony był do sezonowego używania tak zwanej RUSKIEJ LODÓWKI. Prawdopodobnie na skutek osiedlenia się w tym mieście i jego okolicach bardzo wielu lwowiaków, pamiętających jeszcze z roku 1939 Sowietów jako bandę zupełnie dzikich, niecywilizowanych i niegramotnych troglodytów, przez nienawiść do nich wszystkiemu, co było najgorszego gatunku, najżałośniejsze, najśmieszniejsze i w najwyższym stopniu plugawe, nieudolne i zacofane technicznie, złośliwie nadawano przymiotnik RUSKI lub RADZIECKI. I tak na przykład porozumiewanie się na dużą odległość za pomocą krzyku nosiło nazwę RADZIECKI TELEFON, zbiorowy gwałt – RUSKIE WESELE, bliżej nieokreślony, długi, sięgający wieczności czas – RUSKI MIESIĄC, nie mówiąc już o zjawiskach takich jak RUSKIE WC, RADZIEC-KI WODOSZCZELNY ZEGAREK CZY RADZIECKI KALORYFER. Niemniej wszystkie te niewinne powiedzonka i żarciki przy braku szczęścia mogły wtedy z paragrafu o szeptanej propagandzie doprowadzić dowcipnisia do aresztu, a nawet prawomocnym wyrokiem sądu do więzienia. RUSKA LO-DÓWKA polegała na trzymaniu podatnej na szybkie zepsu-cie żywności po prostu na zewnątrz, z dala od w miarę ciepłego mieszkania, czyli w pewnym sensie na dworze. W klimacie, w którym przez trzy czwarte roku cieplej jest w domu niż poza nim, idea RUSKIEJ LODÓWKI miała po-wszechne zastosowanie, nie mówiąc już o jej głębokim sensie. W zależności od warunków istniały najrozmaitsze tej idei warianty, na przykład wywieszanie żywności w worku za oknem, komasowanie zapasów pomiędzy szybami podwójnego okna, a gdy szczęśliwie posiadało się jakiś balkonik, to możliwości stawały się wprost nieogra-niczone. Skrzynki czy nawet specjalnie w tym celu kon-struowane szafki przez długie zimne miesiące dostarczały maksimum satysfakcji. Sam posiadałem przymocowaną do metalowego ogrodzenia mojego, pożal się Boże, tarasu niemiecką skrzynię z surowych desek po trzech PANZER-FAUSTACH z dwiema umieszczonymi tam przeze mnie spryt-nie półeczkami. Mój skromny, znajdujący się na poziomie pierwszego piętra taras posiadał z boku wąskie, prowa-dzące niegdyś do ogrodu, a obecnie jakby donikąd scho-dy. Na skutek zniszczeń wojennych stały się one dostępne dla każdego przechodnia, dlatego gdy tylko się wprowa-dziłem, w obawie przed licznymi złodziejaszkami po-umieszczałem na nich przezornie kilka charakterystycz-nych niemieckich znaków ostrzegających przed minami. Były to żółte, trójkątne, skierowane wierzchołkiem w dół proporczyki wielkości dłoni z czarnym symbolem trupiej czaszki. Normalnie na zaminowanym polu umieszczano je na grubym, wygiętym na kształt szubienicy drucie, wysokim na jakieś osiemdziesiąt centymetrów i pomalowanym na czerwono. Każdy, kto przeżył wojnę, znał świetnie to, że tak powiem, logo, inaczej jego szanse na przeżycie znacznie się zmniejszały. Działanie tego ostrzegawczego symbolu musiało być tak silne, że nigdy żaden złodziej niczego w okolicach mojego tarasu nie szukał. Trzeba tu uczciwie przyznać, że przez długi czas po zakończeniu tak zwanych działań wojennych sowieccy saperzy ofiarnie i z wielkim zaangażowaniem zajmowali się rozminowywaniem – i w bardzo wielu miejscach, tworząc jak gdyby część pejzażu, widniały duże białe napisy nabazgrane cyrylicą: MIN NIET. Z powodu mojej RUSKIEJ LODÓWKI bardzo sobą gardziłem i stale desperacko rozglądałem się za jakąś lodówką z prawdziwego zdarzenia. Dwa razy oferowano mi coś interesującego, ale nigdy nie miałem wystarczającej ilości pieniędzy na szybką transakcję. Było to ponad rok przed asenterunkiem, druga połowa czerwca, biedny naród nie otrząsnął się jeszcze zupełnie po śmierci wodza światowej rewolucji, bo w wielu miejscach straszyły ślady tej gigantycznej narodowej żałoby, a masa zwyczajnych ludzi, jak i członków partii nie była w stanie emocjonalnie i psychicznie po tym wszystkim się pozbierać.

Tego właśnie dnia zaczynała się piękna, upalna, słoneczna pogoda. W godzinach przedpołudniowych, mijając kawiarnię, wstąpiłem do mojego przyjaciela Bławata i kiedy stojąc przy kontuarze szatni, prowadziłem z nim jakąś beztroską konwersację, ujrzałem nagle objawienie, wychodzące po prostu z kawiarnianej sali. Gdybym znał już wtedy Stellę-Stellę by Starlight, to na sto procent byłbym pewien, że jest jej siostrą. Bardzo podobna twarz, ten sam kolor włosów, trochę niższa, ale cóż, Stella-Stella by Starlight miała metr osiemdziesiąt. Wcięta w pasie, wszystko, co trzeba, miała prawidłowo na swoim miejscu, może nawet jeszcze bardziej niż Stella-Stella by Starlight. Podała Bławatowi numerek, a gdy on postawił przed nią średniej wielkości podróżną torbę, ona szybko wyjęła z niej przygotowaną wcześniej dużą kopertę, zawierającą prawdopodobnie plik dokumentów, prosząc z uśmiechem, czy mogłaby jeszcze na jakiś czas zostawić torbę, bo teraz musi iść coś pozałatwiać. Bławat wydał jej znowu numerek i schował torbę. „Jak można dojechać do uniwersytetu?", tym razem zapytała nas obu, a może nawet bardziej mnie. Zawsze miałem niezły refleks, który utrwalił się i udoskonalił dzięki uprawianiu sportu, tak że natychmiast odpowiedziałem, że ma wielkie szczęście, bo ja właśnie idę dokładnie w tamtą stronę i chętnie ją zaprowadzę. Wyszliśmy, a gdy zamykałem drzwi, zobaczyłem jeszcze Bławata, który śmiejąc się, groził mi pięścią. Szliśmy jedną z głównych ulic. Gdy byliśmy w połowie drogi, czyli na rynku, zdążyliśmy już przejść na ty i wiedziałem o niej prawie wszystko: że rano przyjechała z Bielska, że jej ojciec jest tam jednym z najbogatszych ludzi, ale stale ma kłopoty, bo mimo że wszyscy siedzą mu w kieszeni, to zawsze znajdzie się jakaś zawistna menda, która chce koniecznie dobrać mu się do dupy, że tydzień temu zdała maturę i nawet że przez ostatnie półrocze musiała uczęszczać do doroślaka, że prawie rok temu wyszła za mąż, chociaż osiemnaście lat skończy dopiero 15 sierpnia, że zdaje na wydział prawa, ale dostanie się na pewno, bo ojciec już dawno wszystko tam dla niej pozałatwiał, i że za pół godziny musi się tam tylko zgłosić, że ma na imię Maria, ale od dziecka wszyscy nazywają ją Marika, jak ta pierdolona operetkowa hrabina od Kalmana, że przyjechała tu ze swoim mężem, ale on coś tam załatwia dla jej ojca i ją zostawił w kawiarni, gdzie o siódmej się spotykają, bo przed dziesiątą mają do Bielska pociąg, no i że teraz parę godzin musi spędzić na uniwersytecie. Gęba jej się nie zamykała, a ja mimo że nigdy raczej nie należałem do milczków, nie miałem żadnych szans, żeby cokolwiek mądrego czy ciekawego powiedzieć. Gdy dochodziliśmy już do wydziału prawa, wyznała mi, że ma do mnie wielką prośbę, mianowicie czy mogę dać jej swój adres, bo nikogo w tym mieście nie zna i gdyby przypadkiem trzeba było w ciągu lata załatwić coś na uczelni, to czy mogłaby się do mnie w tej sprawie listownie zwrócić i czy to nie będzie dla mnie kłopot. Odpowiedziałem, że mieszkam sam i na pewno żaden kłopot to dla mnie nie będzie. Swojego adresu nie miałem ani czym, ani na czym jej napisać, ale przypomniałem sobie, że akurat gdy wychodziłem z domu, dopadł mnie mój listonosz i wręczył mi pocztówkę z biblioteki z ponagleniem. Tę kartkę jako moją wizytówkę dałem Marice. Pożegnaliśmy się serdecznie, ale chociaż była bardzo atrakcyjna, może z powodu jej męża nawet mi przez myśl nie przeszło czynić do niej jakieś erotyczno-seksualne podchody. Onieśmielała mnie również jej dziewczęcość. Na koniec powiedziała, że w przyszłości bardzo na mnie liczy, bo mógłbym jej pomóc w znalezieniu jakiegoś fajnego mieszkania, i że pod koniec sierpnia na pewno się pojawi.

Pojawiła się znacznie szybciej, niż można się było tego spodziewać. Kiedy rozstałem się z nią na uniwersytecie, poszedłem załatwić kilka drobnych spraw i zaraz, rezygnując nawet z treningu, udałem się do domu, obiecałem bowiem jak najszybciej wysłać zleceniodawcom trzy zamówione rysunki. Praca szła mi jednak dosyć słabo i w końcu poczułem taką senność, że sam nie wiem jak, w pełnym jeszcze upalnego słońca pokoju znalazłem się na tapczanie i film natychmiast mi się urwał. Było już ciemno, gdy obudziła mnie straszliwa burza. Zerwałem się na równe nogi, bo tropikalna ulewa zalewała mi pokój przez otwarte poczwórne drzwi na taras, nie mówiąc już o stojącym prawie na tarasie dużym kreślarskim stole. Część rysunków przylepiona była do mokrego blatu, reszta zaś latała po całym pokoju. Z powodu potwornych wyładowań elektrycznych radio, jak zawsze nastawione na moją stację dla amerykańskich żołnierzy, nie wydając żadnych przypominających muzykę dźwięków, po prostu jakby się smażyło. Przede wszystkim pozamykałem drzwi, powycierałem stół i podłogę, zrobiłem bardzo mocną herbatę i jak nowo narodzony usiadłem do pracy. Gdy burza już się przewaliła, z powrotem otworzyłem poczwórne drzwi i rysowałem dalej. Po niecałych dwóch godzinach wszystko było gotowe, rysunki postawiłem na półce, zapaliłem przedostatniego camela i delektując się dymem, przyglądałem się im, przeżywając kolejny artystyczny sukces. Dobrze wiedziałem, że jak najszybciej powinienem je wysłać, ale zbliżała się jedenasta, na którą zresztą zawsze niecierpliwie czekałem, i z mojego radia jak co wieczór poleciał Charlie Barnet i jego SKYLINER jako sygnał godzinnego przeglądu najlepszych big-bandów. Pierwszy w ramach tej rewii poszedł Artie Shaw i jego ANY OLD TIME, śpiewany przez Billie Holiday. Potem Bunny Berigan i I CAN'T GET STARTED. Ten utwór, zwłaszcza w tym wykonaniu, zawsze uważałem za jedno z największych osiągnięć jazzu. Wiedziałem, że jak najprędzej muszę dymać na pocztę, żeby nadać obiecane rysunki, ale muzyka była tak cudowna, że wyjście było ponad moje siły.

Kiedy Berigan był mniej więcej w połowie, a ja właśnie znowu nastawiałem herbatę, usłyszałem nagle odgłos zatrzymającego się samochodu i chwilę potem trzask zamykanych drzwiczek. Wiedziałem, że jak o tej porze zajeżdża tu jakieś auto, to na dziewięćdziesiąt dziewięć procent ma to związek z moją osobą. Nie myliłem się, bo nagle ktoś zadzwonił do drzwi. Wściekły zszedłem na dół. Przed drzwiami stała Marika, w jednej ręce trzymając znaną mi już dzięki Bławatowi torbę, a w drugiej kartkę pocztową z biblioteki. „Wspomniałeś mi, że mieszkasz sam, czy możesz mnie dzisiaj przenocować?" Wziąłem jej torbę i bardzo stromymi, ciasnymi, wręcz klaustrofobicznymi schodami udaliśmy się na górę. Bunny Berigan właśnie kończył grać swój najwspanialszy światowy przebój. „Jeśli możesz coś dla mnie jeszcze zrobić, to zejdź na dół i ureguluj za taksówkę". Gdy za chwilę wróciłem, Marika stała bokiem, opierając się o otwarte drzwi na taras, a Tommy Dorsey na dobre grał już jeden ze swoich przebojów, MARIE, i kiedy jeden z wielu wokalistów Tommy'ego Dorseya, niejaki Jack Leonard, ze sławnym chórem wujów zaczął śpiewać:

Marie, the down is breaking
Marie, you'll soon be waking
To find our hearts are aching
And tears will fall as you recall

– zawołałem: „Posłuchaj tego!" „Ale ja prawie nie znam angielskiego", odpowiedziała. „Oni wszyscy śpiewają o tobie, głupia, przecież masz na imię Marie…"

The moon in all its splendor
Your kiss so very tender
The words, „Will you surrender
To me, Marie, Marie?"

Gdy skończyliśmy pić herbatę, powiedziałem, że muszę wyjść na pocztę nadać przesyłkę z ilustracjami, które przy niej zapakowałem do uprzednio zaadresowanej koperty. Przed wyjściem dałem jej jeszcze gruby flanelowy koc, czyste prześcieradło i poduszkę. Zapytałem, czy ma w czym spać, niby miała. Pokazałem jej gościnną kanapkę i powiedziałem, żeby tam sobie pościeliła. Na koniec zrobiłem prezentację mojej okrutnie jak przez jakiś wulkan zdewastowanej pompejańskiej łazienki, ostrzegłem ją, że gdy włączy gazowy junkers do ciepłej wody, to ma koniecznie w tym samym momencie włączyć wbudowany w ścianę duży, jak z jakiejś fabryki, ni to wiatrak, ni to wentylator, bo tylko dzięki niemu może uniknąć śmierci przez zaczadzenie, która sama w sobie jest w miarę szybka i bezbolesna, ale niestety denat, a w tym wypadku denatka, wygląda bardzo, ale to bardzo, powiedziałbym, niefotogenicznie. Nie mówiąc już o kłopotach, jakie mnie po twojej śmierci mogą spotkać, będziesz miała wywalony, dziesięć razy większy siny język, wywalone, dwadzieścia razy większe oczy i do tego jeszcze totalnie się obesrasz. Na pytanie, czy jest głodna i czy przynieść jej coś do jedzenia, powiedziała, że niespecjalnie. Miałem wrócić za niecałą godzinę. Jako człowiek przewidujący zrobiłem małe zakupy. Kupiłem: dwie paczki papierosów WCZASOWE oraz w czynnym całą dobę barze mlecznym, mieszczącym się w suterenie naprzeciw dworca głównego, na wszelki wypadek dwie podwójne porcje naleśników z serem, obficie posypanych kryształkami cukru, plus cztery małe buteleczki kefiru. Wydałem wszystkie pieniądze, a to, że za każdą kefirową buteleczkę trzeba było dodatkowo zapłacić wysoką kaucję, zrujnowało mnie zupełnie. W barze usiadłem w ciemnym kąciku i udając, że wszystko pożeram, lokowałem kefiry po kieszeniach, a dwa duże, ciężkie fajansowe talerze wraz ze słodką zawartością zdecydowanym ruchem złożyłem cheek to cheek i ukradkiem, przykrywając całość gazetą robotniczą, wyniosłem z baru. Była to nawet w pewnym sensie kradzież, ale ponieważ wszystko łącznie z tym barem mlecznym było państwowe, a państwo notorycznie i bezczelnie okradało obywatela, nikt, wynosząc należącą do państwa zastawę, nie miałby żadnych skrupułów. Ja też ich nie miałem. Gdy cichutko wróciłem do domu, lampa i radio były pogaszone, a Marika spała lub udawała, że śpi. Mimo młodego wieku znałem już dobrze takie sztuczki. Szybko w ciemnościach się rozebrałem i położyłem na swoim legowisku. Mimo popołudniowej drzemki zasnąłem natychmiast.

Było dobrze po dziewiątej, gdy półprzytomny spojrzałem na kanapę, gdzie miała spać Marika, kanapa była jednak pusta, a nawet jakby nieco pościelona. Zrobiło mi się przykro, że może nie chcąc nadużywać mojej gościnności, skorzystała z tego, że tak zdrowo śpię, i wcześnie wstała, po czym wybyła w sobie tyko znanym kierunku. Po chwili dotarło do mnie jednak, że raczej jest to niemożliwe, bo przecież na widoku stoi znana mi już podróżna torba, a na poręczy krzesła wisi nieznany mi jeszcze biustonosz. Już chciałem wstać, gdy stwierdziłem, że Marika leży obok mnie po mojej prawej stronie, odwrócona twarzą do ściany, a tyłem do mnie – i że nie ma nic na sobie. Pierwsze, co zrobiłem, to wstałem i włączyłem znajdujące się na stole radio. Nie musiałem nic przy nim kręcić, bo cały czas nastawione było na jedną tylko stację – American Forces Network in Europe ze Stuttgartu, gdzie przez prawie całą dobę leciała super muzyka. Ta cała moja radiowa polityka w swoim założeniu mogła nieco przypominać komunistyczną ideę tak zwanej radiofonii przewodowej, czyli krótko mówiąc, kołchoźnika. Polegało to na tym, że kołchoz posiadał jeden odbiornik radiowy, z którego przez odpowiedni wzmacniacz przewodami do setek czy nawet tysięcy głośników znajdujących się w domach, stajniach, oborach i chlewniach, polach i kartofliskach emitowany był radiowy program, nastawiany ręką kołchozowego sekretarza partii lub nawet ręką samego przewodniczącego kołchozu. Wszystko musiało być pod kontrolą. Gdy zapytałem Marikę, jak się spało, odwrócona cały czas twarzą do ściany, niezbyt wyraźnie odpowiedziała, że całkiem nieźle. Żeby nie palić na czczo, za pomocą elektrycznej kuchenki zabrałem się do parzenia herbaty. „Ponieważ nie powiedziałaś mi, że będziesz u mnie na śniadaniu, posiłek nasz będzie niestety bardzo skromny, bo w nocy udało mi się kupić tylko kefiry i naleśniki z serem. Ale na pewno wszystko będzie super. A ja i tak przed czwartą muszę iść na trening". W przeciwieństwie do wczorajszego dnia Marika nie była zbyt rozmowna, cały czas odwrócona do ściany wydała z siebie może ze trzy razy jakieś monosylaby. „Pójdę do łazienki", powiedziała w końcu i wstała. Cały czas ustawiała się do mnie tyłem, a lewą ręką zalotnie ni to zakrywając, ni to podtrzymując swoje piersi, zniknęła za drzwiami łazienki. Kiedy kroiłem dwa duże, twarde jak cholera naleśniki na wąskie paseczki, słyszałem włączony w łazience wentylator i kiedy śniadanie było już na stoliku, ubrana w mój najlepszy płaszcz kąpielowy pojawiła się wreszcie Marika. Miała mokry, świeżo umyty włos, zaczesany jakoś dziwnie, nawet nienormalnie, bo wraz z okiem zakrywał jej całą prawą połowę twarzy. „Przepraszam, że się tak u ciebie rządzę – pokazując na okrycie, wypowiedziała pierwsze tego dnia pełne zdanie. – Zupełnie nie byłam przygotowana na taki przebieg wydarzeń". Usiadła, przez cały czas eksponując swój piękny lewy profil. „Ponieważ będę zmuszona spędzić u ciebie kilka najbliższych dni, oczywiście jeżeli nie będziesz miał nic przeciwko temu, pragnę cię wtajemniczyć w pewną sprawę". Odwróciła się do mnie en face i szybkim ruchem odgarnęła zakrywające jej pół twarzy gęste jasnoblond włosy. „Zobacz, co mi zrobił ten skurwysyn". Całe oko, a właściwie jego tak zwana oprawa, było jedną niebiesko-fioletowo-siną plamą, nawet białko po obu stronach było nieźle zaczerwienione, a powieka nieco opadła. O Marice wiedziałem sporo, a teraz dowiedziałem się również czegoś o jej mężu – że jest bucem, że jest damskim bokserem i że prawdopodobnie jest leworęczny, ale co najważniejsze, straciłem w stosunku do niego jakiekolwiek skrupuły. Ignorując zupełnie jej wypowiedź, zacząłem ją bardzo przepraszać, mówiąc, że czuję się po części winny temu, że gdy po ciemku przemieszczała się w moim małym mieszkanku, mogła natrafić na jakiś twardy wystający przedmiot. „Przecież wczoraj, jak się wieczorem zjawiłaś, wszystko było ok, bo na pewno bym zauważył", dodałem. „Idiota jesteś", roześmiała się. „Mogę cię zaprowadzić do lekarza – odparłem – znam nawet takiego jednego, kończy właśnie medycynę, nazywa się Lucer, Cezary Lucer, jego ojciec jest pastorem, możemy w każdej chwili do niego pójść, na pewno ci pomoże". Był kolejny bardzo upalny dzień. Do trzeciej non stop słuchaliśmy muzyki z radia i przewalaliśmy się po tapczanie. Kiedy zgłodnieliśmy, znowu zjedliśmy po naleśniku, popijając herbatą, zresztą herbatę piliśmy cały czas. Naleśniki z godziny na godzinę stawały się coraz twardsze. Gdy o wpół do czwartej wychodziłem z domu, poprosiła mnie, żebym, jak będę przechodził koło jakiejś poczty, wysłał do jej ojca telegram. Usiadła przy stole, szybko coś napisała i wręczyła mi, mówiąc, żebym to przepisał na urzędowy blankiet i nadał.

Na treningu udało mi się od jednego kolegi pożyczyć trzydzieści złotych. Wracając, nadałem telegram na adres jej ojca w Bielsku: ZE MNĄ WSZYSTKO W PORZĄDKU ZATELEFONUJĘ NIEDŁUGO – M, a ponieważ miałem swoje zasady, nie mogłem sobie odmówić dopisania WYŚLIJCIE KONIE NA DWORZEC – JANKOWSKI. Po drodze kupiłem jeszcze bochenek czarnego chleba, dwa duże, świeże, piękne ogórki, pół kostki masła, kawałek sera, pasztetową i cytrynę, bo pierwszy raz w tym roku rzucili je do sklepu i sprzedawali po jednej sztuce na osobę. Znowu wydałem wszystkie pieniądze, zresztą nawet gdybym miał ich więcej, z powodu upału nie byłoby sensu niczego więcej kupować. Gdy wróciłem, wszystko było elegancko wysprzątane i lśniło, nie powiem już jak co, a Marika, znowu nie mając nic na sobie, poza okładem na oku, zajęta była malowaniem paznokci u nóg. Było już dobrze po szóstej, a upał wcale nie zamierzał ustąpić. Kiedy zacząłem przyrządzać kolację, okazało się, że kupione przeze mnie w nocy kefiry raczej nie nadają się do konsumpcji. Stały już ładnych kilkanaście godzin w upale i podsiadły bardzo kwaśną serwatką w kolorze jasnej szczyny. Jedynie Marika była z tego zadowolona, mogła bowiem robić sobie z tych kefirów okłady, bo dotychczas próbowała robić je z herbaty. Następnego dnia było nadal gorąco i nigdzie nie wychodziliśmy. Mieliśmy jeszcze jedzenie i właściwie było fajnie. Ja próbowałem coś narysować, a Marika w dalszym ciągu bawiła się malowaniem paznokci. Graliśmy w tysiąca, ale głównie przewalaliśmy się na stojącym w głębi pokoju tapczanie. Pozbyliśmy się jakichkolwiek skrupułów. Ja właściwie do sprawy podchodziłem bezuczuciowo, natomiast Marika miotała się między dwoma uczuciami: silnym, stale narastającym uczuciem nienawiści do swojego męża i silnym, stale narastającym uczuciem strachu przed ciążą. Prawdopodobieństwo, że ktoś będzie usiłował nas podglądać, właściwie nie istniało, bo moje mieszkanie znajdowało się na dosyć wysokim pierwszym piętrze, a wszystkie najbliższe budynki leżały w gruzach. Zdziczały ogród, na który wychodził mój taras, od wojny nie był ogrodzony żadnym płotem ani parkanem i w formie dzikiego buszu ciągnął się nieprzerwanie i beztrosko dobre kilkadziesiąt metrów. Następnego dnia o wpół do szóstej rano byłem umówiony na godzinne szkolenie u Plebańczyka, a potem o piątej po południu miałem swój trening. Musiałem tego dnia zdobyć jeszcze jakieś pieniądze, bo nie miałem nawet na tramwaj, ale na szczęście, mimo że miasto było przeogromne, ja wszędzie miałem blisko. Ponadto kończyły się nam papierosy. Od Plebańczyka wróciłem mniej więcej o wpół do siódmej rano. Wszystkie symptomy, jak również radio RIAS Berlin mówiły, że ten dzień będzie równie albo nawet bardziej upalny niż poprzednie. Marika jeszcze spała, a ja, nawet nie włączając radia, położyłem się cichutko obok niej. Cały czas myśląc, jak tu zdobyć jakąś kasę, zasnąłem. Spałem może godzinę, bo Marika w półśnie zaczęła mnie żałować, jaki to jestem biedny, że tak rano musiałem wstawać i jeszcze po nocy gdzieś się wałęsać. Udało mi się tylko włączyć radio. Cały czas się przytulając, żałowała mnie aż do jedenastej, kiedy ktoś z dołu zadzwonił do drzwi. Wskoczyłem szybko w spodnie. Był to listonosz z przekazem od jednej z redakcji na sumę trzystu dwudziestu pięciu złotych, które od razu na dole mi wypłacił. Dostał pięć złotych napiwku, a my na kilka dni byliśmy uratowani. Ponieważ jedzenie już się nam kończyło, przed wieczorem wyszedłem zrobić jakieś skromne zakupy. Przyniosłem, co trzeba, udało mi się nawet kupić butelkę jakiegoś bułgarskiego wina. Od pewnego czasu Marika zaczęła lamentować, że musi zatelefonować do swojego ojca, ale jak z tym okiem ma wyjść i pokazać się ludziom. Niemniej do tego Lucyfera, jak nazywała Cezarego, za żadne skarby nie chciała iść, bo jak twierdziła, okłady bardzo jej już pomogły. Trochę było mi to na rękę, bo Lucer był zabójczo przystojnym facetem z kategorii zawsze dobrze opalonych jasnych blondynów i nigdy żadnej ładnej dziewczynie nie przepuścił, a ja jeszcze nie chciałem się dać porzucić. Rozmyślając długo, jak by ulżyć Marice w jej ciężkiej doli, przypomniałem sobie, że przecież dosyć dawno temu, kiedy z moją mamą jechałem do Łeby, coś jej odbiło i kupiła mi ohydne krajowe okulary słoneczne typu ślepy grajek. Ponieważ stwierdziłem, że wyglądam w nich jak palant, albo jeszcze gorzej – jak Maksym Gorki na island Capri, na wszelki wypadek gdzieś je schowałem. Po śniadaniu przeprowadziłem bardzo długie poszukiwania. Były. Szybko się zorientowałem, jaką mają wadę, i ukradkiem biorąc ze sobą śrubokręt, zamknąłem się z nimi w łazience. Tam odkręciłem dwie śruby i zdjąłem miedzianą pokrywę junkersa. Włączyłem wentylator i kurek od ciepłej wody. Palniki się zapaliły, a ja, ostrożnie i z wielkim wyczuciem podgrzewając nad ogniem okulary, głównie tę część, która opiera się na nosie, wygiąłem je tak, że zakrywały dokładnie całe oczy. „Pewno chciałabyś dzisiaj zatelefonować do ojca?", zapytałem i stając za nią, delikatnie włożyłem jej okulary. „Wyglądasz jak z Hollywood", powiedziałem. „Ładnemu we wszystkim ładnie, zaraz możemy iść", zdecydowała. Poczta była blisko, dałem jej pięćdziesiąt złotych, bo chciała zamówić błyskawicę, a sam, paląc papierosa, usiadłem na zewnątrz na murku. Wróciła po jakichś piętnastu minutach, trzymając w ręce otrzymany ode mnie banknot. „Wiesz, zamówiłam rozmowę na koszt abonenta. Nic nie rozumiem, powiedziałam im wszystko o moim mężu, ale i tata, i mama wypytywali mnie tylko o jakiegoś

Jankowskiego i o jego konie. Mój mąż podobno od wczoraj mnie tutaj szuka, mają mi zaraz przysłać pieniądze na poste restante. Podczas mojego treningu grzecznie czekała w okularach na sali i co pewien czas ktoś złośliwie mnie pytał, za co jej dałem w oko. Mimo to bardzo się wszystkim moim kolegom podobała, zresztą zawsze bardzo im się podobały moje dziewczyny.

Potem w niezłej restauracji zjedliśmy późny obiad lub wczesną kolację i zabrałem ją na tańce. Wyglądała jak przedwcześnie rozwinięta niewidoma sierota i gdy szliśmy, to wszyscy się za nami oglądali. Wróciliśmy bardzo późno. Dom, w którym mieszkałem, był specyficznym rodzajem architektonicznego pomieszania z poplątaniem. Nie można było go nazwać ani kamienicą, ani też dużą willą, a jego styl tworzyły akcenty gotyku, baroku, budowli antycznych, nie mówiąc już o wpływach drewnianej architektury alpejskiej, pre-Bauhausu czy zapożyczeń z Gaudiego. Powstał on chyba pod koniec XIX wieku. Było tam sześć dużych trzy-, cztero-, a nawet pięciopokojowych mieszkań plus moje małe. Obecnie takie mieszkanie nazywa się studiem, z tym że moje studio posiadało taras. Wchodziło się do niego osobnym wejściem wprost z ulicy. Zaraz za drzwiami znajdowały się bardzo ciasne i bardzo strome schody, prowadzące do holu wielkości znaczka pocztowego, w którym z kolei, licząc od lewej strony, były najpierw drzwi do dosyć dużego, a właściwie długiego WC, potem, jakby na szczytowej ścianie, wielka porcelanowa umywalka, zasilana tylko zimną wodą, drzwi do pokoju, a po prawej stronie wyjścia ze schodów – skierowane na północ okienko, bo dom zajmował północno-wschodni narożnik dwóch ulic. Pokój był prostokątny. Naprzeciw usytuowanego na środku szczytowej ściany wejścia widniały zajmujące prawie całą drugą szczytową ścianę czteroskrzydłowe przeszklone drzwi na taras. Po prawej stronie od wejścia znajdowała się dosyć płytka wnęka, gdzie na marmurowej półce miałem elektryczną kuchenkę na herbatę i gdzie były dwa okienka, identyczne jak w holu. Na przeciwnej ścianie, czyli na lewo od wejścia, były drzwi do małej łazienki, w której dominowała bardzo duża wanna, obudowana standardowej wielkości kafelkami w antyczne motywy, a także wentylator i miedziany gazowy piecyk do podgrzewania wody ze sprytnie wbudowanym prysznicem. Użytkownikiem tego mieszkanka stałem się dzięki niejakiemu Witusiowi.

Wituś, kilka lat starszy ode mnie, był dziedzicem jednej z większych przedwojennych kapitalistycznych fortun, ale jakoś tak niefortunnie mu wyszło, że chociaż jego rodzice niemal od początku wojny spokojnie żyli sobie w Kanadzie, on chwilowo zmuszony był siedzieć w kraju i budować socjalizm, którego szczerze mówiąc, z całego serca nienawidził. Przypadkowo zbliżyliśmy, zaprzyjaźniliśmy się i nabraliśmy do siebie pełnego zaufania dzięki naszej wspólnej wielkiej miłości do jazzu. Wituś marzył, żeby uciec z kraju. Miał nawet kilka kontaktów, ale niestety odczuwał brak pieniędzy, nad czym stale ubolewał. Chodziło o bardzo drogi, dobrze zorganizowany przerzut przez Czechosłowację do amerykańskiej strefy w Bawarii. Kiedyś zwierzył mi się, że w ich przedwojennej posiadłości na terenie parku, w bardzo małej odległości od pałacu, na samym początku wojny zostały zakopane trzy niezbyt wielkie walizki ze srebrami, złotem i kosztownościami, niestety on, który zna to miejsce dokładnie, bo w 1939 roku sam uczestniczył w zakopywaniu, nie może się tam pokazać w promieniu pięćdziesięciu kilometrów, bo nienawistna miejscowa ludność natychmiast powiesiłaby go za jaja. Mimo wszystko z odzyskaniem tego skarbu Wituś wiązał dosyć duże nadzieje. W pewnym momencie obiecał mi, że gdybym pomógł mu w odzyskaniu tych trzech zakopanych walizek, a jemu bezboleśnie udałoby się opuścić kraj, wszystko przedtem załatwi tak, że dostanę jego mieszkanie. Przez kilka tygodni dokładnie omawiając każdy wariant planowanej akcji, obaj wpadliśmy na ten sam pomysł. Rzecz miała się opierać na szlagierze ówczesnych mediów, czyli na stonce ziemniaczanej, która zrzucana przez amerykańskie samoloty, siała ekonomiczne, materialne oraz polityczne spustoszenia na kartofliskach naszego kraju. W majątku rodziny Witusia niedaleko Warszawy znajdował się obecnie duży PGR. Za kilka dni miałem w stolicy bardzo ważny turniej, który wyłaniał rezerwę kadry narodowej, a udział w rezerwie były to dobre, płacone co miesiąc przez okrągły rok pieniądze. Zaopatrzony we wszystkie możliwe materiały na temat stonki ziemniaczanej i przygotowany na wszelkie związane z moją tygodniową misją okoliczności, z fałszywymi dokumentami, na inne nazwisko i zupełnie inne miejsce zamieszkania, przebrany i ucharakteryzowany na zetempowskiego aktywistę-prelegenta, późnym popołudniem zgłosiłem się w zarządzie ZMP w pegeerze. Powiedziałem, że z ramienia zarządu głównego i zarządu wojewódzkiego ZMP zostałem tu oddelegowany w celu przeprowadzenia szkolenia na temat różnych aspektów związanych z masowo występującą na tych terenach stonką ziemniaczaną. Dodałem, że chcę zacząć pojutrze o dziewiątej rano, bo jutro muszę wykonać pewne niezbędne do tej pracy przygotowania i potrzebuję cztery pomalowane na biało kawałki dykty o wymiarach metr na metr dwadzieścia. Przyjęto mnie dość serdecznie. Oczywiście na wstępie zaproponowano mi alkohol, którego odmówiłem, tłumacząc się problemami zdrowotnymi. Zajęła się mną etatowa przewodnicząca lokalnego koła ZMP, towarzyszka Wanda, której wszyscy słuchali i z której zdaniem się liczyli. Była to dobiegająca trzydziestki, dosyć dorodna i ciepła kobieta. Nie miała na szczęście żadnych cech tak licznych, histerycznie rozfanatyzowanych zetempowskich babochłopów, będących żywym zaprzeczeniem jakiejkolwiek kobiecości i jakiegokolwiek seksu. Oczywiście pod względem ideologicznym miała nieźle poprzewracane w głowie. Mogła nawet być niebezpieczna, i to nie z wrodzonej podłości, tylko na skutek wielu przebytych szkoleń i kursów, na których takiej jak ona na pewno potrafili skutecznie i radykalnie zrobić wodę z mózgu. W pałacu nie było elektryczności. Owszem, podobno kiedyś była, ale coś tam rozkradli i przestała być. Towarzyszka Wanda wręczyła mi stajenną lampę naftową, wypchany świeżą słomą siennik i amerykańskie łóżko polowe, jeszcze z Unry, oraz dwa amerykańskie koce. Miałem spać w pałacu, w którym nikt nie sypiał, czego na wstępie zażądałem, kierując się niby troską o moje pomoce naukowe, które mogły zostać zniszczone w jakiejś sabotażowej akcji. Wiadomo, wróg klasowy nie śpi i na pewno wielu to, o czym będę mówił, bardzo się nie spodoba. Ostatecznie zainstalowałem się w rogu głównego salonu, tuż przy wyjściu na olbrzymi podest, połączony z owalnymi paradnymi schodami, wiodącymi od zwieńczonego dużym klombem podjazdu. Nastał wieczór. Kiedy leżąc w łóżku, kombinowałem właśnie, jak tu zgasić tę cholerną lampę, cichutko pojawiła się towarzyszka Wanda. Zapytała, czy na pewno mam wygodnie, dosyć fachowo sprawdziła posłanie i mówiąc, że bardzo jest dzisiaj zmęczona, przysiadła na nim bokiem. Właśnie zaczęła mi streszczać ostatni referat na temat PGR-ów, który na plenum wygłosił towarzysz Podedworny, kiedy delikatnie złapałem ją za cycek. Wcale się nie cofnęła, tylko jakby jeszcze silniej naparła na moją rękę. Zaczęliśmy się całować, po czym, wiedząc, że nadszedł już najodpowiedniejszy moment, usiłowałem towarzyszce Wandzie wsadzić łapę pod sukienkę. Kiedy już dobrałem się do majtek, dokonałem sensacyjnego odkrycia, że towarzyszka Wanda ma majtki na sznurku. Przez moją twarz przebiegł prawie niedostrzegalny grymas dezaprobaty, który jednak towarzyszka Wanda musiała odnotować, bo gdy potem każdego wieczoru przychodziła pytać, czy wszystko jest w porządku, zawsze była już bez majtek. Nasze cowieczorne figle, które towarzyszka Wanda traktowała z całą powagą, za każdym razem tytułując mnie per „towarzyszu", z powodu bardzo niewygodnego dla dwojga osób legowiska trwały zawsze ponad pół godziny, po czym towarzyszka Wanda, trochę w ramach moralności socjalistycznej, a trochę w trosce o swoją reputację, znikała. Wiedziałem świetnie, że musiałem na towarzyszce Wandzie zrobić pozytywne wrażenie. Pozytywne wrażenie nieprzerwanie robił na niej także mój zegarek. Był to w owych czasach najbardziej szpanerski model chronometru – firmy ATLANTIC, WATER-PROOF i do tego, jeżeli dobrze pamiętam, AUTOMATIC. Musiał jej się strasznie podobać, bo stale pożądliwie łypała na niego okiem. Raz nawet pod jakimś pretekstem poprosiła, żebym jej go na kilka godzin pożyczył, a już najbardziej fascynowały ją silnie nafosforyzowane cyferki i wskazówki, nie mówiąc już o stale będącym w ruchu, świecącym, również centralnym sekundniku. Zauważyłem, że nawet w czasie tych krótkich chwil, które spędzaliśmy razem, bardziej niż ja fascynował ją mój zegarek, bo znacznie częściej niż na mnie patrzyła na niego. Wszystkie jej zachwyty kwitowałem pogardliwym zdaniem, że to nic innego jak tylko kapitalistyczna tandeta, co ją trochę politycznie przywoływało do porządku, lecz z drugiej strony sporo dawało do myślenia. Pierwszy dzień spędziłem na wykonaniu potrzebnych mi do wykładów pomocy naukowych. Na czterech białych planszach namalowałem powiększone kopie rozmaitych rysunków z polskich, przeważnie satyrycznych pism. Czego tam nie było: amerykańskie superfortece B-29 nad mapą Polski i wylatujące z nich w formie bomb stonki ziemniaczane, żółte w czarne podłużne paski; dwie stonki, jedna z głową Trumana, a druga Eisenhowera, siedzą na tle mapy Polski i piją coca-colę; niemieckie bombowce pomieszane z amerykańskimi i każdy zrzuca swoje stonki; siedząca nad coca-colą stonka w cylindrze Wuja Sama. Były tam jeszcze motywy Adenauera w postaci siewcy w krzyżackim płaszczu, siejącego stonkę, cyklonu B, marszałka Tity siedzącego z łańcuchem na szyi w psiej budzie ozdobionej symbolem dolara, Johna F. Dullesa, Marshalla, a do tego najgłupsze, jakie można sobie wyobrazić, komentarze, napisane dużymi literami. Plansze zrobiły olbrzymią furorę.

Następnego dnia zacząłem działalność. Swoje czterdziestopięciominutowe pogadanki prowadziłem trzy, cztery, a nawet pięć razy dziennie. Zdyscyplinowani słuchacze siedzieli na wklęsłych, półkolistych kamiennych schodach dworu, a ja wraz z moimi pomocami naukowymi operowałem na dużym klombie, który był najważniejszym punktem całej tej tygodniowej akcji, bo właśnie pod nim znajdowały się wszystkie trzy walizki Witusia. Audytorium miałem bardzo zróżnicowane. Przeważnie były to okoliczne koła ZMP, czasem przywożono wojsko, raz przywieźli pod strażą dużą grupę więźniarek, z których jedna, bardzo ładna, próbowała mi znienacka rozpiąć rozporek, lecz w zetempowskich spodniach rozporki były zapinane na guziki. Ale najgorsze były grupy dzieci, które chociaż lane przez swoich wychowawców gdzie popadnie, w żaden sposób nie mogły spokojnie usiedzieć. Moje wykłady najbardziej przekonywały chłopów, którzy świetnie rozumieli rolę kartofla, od pokoleń stanowiącego ich główne pożywienie, a ponadto od pokoleń będącego głównym surowcem do produkcji wódki. Obserwując dokładnie wszystko, co się dokoła działo, zrozumiałem, że najlepszy czas na realizację mojej misji zaczynał się wtedy, gdy towarzyszka Wanda rozmarzona i lekko zataczająca się po naszych krótkich wieczornych figlach udawała się na swoją odległą kwaterę, a kończył gdzieś około czwartej rano, kiedy zaczynały piać koguty, ryczeć krowy, beczeć owce, kwiczeć świnie i jazgot błyskawicznie robił się tak niemożliwy, że wszyscy zaczynali biegać dookoła. Mijał dzień za dniem, a ja precyzyjnie odliczałem czas, wiedząc, że terminem docelowym jest noc z piątku na sobotę, kiedy na podjeździe, punktualnie o trzeciej nad ranem, pojawi się samochód, by o trzeciej zero trzy szybko odjechać. Był to żelazny termin, który ustaliliśmy z Witusiem, kiedy ostatni raz się widzieliśmy, i do tego czasu wszystko musiałem precyzyjnie przygotować i wykonać. Właściwie przez cały czas byłem na oczach wszystkich. Nie chodzi o to, żeby ktoś mnie o coś podejrzewał, ale dla tych ludzi byłem po prostu rodzajem atrakcji. Kiedy na przykład w wiejskim sklepie kupiłem tanią leszczynową wędkę w nadziei, że pod pretekstem kopania robaków będę mógł precyzyjnie zlokalizować w ziemi miejsca, gdzie znajdują się walizki, w ciągu pół godziny ludność oraz dziatwa jak na wyścigi przyniosła mi ze dwanaście puszek świeżo wykopanej najwspanialszej przynęty. W pegeerowskiej stołówce, która mi przysługiwała, jedzenie było tak koszmarne i tak potwornie niesmaczne, że często, żeby nie umrzeć z głodu, szedłem do miejscowej gospody, gdzie też było bardzo źle, ale już nie tak jak w stołówce. Tam z kolei co chwilę ktoś się przysiadał, proponując wspólne picie, tonem, jakbym o niczym innym w życiu nie marzył niż uchlanie się z jakimś miejscowym idiotą. Jeden wielki koszmar. Najbardziej jednak dawał mi się we znaki kilkudniowy brak jazzu, a emitowane przez lokalny kołchoźnik walczyki, kujawiaczki, wesołe poleczki, pieśni masowe i jakieś czastuszki przyprawiały mnie o mdłości i czarną melancholię. Najważniejszą rzeczą, jaką dał mi Wituś, była karteczka z grubego papieru wielkości biletu wizytowego, na której widniał dziwny schemat:

. . . .
southnorth
8
1116
14start
. . . .

Był to klucz pozwalający dokładnie zlokalizować wszystkie trzy zakopane pod klombem walizki. Drugą rzeczą, w jaką zostałem zaopatrzony, był obszyty bardzo elegancką czerwoną skórą krążek o średnicy dwudziestu i grubości ponad trzech centymetrów. Na środku miał on rodzaj okrągłej, szerokiej mosiężnej osi, ozdobionej emalią z kobaltowo-biało-pomarańczowym wzorkiem, w której ukryta była zgrabna, podwójnie składana mosiężna korbka. Na grzbiecie tego urządzenia znajdowało się wycięcie. Wystawało z niego coś na kształt obrączki, do której z kolei przytwierdzony był początek trzydziesto- czy nawet pięćdziesięciometrowej, żółtej, bardzo mocnej taśmy. Po jednej stronie taśmy wydrukowane były cale, stopy i jardy, a na drugiej metry i centymetry. Przedmiot ten sam w sobie był tak piękny i tak doskonale zaprojektowany, jakby do jego stworzenia przyłożył rękę sam Cartier czy nawet sam Fabergé. Do ostatniej chwili trzymałem go na dnie mojej zetempowskiej teczki, zawiniętego w jakieś szmaty i ponadto wetkniętego do skarpetki. Do tego co chwilę sprawdzałem, czy nikt z tego chamskiego towarzystwa jeszcze nie zdążył się do niego dobrać. Moja przedostatnia noc w pegeerze była piękną księżycową nocą, o czym nawet romantycznie nadmieniła towarzyszka Wanda, gdy jak niepyszna musiała wracać do siebie, dodając z pewnym żalem, że moje posłanie w żaden sposób nie nadaje się dla dwojga. Dokładnie poinstruowany przez Witusia wiedziałem, że aby precyzyjnie zlokalizować zakopane walizki, muszę na obu końcach pierwszego, czyli najniższego stopnia wklęsłych paradnych schodów znaleźć metalowy, prawie niewidoczny bolec, na który mam założyć obrączkę, od której zaczynała się taśma z miarą. Oczywiście przestrzegając instrukcji podanej na karteczce, zacząłem od strony prawej, czyli północnej. Wyciągnąłem taśmę na długość szesnastu metrów i uważając, żeby przez cały czas była maksymalnie naciągnięta, narysowałem na klombie kawałek koła, którego promień siłą rzeczy musiał mieć również dokładnie szesnaście metrów. Klomb już dawno stracił wszystkie ślady swojej świetności, stając się raczej rodzajem klepiska, gdzie bez przerwy bawiła się dziatwa, kryto krowy, naprawiano traktor i gdzie często szczali pijacy, dlatego nie miałem żadnych problemów z dokładnym obrysowaniem owalu, a dokonałem tego łatwo za pomocą dużego śrubokręta. Następnie przeniosłem się na lewą stronę tych gigantycznych schodów, czyli na stronę południową. Znowu założyłem na bolec obrączkę i znowu uważając, żeby taśma była właściwie napięta, na poprzednio narysowanym owalu w podanych odległościach ośmiu, jedenastu i czternastu metrów zaznaczyłem tylko punkty przecięcia. Każdy punkt dodatkowo oznakowałem, wypuszczając po parę kropel atramentu z mojego zetempowskiego wiecznego pióra. Nikt mnie nie widział, a ja byłem gotowy na jutrzejsze prace ziemne.

Następny dzień stanowił już właściwie formalność. Był piątek, po przeprowadzeniu aż pięciu wykładów przepakowałem dyskretnie wszystkie potrzebne mi rzeczy z oficjalnej zetempowskiej teczki do sportowej torby, na jej wierzchu zostawiając normalną koszulę i normalne, wąskie spodnie, po czym torbę schowałem pod legowisko. Ponieważ większość drzwi w pałacu była powyrywana, wszędzie można było się dostać. W jednej z sal natrafiłem na magazyn łopat, kilofów i innych narzędzi do prac ziemnych. Wybrałem i schowałem sobie najlepszą łopatę i najodpowiedniejszy kilof. W dwóch następnych salach znajdował się podręczny magazyn wapna i cementu. Stały tam również taczki, które wyprowadzano na zewnątrz przez duże, wywalone wraz z ramą okno za pomocą pochylni zrobionej z drzwi opartych o niski parapet. Po tej pochylni często wkradało się do środka miłe stadko kóz wraz z koźlętami oraz potwornie śmierdzącym capem i dopóki nie zostały przepędzone, dopóty stały na dwóch nogach i jak gdyby wspinając się na ścianę, obżerały gdzie się tylko dało pałacowe tapety, a do tego cap swoim strasznym zajajerem obszczywał wszystko, co było w jego zasięgu. Ta egzotyka bardzo uatrakcyjniała mi przymusowy pobyt w pegeerze. Dla tych podłych ludzi nic nie było ważne, oprócz tego, że już nie mieszkają tu jacyś burżuje. Tego dnia pogoda nieco się zmieniła. Po wykładach zaczął padać deszcz, temperatura spadła, wiało. Zapowiadała się noc pełna przygód i kiedy dobrze po jedenastej towarzyszka Wanda, wspomniawszy coś jeszcze o sobotniej zetempowskiej zabawie, stękając i złorzecząc, opuściła moje legowisko, nareszcie mogłem zacząć prawdziwą akcję. Odczekałem trochę i natychmiast zabrałem się do prac ziemnych. Poszło nadspodziewanie sprawnie, a ja przez cały czas pracując w deszczu i na wietrze, czułem się jak jakaś hiena cmentarna. Walizki, chociaż bardzo ciężkie, były dosyć małe i świetnie zabezpieczone za pomocą brezentu oplecionego grubym drutem. Mimo że ponad dziesięć lat leżały w ziemi, żadna z nich się nie rozleciała, co na pewno przysporzyłoby mi niemałych kłopotów i o czym starałem się nawet nie myśleć. Była druga dziesięć, gdy miałem wszystkie walizki. Wróciłem do pałacu, dokładnie umyłem się w wiadrze, po czym się przebrałem. Dużą, białą, przygotowaną wcześniej kopertę wypełniłem wielką ilością najrozmaitszych idiotycznych propagandowych materiałów i dużymi literami napisałem na niej: TOWARZYSZKA WANDA – DO RĄK WŁASNYCH – WAŻNE MATERIAŁY PROPAGANDOWE. Nie było żadnego pośpiechu i wszystko miałem pod kontrolą. Wypaliłem dwa papierosy i kiedy dochodziła trzecia, już normalnie ubrany wywaliłem na klomb cały mój zetempowski uniform wraz z czerwonymi krawatami i precyzyjnie wdeptałem go w mokrą ziemię. Za dwie trzecia usłyszałem warkot samochodu. Wróciłem jeszcze do pałacu, odpiąłem z ręki zegarek atlantic i włożyłem go w środek papierów, które zostawiałem dla towarzyszki Wandy, po czym dokładnie zakleiłem kopertę. Gdy truchtem zbiegałem po schodach, samochód właśnie zajechał. Było w nim trzech ludzi. Nie wyłączając silnika, szofer i siedzący obok niego pasażer wybiegli z auta. Pokazałem im zawiązany wór, w którym schowałem walizki, a oni z trudem, bo worek był bardzo ciężki, ulokowali go w bagażniku. Gdy wsiadałem do auta, zobaczyłem, że trzecim facetem, koło którego usiadłem na tylnym siedzeniu, jest Wituś, a samochód, którym jedziemy, to Chevrolet Fleetmaster, pojazd, którym poruszali się ministrowie i który nigdy nie miał prawa być zatrzymany przez jakąś zwyczajną obywatelską milicję. Wituś wiedział dobrze, co i jak trzeba załatwić. Po chwili pędziliśmy już szosą w kierunku południowym, czyli w stronę Warszawy, a ja na szczęście miałem już za sobą cały ten tygodniowy zetempowsko-pegeerowski epizod. Tymczasem Wituś na dobre przygotowywał się do nielegalnego opuszczenia kraju. Spotkaliśmy się jeszcze kilka razy. Kiedyś, gdy po raz któryś wspominaliśmy moją niedawną pegeerowsko-zetempowską akcję, zapytał mnie, czy przypadkiem nie miałem w związku z nią jakichś dodatkowych strat i kosztów. Odparłem, że wszystko poszło według ustalonego przez nas planu, a jedyną stratą, jaką w tej operacji poniosłem, był tylko mój zegarek atlantic, ale szczegółów nie komentowałem. Następnego dnia Wituś wręczył mi duży niklowy longines ze stoperem i piękną stalową bransoletką. Na pewno pochodził on z jednej z trzech wykopanych przeze mnie walizek, a w zegarkowym rankingu stał przynajmniej o siedem klas wyżej od atlantica, będącego obecnie największym szczęściem towarzyszki Wandy. A longines? Równe trzydzieści trzy lata później zgubiła go w Nowym Jorku największa miłość mojego życia, którą tak kochałem, że nawet nie usłyszała ode mnie złego słowa. Stało się to w biały dzień na WEST 53RD STREET pomiędzy 5TH a 6TH AVENUE, ale to już zupełnie inny i znacznie późniejszy rozdział mojego życia.

Stało się tak, jak ustaliliśmy – po sześciu tygodniach mieszkanie Witusia należało do mnie, a Wituś, szczęśliwy, czekając na kanadyjską wizę, jak mawiał, na wizę do kraju Oscara Petersona, szalał już w Bawarii. Mieszkaniem tym opiekowała się była sekretarka z jednej z przedwojennych fabryk rodziny Witusia, bardzo im oddana, która obecnie pracowała jako kierowniczka Dzielnicowego Zarządu Budynków Mieszkalnych. Dzięki jej przemyślnym machinacjom mieszkanie po Witusiu nie podlegało żadnej mieszkaniowej ewidencji i nie figurowało w żadnych urzędowych spisach, czyli tak, jakby w ogóle nie istniało. Docelowo mieszkanie to było przeznaczone dla jej syna, który miał na szczęście dopiero jedenaście lat. Co miesiąc w okolicy pierwszego w blue kopercie przynosiłem jej dwieście złotych, do tego co miesiąc płaciłem jeszcze jakiś bardzo niski, prawie symboliczny czynsz. Do dziś nie mogę jednak zrozumieć, w jaki sposób adres tego mieszkania oficjalnie figurował w moim dowodzie osobistym, w mojej książeczce wojskowej i w moim prawie jazdy. I chociaż byłem świadomy tej korupcji, tych szwindli, afer i fałszerstw na masową skalę, zdawałem sobie świetnie sprawę, że nawet przy najmniejszej wpadce natychmiast zostanę z tego mieszkania wypierdolony. Nie będąc pewny ani dnia, ani godziny, zrobiłem jednak pewne drobne inwestycje. Ponieważ Wituś zostawił mi swoje skromne meble, uzupełniłem je tylko olbrzymim stołem kreślarskim i trzema kreślarskimi lampami. Ściany przedstawiały obraz nędzy i rozpaczy, dlatego żeby jakoś sprytnie je zamaskować, po długich rozmyślaniach cały sufit w pokoju pomalowałem ultramaryną, na niej zaś starannie naniosłem, z wielkim trudem zdobytą fosforyzującą farbą, duże, pięcioramienne, jakby amerykańskie gwiazdy. Z kolei ściany od drzwi wejściowych i od drzwi do łazienki również bardzo starannie pomalowałem od podłogi do sufitu razem z drzwiami w pionowe czerwono-białe pasy półmetrowej szerokości. Wnętrze to korespondowało cudownie ze mną, z muzyką i radiem, którego bez przerwy słuchałem, ale gdyby zobaczył to na przykład jakiś członek partii, to zszokowany na pewno nazwałby to jaskinią amerykańskiego imperializmu. Świetnie o tym wiedziałem, dlatego ludzi, których nawet w najmniejszym stopniu podejrzewałem o kontakty z ubecją, nigdy nie wpuszczałem do mojego mieszkania i przyjmowałem ich w najgorszym razie w drzwiach na dole lub – w najlepszym – w holu wielkości znaczka pocztowego, gdzie nawet na tę okoliczność ustawiłem dwa krzesełeczka. Do pokoju przychodziły głównie dziewczyny, na które cała ta wspaniała scenografia działała wręcz powalająco.

Ten pobieżny opis pozwala wyobrazić sobie to skromne mieszkanko, ale w obliczu wydarzeń z okresu oblężenia czy zaraz po zdobyciu miasta, o których świadczyły tak sugestywne ślady, nabierało ono zupełnie innego charakteru. Nie powiem, żeby z tego powodu miejsce to miało jakieś parapsychologiczne piętno, niemniej jak w komiksie, krok po kroku, strona po stronie, kadr po kadrze to, co się tu stało, działało tak silnie na moją wyobraźnię, że bardzo często zupełnie mnie dekoncentrowało. Krótko mówiąc, nieprawdopodobna liczba pocisków kaliber 7,62 mm wystrzelonych z tej samej broni w obrębie mojego małego mieszkania pozwalała odtworzyć te niezbyt jeszcze odległe zdarzenia. W mieście tym wszędzie było widać ślady kul i przez lata nikogo to nie dziwiło, ale ślady w tym mieszkaniu, począwszy od wejścia, poprzez schody, hol, pokój aż po łazienkę, były jednak szokiem. W ramach dokonanego przeze mnie amatorskiego balistycznego śledztwa obliczyłem, że na przestrzeni jakichś dwudziestu metrów zostało oddanych ni mniej, ni więcej tylko siedemdziesiąt jeden strzałów, czyli dokładnie tyle, ile naboi mieścił okrągły magazynek w sowieckim pistolecie maszynowym PPSH-41, czyli tak zwanej pepeszy. Moja inwestygacja wykazała, że najprawdopodobniej jakiś Ruski gonił jakiegoś Niemca, aby go ukatrupić. Śmiem twierdzić, że Ruski mógł być nawet pijany. Wszędzie wtedy włóczyło się pełno, delikatnie mówiąc, nietrzeźwych krasnoarmiejców, rozglądających się za niemieckimi kobietami, zegarkami, alkoholem, rowerem, i za czym się jeszcze dało. A ponieważ, trzeba przyznać, bili się oni bardzo dzielnie i z maksymalnym poświęceniem, dowództwo pozwalało im na wiele takich rzeczy. Ten pijany zobaczył ofiarę znikającą w drzwiach, ruszył szybko za nią, po drodze zakładając nowy magazynek, i biegnąc, już na schodach zaczął strzelać. Przeważnie walił pod kątem czterdziestu pięciu stopni po suficie, tak samo w korytarzyku i w pokoju, ale gdy dopadł swoją przerażoną ofiarę przywartą do rogu koło wanny, zniżył broń, zmieniając kąt padania pocisków do dziewięćdziesięciu stopni. Najpierw na podobieństwo ekip śledczych w amerykańskich filmach kryminalnych, robiących to za pomocą kredy, dokładnie obrysował pociskami swoją ofiarę, by na końcu resztą niewykorzystanej amunicji pracowicie wypełnić środek. W ramach moich częstych i długich rozmyślań na ten temat, znając trochę realia, ustaliłem nawet, kto mógł być ofiarą. Wykluczyłem na wstępie dobrze przeszkolonego żołnierza Wehrmachtu lub jeszcze lepiej wyszkolonego członka ss, bo żaden z nich, mając do wyboru skok z tarasu, nie usiłowałby chować się jak jakaś trzpiotka w łazience. Ofiarą prawdopodobnie była kobieta, która na przykład chcąc uniknąć zbiorowego gwałtu, salwowała się nieudaną ucieczką, a pijany Ruski postanowił przykładnie ją za to ukarać i za pomocą swojej pepeszy nafaszerował ją pociskami. Wspomniane już zielono-niebieskie kafelki z antycznymi motywami, niemiłosiernie postrzelane, podziurawione i popękane, zasmarowane wypełniającym ubytki ni to gipsem, ni to cementem, dawały całej łazience nastrój archeologicznych wykopalisk, na przykład z Pompei. Wszystko to trzymało się na słowo honoru, przed czym parokrotnie ostrzegał mnie Wituś, przekazując mi to mieszkanko.

Był poniedziałek. Wysłuchawszy jednej z moich ulubionych popołudniowych audycji radiowych, BLUES FOR MONDAY, postanowiłem wziąć kąpiel, ponieważ miałem jeszcze bardzo dużo czasu przed wyjściem na trening. Kiedy byłem już w wannie, nagle pojawiła się Marika i chcąc mi zrobić miłą niespodziankę, wskoczyła na mnie. Dosyć długo cudownie się bawiliśmy, aż w pewnym momencie swoją kształtną stópką z pomalowanymi na czerwono paznokciami beztrosko i jakby trochę za mocno zaparła się o pompejańską ścianę. To, co potem nastąpiło, trudno sobie nawet wyobrazić. Duża połać ściany wraz z kawałkami antycznych kafelek, odłamków cegieł i innego gruzu wpadła do środka. Było tego tak cholernie dużo, że nawet woda wystąpiła z brzegów wanny. Wyskoczyliśmy jak oparzeni, zostawiając wannę pełną podejrzanego płynu w kolorze matki ziemi. Marika, która miała towarzyszyć mi na treningu, a potem resztę wieczoru spędzić ze mną na mieście, postanowiła zostać i coś z tym zrobić, a gdy po niecałych trzech godzinach zmęczony zbliżałem się z zakupami do domu, już z daleka zauważyłem na chodniku dużą pryzmę gruzu, w której bez trudu rozpoznałem fragmenty moich pompejańskich kafelek. Pod moją nieobecność Marika zrobiła porządek, pracowicie wiadro po wiadrze wynosiła cały gruz na ulicę, tak że wanna była jak nowa, tylko ściany pozostawiały wiele do życzenia. Była to szalenie dobra dziewczyna i bardzo się starała. Następnego dnia postanowiłem działać, tym bardziej że znowu dostałem jakieś pieniądze, których część przeznaczyłem na naprawę tej nieszczęsnej ściany. Jeżeli chodzi o tamte czasy i tamtą część kraju, to żadne sklepy z kafelkami raczej nie istniały, ale ja dwa dni wcześniej widziałem, jak kilku robotników rozbierało jakiś duży zbombardowany dom, i tam w nadziei na znalezienie siedemdziesięciu kilku potrzebnych mi kafelek postanowiłem się udać. Było południe kolejnego bardzo upalnego dnia, gdy z sześcioma butelkami piwa zameldowałem się na miejscu. Praca polegała tu głównie na odzyskiwaniu cegły oraz odkładaniu i segregowaniu jakichś metalowych elementów. Nie było żadnych maszyn i robotnicy młotkami obstukiwali cegłę po cegle z resztek zaprawy murarskiej lub cementu i ustawiali to wszystko w wielkie regularne kubiki. Prawdopodobnie, zgodnie z hasłem CAŁY NARÓD BUDUJE SWOJĄ STOLICĘ, wszystko to wysyłano do Warszawy, bo tu zupełnie nie było potrzebne. Tu prawie nic się nie budowało. Podszedłem z tym piwem do dwóch najbardziej wzbudzających moje zaufanie robotników i mówiąc, że mam coś dla nich, wręczyłem każdemu po butelce, jednocześnie pokazując, że mam ich więcej. Gdy z wielkim znawstwem i wielką przyjemnością zaczęli je opróżniać, przystąpiłem do rzeczy, zwierzając się im z moich kafelkowych problemów. Rozpijając po trzeciej butelce, już jako moi przyjaciele polecili mi pokręcić się po obiekcie i coś sobie poszukać. A jeśli nawet nic nie znajdę, to nie mam się niczym martwić, bo dadzą mi coś z partii przygotowanych już do transportu. Zacząłem wałęsać się po terenie rozbiórki. Nie wiem, co się tam przedtem mieściło, ale nie był to tylko budynek mieszkalny. Na parterze musiała znajdować się jakaś duża restauracja, bank lub może jakiś wielki elegancki sklep. Gruba betonowa płyta podłogi o bardzo dużej powierzchni miała na środku olbrzymią owalną wyrwę o średnicy jakichś sześciu metrów, pod którą widniał następny poziom. Po pochyłym usypisku zszedłem niżej. Było tam bardzo ciemno, powierzchnia ta sama co piętro wyżej, kilka betonowych filarów podtrzymujących strop, wszędzie pełno gruzu, wielkie ilości pogiętych metalowych mebli, ale po żadnych kafelkach ani śladu. Nagle słońce zajrzało do tego podziemnego pomieszczenia i zrobiło się jaśniej, tak że udało mi się przejść do następnej jego części, oddzielonej ścianą z dużym otworem. Była to dosyć niska sala z betonową podłogą zasłaną grubą warstwą od dawna butwiejącej słomy. Nie zauważyłem żadnych zniszczeń. Mógł tu się mieścić jakiś punkt szpitalny, mogli tu również koczować w czasie bombardowania i ostrzału okoliczni mieszkańcy. Powoli znowu zaczynało się ściemniać, kiedy w rogu zobaczyłem jakiś dziwny mebel, przypominający trochę duży, wysoki stolik nocny. Po zbutwiałej słomie podszedłem bliżej i odkryłem, że jest to lodówka bez drzwi, które spokojnie stały oparte o ścianę. Natychmiast postanowiłem wyhandlować ją od moich robotników, chwilowo spychając sprawę kafelków na drugi plan.

Gdy wróciłem do domu, postanowiliśmy iść na pocztę. Marika nerwowo na mnie czekała, bo chciała koniecznie zatelefonować do ojca i sprawdzić poste restante. Gdy dochodziliśmy do urzędu, właśnie coś mi opowiadała, i gdy na chwilę odwróciłem głowę, nagle stwierdziłem, że zniknęła. Jak głupi zacząłem jej szukać, robiąc coraz większe, a potem coraz mniejsze koła. Nigdzie jej nie było. Skołowany po ponaddwugodzinnych poszukiwaniach wróciłem do domu i gdy otworzyłem drzwi na taras, usłyszałem radosne HELLO. Marika mimo ciemności siedziała w pozycji plażowej na leżaku. Okazało się, że dochodząc ze mną do poczty, omal nie natknęła się na swojego męża, który wiedząc od teściów, że na pewno pojawi się tam w sprawie przekazu, czatował tam na nią od kilku dni. Uciekła mu w ostatniej chwili, dlatego postanowiliśmy, że odtąd będzie telefonować z innego miejsca, a pieniądze mogą czekać, bo na razie i tak nie są potrzebne. Następnego dnia byłem bardzo niewyspany, bo gdy o północy w amerykańskim radiu dla amerykańskich żołnierzy leciał jak co noc amerykański hymn, ja, chcąc usłyszeć informacje o pogodzie, przestawiłem radio na stację RIAS Berlin, a tam poprzez stację Baden-Baden Joachim-Ernst Berendt przez cztery godziny prezentował retransmisję sławnego koncertu Lionela Hamptona, który już jakiś czas temu odbył się w Pasadenie w Kalifornii i na którym wystąpiły największe gwiazdy jazzu. Marika zasnęła szybko, dobra muzyka zawsze ją usypiała. Rano, tym razem z innej poczty, wzięła błyskawicę na koszt abonenta. Cały czas dopytując się o Jankowskiego, ojciec Mariki powiedział, że zaraz po ich pierwszej rozmowie wysłał jej telegraficznie dwa tysiące złotych, żeby zaraz wróciła do domu. Marika twardo zażądała następnych dwóch tysięcy, ponieważ przy poczcie, na której czekają na nią pieniądze, stale kibluje jej właściwie już prawie były mąż, którego po tym, co jej zrobił, już nigdy nie chce oglądać na oczy. Powiedziała, że nie ma zamiaru przyjeżdżać, dopóki nie zostanie umówiony adwokat, który natychmiast, gdy ona zdecyduje się przybyć, wniesie pozew o rozwód. Była bardzo pewna siebie, a ja czułem satysfakcję, że mam w tym swój duży udział, choćby dlatego, że dałem jej cudowny azyl. Następnego dnia znowu telefonowała i znowu zaczęło się od pytań o Jankowskiego. Po prostu ojciec podejrzewał ją, że chce opuścić męża, ponieważ zadała się z jakimś Jankowskim. Dowiedziała się również, że jej mąż po bezskutecznych poszukiwaniach jak niepyszny wrócił dziś rano do Bielska. Szybko zaliczyliśmy dwie poczty, gdzie Marika podjęła w sumie cztery tysiące złotych. Było to bardzo dużo pieniędzy. Tymczasem wyszła jeszcze jedna sprawa: otóż jej rodzice wynajęli w Sopocie na miesiąc od 15 lipca mieszkanie z widokiem na morze oraz wyjściem na plażę i kazali jej przyjechać, zaklinając się, że nie będzie tam jej męża. Od jakiegoś czasu odczuwałem małe wyrzuty sumienia z powodu zamieszania, jakie wywołałem, i korzystając z tego, że znajdowaliśmy się akurat na poczcie, oświadczyłem, że chciałbym ostatecznie wyjaśnić jej sprawę Jankowskiego. Podprowadziłem Marikę pod ścianę, na której oprawione w ramy wisiały wzory wskazujące, jak prawidłowo wypełniać różne pocztowe formularze, skierowane głównie do niegramotnego prostactwa, czyli, jakkolwiek by patrzeć, do większości narodu. Wskazałem jej wzór telegramu: PRZYJEŻDŻAM WTOREK WYŚLIJCIE KONIE NA DWORZEC – JANKOWSKI. „Widzisz – powiedziałem – to jest silniejsze ode mnie, ale kiedykolwiek wysyłam jakiś telegram, muszę koniecznie napisać to zdanie. „Idiota jesteś", powiedziała i zaczęła się potwornie śmiać, po czym parę razy mnie pocałowała i zamówiła kolejną błyskawicę do Bielska.

Nie zapominając o łazience, przed udaniem się do moich nowych przyjaciół precyzyjnie wymontowałem ze ściany łazienki jednego nieuszkodzonego pompejańskiego kafelka. Po drodze nabyłem w monopolowym dwie półlitrówki wódki, a ponieważ upał cały czas trzymał, dokupiłem jeszcze, jak ostatnio, sześć butelek piwa. Z moich darów bardzo się ucieszyli i automatycznie stałem się dla nich bardzo poważnym kontrahentem. Powiedziałem im, że bardzo interesuje mnie lodówka, i kiedy zacząłem im tłumaczyć, gdzie się znajduje, wiedzieli świetnie, o co chodzi. Kiedy przeszedłem do drugiej sprawy, jeden z nich, dopijając butelkę piwa, zaprowadził mnie na tyły, gdzie pod jedyną ocalałą ścianą poustawiane były w równym szeregu cztery wanny pełne najrozmaitszych kafelek uzyskanych z rozbiórki. Dość długo szukałem mojego wzoru, aż w końcu znalazłem, tylko w innej wersji kolorystycznej. Pasowały pod względem formatu i rysunku, tyle że moje symbolizowały niebo i morze, a te słońce i piasek. Biorąc jednego z nich, pomyślałem, że słońca nigdy nie jest za mało. Zapytali mnie, gdzie mieszkam, powiedziałem, że jakieś sto pięćdziesiąt metrów dalej. Okazało się, że dość dobrze znali mój dom. Ostatecznie stanęło na tym, że będzie lepiej, gdy więcej nie będę się tu pętał, a oni wszystko, co potrzebuję, w ciągu dwóch dni jakoś mi dostarczą do domu. Opowiem teraz krótko. Dobrze pijani zjawili się trzeciego dnia pod wieczór, kiedy właśnie przewalałem się z Mariką po tapczanie. Lekko nieprzytomny zszedłem na dół i stwierdziwszy, że lodówka nie zmieści się na schodach, przeciągnęliśmy ich śmieszny wózek naokoło pod taras. Kiedy zasugerowałem, że tędy na pewno będzie łatwiej ją przenieść, obaj zaparli się, mówiąc, że życie jest im miłe i na tych schodach na pewno nogi nie postawią. Bardzo długo perswadowałem im, że te miny są tylko dla pucu, żeby odstraszać złodziei, ale dopiero kiedy parę razy przebiegłem po schodach UP AND DOWN i kiedy na koniec dwiema nogami stopień po stopniu jak dziecko zeskakiwałem na dół, dali się jakoś przekonać. Kiedy wnieśliśmy wszystko na taras, poleciłem Marice, by założyła coś na siebie, i zaprosiłem całe towarzystwo do łazienki. Stanęło na tym, że za sto pięćdziesiąt złotych naprawią mi całą ścianę. Za trzy dni przywiozą cement plus narzędzia i w dwie godziny wszystko będzie gotowe. Dałem im pięćdziesiąt złotych zaliczki.

Czując forsę, Marika zapragnęła kupić sobie coś do ubrania, bo miała tylko jedną sukienczynę, buty i jakiś żakiet. W końcu przyjechała tu tylko na jeden dzień. Szczęśliwie z powodu upałów z wielką przyjemnością chodziła po domu bez niczego lub ewentualnie w którymś z moich za dużych na nią płaszczy kąpielowych, ale gdy trzeba było wyjść gdzieś dalej, to zaczynały się problemy. Pomyślałem o Leonie vel Lio, z którym zaraz umówiłem się na dziesiątą rano następnego dnia. Byliśmy punktualnie i kiedy Lio pokazał jej cały swój towar, zalegający dwa duże pokoje, Marika po prostu wpadła w amok. Ja z Leonem vel Lio siedziałem w kuchni, a ona szalała wśród ciuchów, co chwilę przychodząc w czymś innym i pytając, czy to ładne i czy dobrze w tym wygląda. Skończyło się oczywiście na tym, że mimo dużego udzielonego przez Leona vel Lio rabatu co do grosza wydała całe swoje, a właściwie swojego ojca pieniądze, pocieszając się tym, że na biednego nie trafiło. Nie musiała się zresztą pocieszać, bo nigdy przedtem nie widziałem jej tak zadowolonej. W dwóch przepięknych białych marynarskich workach us navy pożyczonych od Leona vel Lio przynieśliśmy wszystkie jej nowe ubrania do domu. Tam od razu wylądowało to na nieużywanej gościnnej kanapie. Z czasów, kiedy próbując zrobić tak zwaną dużą forsę, przez jakiś czas bezowocnie zajmowałem się odzyskiwaniem i handlem kryształowymi lustrami dużego formatu, zostały mi trzy wielkie zwierciadła, które trzymałem w swoim mieszkaniu. Wszystkie były mniej więcej jednakowej wielkości i w pozycji pionowej prawie sięgały sufitu. Jedno umieszczone było w holu wielkości znaczka pocztowego, na wprost drzwi do pokoju, drugie w łazience naprzeciwko wanny, a trzecie, najokazalsze, naprzeciwko tapczanu. Lustra te dawały złudzenie trochę większej przestrzeni w tym dosyć małym mieszkanku. Przez kilka następnych dni Marika była zajęta wyłącznie sobą, bez przerwy przed lustrami przymierzała coraz to inne buty, suknie, bieliznę i dodatki. Dotychczas zupełnie sobie nie wyobrażała, że w tym koszmarnym, szarym i smutnym kraju może funkcjonować taka instytucja jak Lio, do którego ją zaprowadziłem i u którego mogła kupić tak rewelacyjne amerykańskie, francuskie czy angielskie kreacje, o jakich nawet nigdy nie marzyła. Zauważyłem przy tym niestety, że z powodu tej całej ekscytacji ciuchami zmalało jej zainteresowanie seksem, na którym jeszcze niedawno się koncentrowała. A tymczasem moja unikatowa przedwojenna poniemiecka lodówka, przywieziona przez przyjaciół robotników, spokojnie od kilku dni stała na tarasie. W obawie, że może przyjść jakaś burza czy deszcz, przykryłem i obwiązałem ją trójkątną płachtą namiotową w panterkę. Każdego dnia obiecywałem sobie, że już jutro na pewno się za nią wezmę. Tymczasem któregoś popołudnia przyszli moi koledzy robotnicy i w ciągu trzech godzin, zostawiając niezły bałagan, wszystko opanowali. Moja łazienka całkowicie się zmieniła, bo tonacja niebiesko-zielona została brutalnie zdominowana przez tonację pomarańczowo-beżową. Zniknęły również wszelkie ślady po nieszczęsnej niemieckiej dziewczynie zastrzelonej przez Ruskiego, o której bardzo często myślałem, a która teraz rozpłynęła się w bezpardonowej łazienkowej wieczności. Nadszedł też czas, że w końcu zainteresowałem się moją unikatową przedwojenną poniemiecką lodówką. Od wczesnego ranka, kiedy Marika jeszcze słodko spała, zacząłem ją, a szczególnie jej lodówkowe śnieżnobiałe wnętrze, pracowicie pucować. Na wszelki wypadek wymieniłem również zasilający ją w elektryczność kabel, ale niestety mimo najrozmaitszych podchodów lodówka nie chciała działać. Zresztą, szczerze mówiąc, nie znałem się na tym. Kiedy się nad nią męczyłem, kątem oka przyglądał mi się mój najbliższy sąsiad, robiący coś przy swoim motocyklu.

Mój najbliższy sąsiad był reemigrantem z Francji. W tych czasach bardzo dużo Polaków, którzy przed wojną albo jeszcze wcześniej wyemigrowali za chlebem, ogłupionych komunistyczną propagandą za zgodą i aprobatą lokalnych władz wróciło do kraju. Przeważnie było to towarzystwo lekko komunizujące, ale w ich wyobraźni komunizm wyglądał zupełnie inaczej niż w rzeczywistości i w pełnej krasie ukazywał im się dopiero po powrocie. Ich dzieci, często urodzone za granicą i tam dorastające, przeważnie bardzo słabo znające język polski, przeniesione z Zachodu do dzikiego i znacznie mniej cywilizowanego kraju przeżywały kompletne załamanie psychiczne, a odwrotu żadnego już nie było. Mój najbliższy sąsiad, noszący z francuska brzmiące nazwisko Kiełbasiewicz, zajmował największe, pięciopokojowe mieszkanie. Miał on jeszcze stosunkowo młodą i ponętną żonę oraz cztery córki, które rozwijały się prawidłowo pod względem fizycznym i intelektualnym. Jak dobrze pamiętam, była tam jeszcze jakaś babcia. Próbowali oni zaktywizować część opuszczonego i potwornie zaniedbanego ogrodu niedaleko mojego tarasu, przez co miałem z nimi jakby bliższe kontakty i widziałem, że zwłaszcza starsze córki bardzo interesują się moim życiem i moją osobą. Rodzina ta, mimo że nawet nie najgorzej władała językiem polskim, między sobą porozumiewała się wyłącznie po francusku. Od wiosny do jesieni niemal każdej niedzieli, oczywiście jeżeli pozwalała na to pogoda, francuskim zwyczajem udawali się wszyscy na piknik. Pan Kiełbasiewicz dysponował dużym motocyklem BMW z boczną przyczepą. Widok, kiedy rano wyruszali, był wspaniały. Dość kolorowo ubrani sadowili się na motorze w następującej kolejności: najpierw między pierwszym siodełkiem a bakiem na specjalnej poduszce sadzali najmłodszą córeczkę, potem siadał kierowca, czyli pan domu, obowiązkowo w czarnym berecie, za nim pomiędzy siodełkami trochę starsza dziewczynka, a za nią z trudem mieszcząca się na tylnym siodełku mamusia. Dwie najstarsze córki, właściwie już pannice, mimo swojej prawidłowej anatomicznej budowy zajmowały przyczepę i zawsze zastanawiałem się, jak mogą się tam pomieścić. Za dziewczynami na małym bagażniku znajdował się jeszcze fachowo przymocowany spory piknikowy kosz. Kiedy wszyscy już siedzieli na swoich miejscach, pan Kiełbasiewicz odpalał motor i rodzina powoli ruszała. Wyglądali jak grupa francuskich uciekinierów z czerwca 1940 roku, gdy Hitler szedł na Paryż, a kiedy się oddalali, to aż miło było patrzeć, szczególnie na panią domu, której może o dwa numery za duże, lecz mimo to piękne i ponętne pośladki, lekko zwisając z tyłu, wpadały w powabne drgawki, gdy maszyna pokonywała jakieś asfaltowo-nawierzchniowe nierówności. Przeważnie skłóceni wracali dosyć późnym wieczorem. Mama beształa córki, córki opierdalały ojca, ojciec krzyczał na wszystkich i wtedy zawsze czułem się tak, jakbym grał w jakimś francuskim filmie. Tymczasem moja lodówka, zawinięta znowu w płachtę namiotową, w dalszym ciągu stała na tarasie, aż pewnego razu pan Kiełbasiewicz swoim dosyć dziwnym akcentem zapytał mnie, czy przypadkiem nie mam z nią jakichś problemów. Odpowiedziałem, że mam, i to dosyć spore, bo po prostu nie działa, na co on odpowiedział, że jeżeli nie mam nic przeciwko, to mógłby do niej zajrzeć. Niepewnie wdrapał się po tarasowych schodach, może przez pięć minut oglądał z tyłu wszystkie precyzyjnie odczyszczone przeze mnie przewody i rurki, po czym poprosił o dwa śrubokręty, które mu natychmiast podałem, i coś tam zaczął nimi grzebać. Nie minęło więcej niż dwie minuty, kiedy podłączył kabel do elektryczności i lodówką nagle lekko zatrzęsło. Razem z panem

Kiełbasiewiczem przepchnęliśmy ją z tarasu do pokoju. Działała. A Marika niestety coraz bardziej się ode mnie oddalała. Nie w sensie dosłownym, bo cały czas mnie wielbiła i zrobiłaby dla mnie wszystko, ale czułem, że po zmianie swojego wizażu, czyli od momentu nabycia wielkiej ilości tak wspaniałych ciuchów, bardziej niż o mnie z radością myślała o zbliżającym się 15 lipca, kiedy to przyjedzie do Sopotu. Czułem, jak pracuje jej wyobraźnia, jak myśli, w której sukience pokaże się na sopockim molo, co założy na dancing w Grand Hotelu, a w czym wystąpi na jakichś prywaciarskich przyjęciach. Cały czas o tym rozmyślała, świetnie wiedząc, że w każdym z tych miejsc będzie królową. Stale telefonowała do ojca i znowu dostała jakieś pieniądze. Bardzo chętnie, zawsze w czymś innym, wychodziła teraz z domu. Kupiliśmy dwie najlepsze i najdroższe walizki, pomogłem jej wszystko spakować i 14 lipca wieczorem wsadziłem ją do gdańskiego pociągu. Na koniec powiedziała mi, że mnie wielbi i że za wszystko, co dla niej zrobiłem w tych trudnych chwilach, nawet nie wie, jak mi dziękować. Kiedy wróciłem do domu, poczułem się łyso, a w łazience na lustrze odkryłem narysowane szminką serce i napis I LOVE YOU – M. Dwa dni później spotkałem Milenę.

Ale skończmy już z przeszłością i powróćmy do znacznie nudniejszej teraźniejszości. A zatem nim Bronek wrócił z dworcowej przechowalni bagażu, gdzie zdeponował dwa pakunki, zdążyłem z pozostałych arkuszy korka zrobić jeszcze cztery jednakowe paczki. Wędkę sprytnie, tak by nikt jej nie znalazł, ukryliśmy w jakiejś dziurze. Plonem dzisiejszego dnia było sześć identycznych paczek. Wartość handlowa każdej wynosiła równe sześć tysięcy złotych, czyli całodzienny urobek wynosił trzydzieści sześć tysięcy. Niezły wynik jak na pierwszy dzień. Wziąłem teraz dwa z czterech pakunków i powiedziałem Bronkowi, że dziesięć minut po moim wyjściu ma się udać z dwiema swoimi do fotoplastykonu znajdującego się w okolicy rynku. Tam ma kupić bilet, wejść i obserwując przez lornetkowy wziernik przesuwające się trójwymiarowe przeźrocza, czekać, aż w ciągu jakiejś godziny przyjdę i wszystko od niego wezmę.

Dziwnym przybytkiem był ten fotoplastykon. Znajdował się u samego wylotu rynku, na najgłówniejszej z wielu wychodzących z niego ulic. Wchodziło się prosto z chodnika, właściwie nie było tam jeszcze żadnego wejścia, tylko spora, mogąca pomieścić z osiemdziesiąt stojących osób architektoniczna nisza, stanowiąca rodzaj westybulu, po którego prawej stronie znajdowała się miniaturowa kasa oraz, tuż obok, bardzo wąskie, służące do wpuszczania widzów wejście na salę, otwierane elektrycznie przez sprzedającego bilety. Obiekt ten od przedpołudnia do późnego wieczora rozbrzmiewał wprost cudowną muzyką. W czasach, kiedy wszędzie dominowała ruska muzyka, albo jeszcze koszmarniejsza krajowa muzyka ludowa czy tak zwane pieśni masowe, tu na cały regulator non stop puszczane były z płyt – magnetofonów wtedy jeszcze nie było – najlepsze amerykańskie swingowe big bandy: Glenn Miller, Artie Shaw, Tommy Dorsey, Benny Goodman czy Count Basie. Czasem zaśpiewali Louis Armstrong, Edith Piaf, a nawet swoim charakterystycznym dyszkantem francuski szmirus Tino Rossi. Właściciel i zarządzający w jednej osobie był około pięćdziesięcioletnim garbusem, który podobno przed wojną posiadał we Lwowie dwa kinoteatry. Wszyscy zawsze zachodziliśmy w głowę, skąd dostawał on te superpłyty. Dopiero po wielu latach ktoś mi powiedział, że po prostu jakiś jego pociotek pracował w tym czasie jako kierowca w Polskiej Misji Wojskowej w Berlinie Zachodnim i systematycznie zaopatrywał go w najlepsze nagrania. Ta muzyka przyciągała liczną młodzieżową klientelę i zawsze, a szczególnie przy gorszej pogodzie, wielu młodych ludzi obojga płci, nierzadko dyskretnie podrygując w takt tego pięknego swingu, wysterkiwało w tym dużym fotoplastykonowym westybulu. Tyle jeśli chodzi o fonię. Z kolei jeśli chodzi o wizję, było to raczej kompletne dno. Pokazywano przeważnie trójwymiarowe przezrocza, najczęściej, co zawsze można było łatwo rozpoznać po strojach czy fryzurach, pochodzące jeszcze sprzed pierwszej wojny światowej. Pokazy prezentowane były tematycznie i stanowiły rodzaj fotograficznych reportaży, dotyczących na przykład karnawału w Wenecji z roku 1908, Neapolu i Capri w 1911, Wielkiego Kanionu w Arizonie czy wodospadu Niagara. Trochę więcej radości sprawiały widzom reportaże z dzikich krajów, na których dzikuski często demonstrowały beztrosko swoje długie spiczaste cycki, nie mówiąc już o tym, co czasem potrafił zademonstrować taki na przykład dzikus. Wtedy śmiechom nie było końca. Od czasu do czasu po zamknięciu garbus urządzał pokazy przezroczy pornograficznych dla najbardziej zaprzyjaźnionych, godnych zaufania i wtajemniczonych gości, rzecz jasna za odpowiednio wyższą opłatą. W tych ponurych czasach wiele rzeczy pod karą kilku lat więzienia było surowo zakazanych, między innymi, jakby to komuś mogło przeszkadzać, pornografia. Udało mi się zobaczyć trzy takie pokazy. Oczywiście wszystkich zawsze obowiązywała pełna konspiracja, jakby co najmniej w tym fotoplastykonie knuto i przygotowywano zamach na Bieruta, Rokossowskiego i Cyrankiewicza razem wziętych. Muzykę wyłączano i na sali panowała krępująca i złowieszcza cisza. Pierwszy pokaz, chyba jeszcze z lat dwudziestych, dotyczył dwóch bardzo pracowitych i bardzo operatywnych paryskich – o czym świadczyły zastawki z wieżą Eiffla w oknach – hotelowych pokojóweczek, które na wszystkie możliwe sposoby starały się licznym hotelowym gościom uatrakcyjnić i umilić pobyt w tej pięknej stolicy Francji. Drugi pokaz był również przedwojenny, a poruszał bardzo ciekawy temat gruppenseksu – i do tego jeszcze w Czechosłowacji. Mówiąc dokładnie, była tam pokazana, ze wszystkimi anatomicznymi szczegółami, wielka inwencja trzech szalenie atrakcyjnych czeskich dam, z których jedna bardzo podobna była do Mileny. Trzeci trójwymiarowy spektakl tworzyły przezrocza pokazujące w niezwykle ciekawych i intrygujących ujęciach pasjonujące damsko-męskie przygody niejakiej Josefiny Muncinbacher. Każdy zestaw składał się z tylu obrazów, ile było miejsc w fotoplastykonie. W tym było dobrze ponad trzydzieści, tak że każdy pokaz układał się w sporą i dosyć pouczającą STORY.

Ale generalnie to nie o to wszystko chodziło. Po prostu za cichą aprobatą garbusa fotoplastykon służył przede wszystkim jako miejsce gwarantujące licznej młodzieży, bez względu na pogodę i porę roku, pewną intymność. Warunki nie były co prawda najlepsze i poza panującymi tu egipskimi ciemnościami, bardzo zresztą w tej sytuacji pożądanymi, parka dysponowała tylko wmurowanym podstawą w cementową podłogę stołkiem, podobnym do barowego. Na szczęście młodzież, a szczególnie dziewczyny, była wtedy nieźle wygimnastykowana. W liceach i na wyższych uczelniach bardzo dużą wagę przykładano do wuefu, a ponadto duży odsetek tejże młodzieży posiadał jeszcze odznakę SPO, czyli Sprawny do Pracy i Obrony – odznakę bardzo w tych czasach ważną i niemal obowiązkową, a przyznawaną po zdaniu przed specjalną komisją dosyć trudnych, ustalonych centralnie sportowych testów. Od czasu do czasu przybytek ten nawiedzany był przez kontrolerów z kuratorium lub z komitetu dzielnicowego ZMP, którzy starali się wyłapywać bawiących tam w godzinach zajęć szkolnych wagarowiczów. Zetempowscy aktywiści, najlepsi z najlepszych, zaopatrzeni w odpowiednie papiery, mieli za zadanie legitymować i zapisywać dane osobowe całujących się par. Podobne zresztą akcje ZMP prowadziło również w kinach, parkach, na zabawach publicznych i właściwie wszędzie. Miały one na celu przestrzeganie przez młodzież tak zwanej moralności socjalistycznej. Do tego jeszcze, gdy natrafiali na opór jakiejś kontrolowanej przez siebie pary, zawsze mogli skorzystać z protekcji Milicji Obywatelskiej, która zobowiązana była do udzielenia im w takich wypadkach pomocy. Poczciwy garbus nigdy takich komisji nie wpuszczał od razu i zawsze przez jakiś czas niby to dokładnie sprawdzał ich dokumenty upoważniające do kontroli, a pod palcem mając włącznik światła na salę, w wypadku komisji z kuratorium dawał dwa, a w wypadku ZMP trzy razy światło ON i OFF. Dzięki temu sygnałowi świetlnemu wszyscy bywalcy byli dokładnie uprzedzeni, tak że ten i owa mieli wystarczającą ilość czasu, żeby dyskretnie skorzystać z któregoś z kilku wyjść.

Bronek wiedział, gdzie się znajduje fotoplastykon, a ja dla dowcipu nie wtajemniczałem go, na jakie niespodzianki może być tam narażony. Śmiejąc się, lekko zszokowany opowiadał mi potem, jak to normalnie kupił bilet i wszedł do środka. Z dwiema nadnaturalnej wielkości paczkami w kompletnych ciemnościach cudem dotarł wreszcie do wolnego stołka i przez lornetkowy wziernik zaczął kontemplować pasjonujący trójwymiarowy pokaz. Tym razem leciał superatrakcyjny reportaż z Dnia Bastylii, obchodzonego w Lionie 14 lipca 1927 roku. W tych ciemnościach zdołał zauważyć rzecz dziwną, a nawet dosyć podejrzaną. Otóż mimo że połowa miejsc na sali była wolna, często przy jednym stanowisku pokaz przezroczy oglądały i kontemplowały po dwie osoby. Pomyślał nawet, że jest to w pewnym sensie absurd, ponieważ pełne walory trójwymiarowości można docenić tylko wtedy, gdy ogląda się przezrocza, używając dwojga oczu, przez podwójny lornetkowy wziernik. Kiedy wreszcie jego wzrok przyzwyczaił się jeszcze bardziej do ciemności, Bronek stwierdził, że po obu jego stronach znajdują się pary młodych ludzi. Para po jego lewej stronie przez cały czas namiętnie się całowała, natomiast para z prawej zachowywała się bardzo nienaturalnie. Żadne z nich nie obserwowało przezroczy. Dziewczyna siedziała na stołku tyłem do lornetkopodobnego fotoplastykonowego wziernika, a chłopak stał bardzo blisko niej. Dziewczyna ponadto wydawała jakieś dziwne ciche jęki, czy nawet jakby trochę popłakiwała. Nieprzywykły jeszcze do tych ciemności Bronek podejrzewał, że może facet robi jej coś złego. Wiedział, że powinien jakoś na to zareagować, ale z drugiej strony nie chciał w tych ciemnościach robić skandalu, na przykład bijąc gościa w mordę. Kiedy tak zbierał myśli, po bardzo długim czasie, kiedy już naprawdę wypadało mu coś jednak zrobić, odkrył nagle, że oni po prostu kopulują. Wpadł na tę myśl również dzięki temu, że przez cały czas dziewczyna furt usiłowała swoją prawą nogą zaprzeć się o jeden z zawierających korek pakunków, w czym Bronek raz po raz jej przeszkadzał, odpychając tę nogę swoim kolanem. Gdy śmiałem się z tej pouczającej przygody, przypomniała mi się opowiadana mi przez moją mamę historia, podobna, bo również powodowana w pewnym sensie seksualną naiwnością. Historia ta wydarzyła się pod koniec lat dwudziestych jej ojcu, czyli mojemu dziadkowi, o pięknie brzmiącym imieniu Kajetan.

Mój dziadek pochodził ze Lwowa i był prawnikiem, a dokładnie sędzią. Po pierwszej wojnie światowej otrzymał nominację na prezesa sądu w Poznaniu, gdzie niebawem osiadł z rodziną. Jako sędzia cieszył się dużym uznaniem, do tego jeszcze wykazywał nieprzeciętny talent muzyczny. Miał piękny tenor o bardzo rzadkim brzmieniu i często występował w różnego rodzaju koncertach dobroczynnych, traktując to jednak wyłącznie jako przyjemność. Kilka razy proszono go nawet o nagłe zastępstwo jakiegoś tenora w miejscowej operze. Kilka razy również przybywali zza oceanu różni impresario, kusząc dziadka nader atrakcyjnymi kontraktami. Nie interesowało go to zupełnie, bo jako niepoprawny patriota, do tego jeszcze pieczętujący się niezłym herbem szlacheckim, pragnął w swoim własnym kraju delektować się niedawno odzyskaną niepodległością. Z drugiej strony jako prezes sądu miał niezłą, płatną co miesiąc kasę, nie mówiąc już o czekającej go za kilka lat wysokiej emeryturze. Dzięki swojemu stanowisku, talentowi muzycznemu oraz charyzmie dziadek mój szybko stał się bardzo popularną postacią w tym muzykalnym, wielkim mieście Poznaniu i jak głosiła miejscowa fama, nikt nie był w stanie zaśpiewać Moniuszki tak jak mój dziadek Kajetan, którego nazwisko do dziś figuruje w kilku, niestety przeważnie lokalnych muzycznych encyklopediach. Wolne od pracy chwile dzielił między muzykę i działalność charytatywną. Nie licząc bardzo wielu bliskich znajomych, mój dziadek miał dwóch wielkich przyjaciół. Jego przyjacielem po linii muzycznej był mieszkający również w Poznaniu kompozytor

Feliks Nowowiejski. Rodzina nie przepadała za Feliksem, podejrzewając stale, że najlepsze pomysły na swoje rapsodie, symfonie i różne inne muzyczne kawałki bezkarnie i bezczelnie czerpie on od dziadka, w pewnym sensie twórczo żerując na nim i na jego nieprzeciętnym muzycznym talencie. Była to rzecz jasna wierutna bzdura, wyimaginowana głównie przez moją zaborczą babcię, notabene rozstrzelaną w lipcu 1944 roku przez nowosądeckie gestapo w przydrożnym lesie pomiędzy Krynicą a Nowym Sączem. Bzdura, zważywszy, że w momencie kiedy obaj panowie pierwszy raz w życiu się zetknęli, Feliks Nowowiejski, cokolwiek by mówić, był już znanym i wziętym kompozytorem. Natomiast po linii zainteresowań działalnością dobroczynną przyjacielem dziadka był, jak to się dzisiaj mówi, deweloper – milioner pan Rosiński. Mimo stosunkowo młodego wieku zdążył on stać się poniekąd postacią historyczną. Kiedy w grudniu 1918 roku przybył do Poznania Ignacy Paderewski, najlepsi synowie tego miasta, pragnąc oddać należny hołd wielkiemu Polakowi, wyprzęgli szybko konie z czekającego przed dworcem powozu i sami go pociągnęli. Celem jazdy nie był wcale fryzjer, jak błędnie podają niektóre pseudohistoryczne źródła, choć pewnie bardzo życzyłby sobie tego wielotysięczny tłum rozentuzjazmowanych, ale mało tolerancyjnych poznaniaków stojących przed dworcem. Celem jazdy na pewno był hotel Bazar, gdzie od dawna już na wielkiego pianistę czekał odpowiedni, najbardziej reprezentacyjny apartament, oczywiście z instrumentem. Co tu dużo mówić, przyjaciel mojego dziadka pan Rosiński był właśnie jednym z ciągnących ten powóz. Dobroczynna działalność polegała głównie na zdobywaniu pieniędzy poprzez różnego rodzaju imprezy, takie jak dobroczynne bale, koncerty, tombole, kwesty, dotacje i tak dalej, pieniędzy, którymi w różnej formie wspierani byli najbardziej potrzebujący. Gdy się w końcu ich jakoś namierzyło, trzeba było jeszcze dokładnie sprawdzić, czy nie próbują oszukiwać, i osobiście potwierdzić ich rzekomy stan ubóstwa. Pewnego razu mój dziadek wraz z panem Rosińskim zjawili się, by odwiedzić i przepytać pewną bardzo ubogą staruszkę, zamieszkałą w najgorszej części najgorszej dzielnicy Poznania. Było tam tak koszmarnie, że nawet w biały dzień szofer musiał pilnować automobilu. Staruszka żyła bardzo biednie w dość sporej, bardzo czyściutkiej suterenowej izbie. Niewielki stół, dwa krzesła, tak że pan Rosiński w czasie dosyć długiej rozmowy zmuszony był siedzieć na tak zwanej po poznańsku ryczce. Wąskie, czyste, starannie pościelone posłanko, mała węglowa kuchenka z długą rurą, stanowiąca jedyny punkt grzewczy tego skromnego mieszkanka, zlew w korytarzu, wychodek na porządnie wybrukowanym podwórzu. Do tego izba posiadała jeszcze rodzaj dużej wnęki, szczelnie zasłoniętej na całej wysokości i szerokości kretonową kurtyną rozpostartą na grubym sznurze. Od początku rozmowy, kiedy to dokładnie omawiana była niezbyt wesoła materialna sytuacja babci, zza kretonowej kotary raz po raz dochodziły jakieś dziwne dźwięki, utwierdzające obu panów w przekonaniu, że prawdopodobnie rezolutna i zapobiegliwa staruszka hoduje za tą kotarą jakieś zwierzątko, albo nawet kilka, jakieś kozy, króliki czy może nawet świnki. Kiedy po długim czasie rozmowa zeszła na ten temat, babcia szczerze wyznała, że to żadne zwierzątka, tylko że ma tam po prostu taki maleńki prywatny burdelik i wnękę tę odpłatnie udostępnia kilku stojącym na pobliskim rogu panienkom i ich klientom. Rzeczywiście po chwili zza kotary wyłoniła się jedna z nich w towarzystwie jakiegoś lekko zażenowanego kolejarza. Babcia zaraz wyszła za nimi, prawdopodobnie zainkasować część utargu, a wróciła za chwilę z inną dziewczynką, prowadzącą bombardiera w długim artyleryjskim płaszczu, który na widok dwóch siedzących dżentelmenów bardzo grzecznie zasalutował i porozumiewawczo puścił do nich oko. Już nie wiem, jak zakończyła się historia z ubogą staruszką, ale z panem Rosińskim zakończyła się bardzo smutno, powiedziałbym nawet, że tragicznie. Jakieś dwa czy trzy lata po tej przygodzie, jako kompletny bankrut na skutek niedawnego światowego kryzysu, przyjaciel mojego dziadka pan Rosiński za pomocą shotguna, czyli po polsku dubeltówki, popełnił identyczne samobójstwo, jakie dokładnie trzydzieści lat potem w tym samym dniu i o tej samej godzinie w 1961 roku popełnił Ernest Hemingway.

A wracając do moich ciemnych interesów, to dzięki zaplanowanej precyzyjnie akcji dobrze przed szóstą aż cztery z sześciu uzyskanych tego dnia paczek trafiły do nowobogackiego. Mimo że towar był najlepszego gatunku, nowobogacki wszystko skrupulatnie sprawdził i policzył. Wtedy wypłacił mi w pięćsetkach dwadzieścia cztery tysiące. Chociaż było to zaledwie ćwierć potrzebnej mi sumy, czułem, że teraz wszystko powinno już pójść równo z górki. Gdy zapytał, kiedy przyniosę następne, powiedziałem, że jutro rano. Potem był oczywiście basen i ponadgodzinne pływanie. Na basenie stale ten i ów wypytywał mnie, co z wojskiem, a gdy mówiłem, że żadne wezwanie jeszcze nie nadeszło, prawie każdy współczująco odpowiadał, że to na pewno nic dobrego nie wróży.

Następnego dnia rano zbudził nas telefon. Na początku nie mogłem się zorientować, kto to taki, ale kiedy zaczął mnie tytułować swoim dobroczyńcą, od razu przypomniałem sobie o moim wczorajszym dobrym uczynku. Adwokat, deklarując bez przerwy dozgonną wdzięczność, poinformował mnie, że cudowne buty, które uratowały mu życie, są do odebrania w recepcji hotelu. Trzeba tylko powiedzieć, że to od mecenasa Zająca. Bardzo przeprasza, ale nie może w inny sposób ich zwrócić. Jeszcze chce nas poinformować, że jak tylko skończy się sprawa sądowa, w której bierze udział, to zaprasza nas na kolację, ale jeszcze zatelefonuje. Koło dziewiątej zostawiłem Bronka w domu, prosząc go, żeby sam udał się pod most, bo o pierwszej trzydzieści będzie musiał przejąć pierwszy spław. Ja zaś wyruszyłem na dworzec odebrać dwa pakunki zdeponowane wczoraj przez Bronka, zanieść je do warsztatu nowobogackich, ewentualnie zainkasować dwanaście tysięcy, a potem, jeżeli czas pozwoli, wypić jeszcze u Bławata kawę, bo zaraz po dwunastej czekały mnie prawie cztery godziny ciężkiej i precyzyjnej pracy u Wani. Ale przedtem postanowiłem jeszcze odwiedzić pewną redakcję.

W mieście ukazywały się dwa dzienniki. Pod względem ideologicznym oba były to zdeklarowane reżimowe tuby, reprezentujące głównie interesy sowieckie oraz świadczące o wiodącej roli partii, ale mimo że były stuprocentowo zaprzedane sprawie komunizmu, jeden z nich, nie wiadomo dlaczego, miał opinię gazety niby bardziej liberalnej. Może ta opinia brała się stąd, że oprócz pasjonujących wiadomości z frontu budowy socjalizmu w kraju, z frontu budowy komunizmu w Sojuzie oraz z frontu bezwzględnej walki z angloamerykańskim imperializmem, gazeta ta posiadała coś w rodzaju działu miejskiego, gdzie oprócz lokalnej kroniki towarzyskiej ze sfer zbliżonych najczęściej do stachanowców, racjonalizatorów i przodowników pracy, drukowano ze świadomym pominięciem skrótu „śp." nekrologi, a nawet nieliczne ogłoszenia. Ponieważ w szmatławcach tych parokrotnie zamieszczane były moje ilustracje, a ponadto pracowali tam dwaj moi klubowi koledzy, nie szedłem w ciemno. Owocem mojej krótkiej wizyty było mające się ukazać jutro ogłoszenie następującej treści: „Kupię samochód osobowy. Najlepiej telefonować od 9 do 11 wieczorem" – i mój numer telefonu. Żadnego auta, głównie z powodu moich rychłych wyjazdowych planów, nie miałem najmniejszego zamiaru posiadać, ale bardzo potrzebowałem jakiegoś w miarę dobrego i sprawnego pojazdu, żeby spokojnie zawozić korki do nowobogackich, a nie bez przerwy we dwóch latać po mieście i po dworcowych przechowalniach z podejrzanymi, zawsze tak samo wyglądającymi dużymi pakunkami. Wiedziałem, że eksploatacja potrwa jeszcze z dziesięć dni, a może nawet dwa tygodnie, i bez normalnego transportu działalność ta była bardzo niewygodna, męcząca, niebezpieczna – i szalenie ryzykowna. Sprawę dokładnie przemyślałem i postanowiłem zrobić tak: gdybym otrzymał jakąś ofertę, podczas wstępnej rozmowy w sprawie kupna miałem zaproponować, że dam pięćdziesięcioprocentową zaliczkę, ale pojazd muszę mieć na jakieś cztery, pięć godzin, bo dwanaście kilometrów stąd mam zaufanego mechanika, z którym jestem umówiony na oględziny auta. Jeżeli po tym przeglądzie się zdecyduję, to płacę drugie pięćdziesiąt procent, jeżeli nie, to oddaję samochód i wycofuję zaliczkę. Kilkanaście kopii takiej umowy do ewentualnego podpisania na miejscu wydrukował mi jeden z moich klubowych kolegów, pracujący tam jako metrampaż, facet noszący przedziwne imię i nazwisko, niejaki Ewaryst Elimer. Dwie paczki z dworca zaniosłem do nowobogackiego, a Bławatowi powiedziałem, że sprawę finalizuję i czekam tylko na wezwanie w terminie EXTRA na komisję, w każdym razie pieniądze właściwie prawie już mam. Wania tym razem dostał litr i paczkę papierosów CAMEL. Powiedziałem mu, że teraz jest mój druh. Był szczęśliwy, chociaż wyczułem, że również pełen podejrzeń. Powiedziałem mu także, że teraz przez kilka dni będę pracował w tych germańskich knigach, bo chcę wszystkie przejrzeć i coś wybrać, a jak sam wie, jest ich bardzo dużo. Znowu był zszokowany. Do trzeciej dwadzieścia pięć pracowałem jak robotnik na taśmie u Forda czy innego Studebakera i znowu wybebeszyłem dwanaście skrzynek. Tym razem z transportem nie było tak źle, bo wracając z basenu, wstąpiłem wczoraj do jednej mojej przyjaciółki, u której akurat bawiła jej ciocia.

Ciocia Aurelii jeździła na taksówce. Jako była, a obecnie rozparcelowana ziemianka nie mogła dostać żadnej normalnej, godziwie płatnej pracy, dlatego za jeden z ostatnich brylantów, sprzedany za bezcen, okazyjnie kupiła duże, solidne osobowe auto i zajęła się zarobkowym przewozem pasażerów. Od słowa do słowa wyszło na to, że jutro o czwartej trzydzieści będziemy czekać w okolicy mostu i ona zawiezie nas z towarem do nowobogackich. Niestety tylko jutro, bo potem oddaje na tydzień auto do naprawy, a sama gdzieś wyjeżdża. Pracując ciężko, od czasu do czasu dopadałem do książek, żeby coś interesującego wybrać. Wyselekcjonowałem pięć, wszystkie tematycznie poświęcone były wojnie domowej w Hiszpanii, oczywiście pod kątem goebbelsowskiej propagandy. Książki te w ramach głupiego dowcipu chciałem ofiarować Bławatowi. Tytuły były następujące:

Franz Spielhagen SPIONE UND WERSCHWOREN IN SPANIEN
Herman Kohl DEUTSCHE FLIEGER ÜBER SPANIEN

Karl Keding FELDGEISTLICHER BEI DER LEGION KONDOR
DEUTSCHE KAMPFEN IN SPANIEN
Erich Ludendorff DER TOTALE KRIEG

Sfrustrowany Wania znowu nie mógł się nadziwić, ale w końcu powiedział, że jutro będzie stał normalnie. A potem pędem pod most i do Bronka. Cały czas prześladowała mnie myśl, co by było, gdyby coś się z Bronkiem stało, gdyby na przykład złamał po drodze nogę czy przechodząc przez jezdnię, wpadł pod jakąś ciężarówkę z kapustą. Od czasu do czasu prześladował mnie straszliwy i złowieszczy obraz: przychodzę, Bronka nigdzie nie ma, a pod mostem pływa czterdzieści osiem dużych prostokątnych i dwadzieścia cztery mniejsze kwadratowe bezpańskie arkusze korka. Mocno zdenerwowany i zaniepokojony zbiegłem po betonowych schodkach. Ale wszystko było w najlepszym porządku. Bronek wyciągał z wody ostatnie arkusze, które właśnie przed chwilą spuściłem do kanału. Reszta czekała spokojnie niewidoczna w licznych schowkach w podziurawionej ścianie mostu, część nawet zapakowana w papier i przewiązana sznurkiem. Resztę pakunków zrobiłem sam i kiedy punktualnie podjechała taksówka, wszystko było gotowe. Auto okazało się bardzo pakowne. Był to amerykański NASH z samego końca lat trzydziestych. Bronka wysłałem piechotą do domu, a sam z towarem po dziesięciu minutach byłem już u nowobogackich, bardzo prosząc po drodze ciocię Aurelii o pełną dyskrecję i że gdyby ktoś pytał ją, skąd mnie wiozła, to niech mówi, że z ogrodu botanicznego. Nowobogacki zaprosił mnie do gabinetu i wypłacił mi czterdzieści osiem tysięcy, to znaczy trzydzieści sześć za ten towar, który mu przywiozłem teraz, plus dwanaście za dwie paczki odebrane przeze mnie z przechowalni, które zostawiłem mu rano. Zapytał mnie, jaką ilością korka jeszcze dysponuję, bo on ustala teraz harmonogram dalszej produkcji i chciałby wiedzieć, ponieważ obecnie jestem jego jedynym dostawcą, na jaką ilość surowca może jeszcze liczyć. Powiedziałem mu, że to, co dotychczas mu sprzedałem, stanowi jakieś piętnaście, dwadzieścia procent tego, co mu w ogóle oferuję. Był wyraźnie zadowolony. Ustaliliśmy jeszcze, że w ciągu dziesięciu dni do dwóch tygodni postaram się dostarczyć mu wszystko.

Następnego dnia była sobota, w tamtych czasach normalny dzień pracy. Cieszyłem się bardzo, że ukazało się moje ogłoszenie. Przed siódmą rano wyskoczyłem nawet do kiosku i przyniosłem gazetę. Gdy koło dziesiątej zasiadaliśmy z Bronkiem do śniadania, zadzwonił telefon. „W sprawie ogłoszenia", usłyszałem i cały zamieniłem się w słuch. W słuchawce ktoś mówił, że ma do sprzedania dwuosobowe volvo na chodzie z 1942 roku. Chciał dziewięć tysięcy. Od razu pomyślałem o dzisiejszym transporcie. Na moje pytanie, czy auto ma bagażnik, otrzymałem odpowiedź, że ogromny. Ostatecznie umówiliśmy się bardzo blisko mojego domu o jedenastej piętnaście. Miałem czekać na rogu w żółtym szaliku. Poprosiłem Bronka, żeby o pierwszej trzydzieści był na stanowisku, i biorąc forsę oraz jeden egzemplarz uprzednio przygotowanej umowy, podniecony, w żółtym szaliku, tylnym sekretnym tarasowym wyjściem opuściłem dom. O volvo wiedziałem tylko tyle, że są to solidne, dosyć tradycyjne samochody produkcji szwedzkiej, nie miałem jednak bliższego rozeznania, jak wyglądają. Kiedy stałem w żółtym szaliku na rogu, coś zawarczało i zatrzymał się koło mnie mały dostawczy trójkołowiec. Kierowca wyłączył silnik, wysiadł, podszedł do mnie i powiedział, że to właśnie on jest z ogłoszenia. Miał na sobie skórzaną pilotkę i długą obcisłą skórzaną kurtkę, do tego dziwne buty, bo niby oficerki, ale na całej swojej długości sznurowane, ponadto dwa palce lewej ręki, średni i serdeczny, miał usztywnione na wąskiej cienkiej deseczce i zabandażowane. Wyglądał trochę jak Charles Lindbergh, a trochę jak generał Maczek, którego twarzy nigdy w życiu nie widziałem, ale którego wizerunek istniejący w mojej wyobraźni częściowo pokrywał się z wyglądem właściciela volvo. Jak zaczarowany patrzyłem na niego i na pojazd, który wyglądał jeszcze dziwniej. Przede wszystkim auto miało trzy koła. Nie to, żeby mój klient, jadąc do mnie i śpiesząc się, jedno zgubił. Nie, trzy koła to było wstępne zamierzenie sztabu szwedzkich konstruktorów, twórców tego modelu. Z tyłu były normalne dwa koła, z przodu zaś, na samym środku, usytuowane było koło pojedyncze, dość dziwne, bo sprzężone z niedużym silnikiem, jakby motocyklowym. Dokładnie z lewej strony tego koła znajdowała się metalowa obudowa łańcucha, którym było napędzane. Kabina bardzo mała, powiedziałbym, że dla krasnoludków lub dla dzieci, a do tego jeszcze zwężająca się do dołu, tak że nie było tam prawie wcale miejsca na normalnej wielkości stopy. Szwedzcy konstruktorzy za wzór wzięli sobie zapewne osiemnastowieczną francuską lektykę lub jakąś dziwną, zdegenerowaną, angielską lub chińską bryczkę z tego samego okresu. Z przodu płaska szyba z jedną wycieraczką na samym środku, wewnątrz olbrzymia kierownica. Reszta przyrządów niepodobna do przyrządów jakiegokolwiek znanego mi auta. Zachwalany przez właściciela duży bagażnik okazał się normalną paką, taką, jakie mają ciężarówki, tylko oczywiście mniejszą. Paka była kryta brezentem, na podobieństwo wozów amerykańskich pionierów, którzy opędzając się od Indian, ponad sto lat temu, kierowani gorączką złota, nie bacząc na żadne przeszkody, przemierzali kontynent, kierując się w stronę Kalifornii. Stwierdziłem, że będzie to idealny pojazd do przewozu korka, oczywiście do jednorazowego przewozu. Ponieważ zaczął lać silny deszcz, wsiedliśmy do kabiny. Tam oświadczyłem, że jestem zainteresowany i przedstawiłem swoje warunki, pokazując blankiet umowy i gotówkę. Po krótkim zastanowieniu właściciel wyraził zgodę, oświadczając jednocześnie, że najpierw musi odwieźć się do domu. Mieliśmy pojechać razem i po drodze zamierzał pokazać mi i wyjaśnić, w jaki sposób najlepiej prowadzić ten pojazd, „bo tu, jak zapewne pan zauważył, wszystko jest trochę inaczej niż w normalnym aucie". Pokazałem mu moje prawo jazdy, podpisaliśmy umowę, dałem mu cztery i pół tysiąca, a on mi dokumenty wozu. Powiedziałem, że najpóźniej do piątej będę z powrotem i żeby czekał na mnie w domu. Mieszkał potwornie daleko, nawet trudno to było nazwać peryferiami miasta, były to raczej jego okolice. Od końcowej pętli tramwaju, mijając usytuowany po lewej stronie biały budynek Polskiego Radia, długo jechało się drogą pomiędzy jakimiś wojskowymi poligonami, potem odbijało się w lewo i wjeżdżało do małej miejscowości. Trzeba było ją całą przejechać, znowu jechać ze trzy kilometry jakąś drogą i ukazywała się następna miejscowość, gdzie siódmy dom po lewej należał do niego. Drogę tę, do tej pierwszej małej miejscowości, znałem świetnie. W liceum mieliśmy w niższej o rok klasie koleżankę. Była to piękna dziewczyna i nikomu z naszego towarzystwa nie oszczędzała swoich wdzięków. Wszyscy bardzo ją kochaliśmy i zawsze, choć to tak daleko, któryś z nas odprowadzał ją do domu. Inne dziewczyny jej nienawidziły. Teraz, jadąc, mieliśmy dużo czasu, w którym to Lindbergh-Maczek zdążył mnie wtajemniczyć we wszystkie tajniki skutecznego operowania tym dziwnym pojazdem, tak że jadąc z powrotem, nie miałem z nim właściwie żadnych problemów. Oczywiście auto prowadziło się trochę dziwnie, nie miało ono za dużej mocy, a gdy przeskakiwało większe kałuże, w podłodze wybuchało coś w rodzaju gejzeru, tak że nogi miałem lekko pochlapane błotem. Gdy znalazłem się w okolicy uniwersytetu, zaparkowałem bardzo blisko statui korporanta, sławnego dzięki temu, że od czasu do czasu jacyś dowcipnisie ku oburzeniu okolicznych mieszkańców i partyjnych władz uniwersyteckich na jego spiżowego siusiaczka pod osłoną nocy zakładali prezerwatywę.

Trójkołowiec starannie zamknąłem na kluczyk, a w monopolowym kupiłem jeszcze po drodze dwie półlitrówki. Obawiałem się tylko, żeby jakiś figlarz dla dowcipu nie napaskudził mi pod plandeką. U Wani byłem za dwadzieścia pierwsza. Chyba przez to tempo, które od samego rana sobie narzuciłem, udało mi się tego dnia wypatroszyć aż piętnaście skrzynek. Żadnych książek nie miałem ani czasu, ani siły już brać, a wychodząc, powiedziałem Wani, że kilka odłożyłem i jutro zabiorę. Wania jak zawsze miał być w tych samych godzinach. Poszedłem po auto, bez problemów uruchomiłem silnik i odjechałem. Zatrzymałem się naprzeciw mostu. Zatrąbiłem krótko, ale nie zrobiło to na Bronku żadnego wrażenia. Kiedy zatrąbiłem trzy razy i zorientował się, że to ja siedzę za kierownicą, dostał takiego ataku śmiechu, że mało brakowało, a wpadłby do kanału, co przy tej pogodzie nie byłoby najrozsądniejsze. Załadowaliśmy wszystko elegancko na pakę, Bronka odwiozłem po drodze do domu, a towar dostarczyłem nowobogackiemu, inkasując tego dnia czterdzieści pięć tysięcy. Potem odwiozłem pojazd, przepraszając, że jednak nie jestem zainteresowany. W formie rekompensaty z tych czterech i pół

tysiąca, które mi Lindbergh-Maczek z kwaśną miną zwrócił, dałem mu stówę, niby za benzynę, która została przy
tej okazji zużyta, chociaż obaj świetnie wiedzieliśmy, że
uwzględniając bardzo mały i bardzo słaby silnik pojazdu,
nie spaliłem jej nawet za trzy złote. Odwiózł mnie w za-
mian na to samo miejsce, gdzie w żółtym szaliku wsiadłem
o jedenastej piętnaście rano.

Wieczorem telefon rozdzwonił się na dobre, oferowano mi rozmaite samochody, przeważnie przedwojenne.
Wszystko skrzętnie notowałem, łącznie z numerami telefonów i adresami oferentów. Na jutro rano umówiłem się
w sprawie opla adama rocznik 1938. Kosztował piętnaście
tysięcy, ale sprzedający dodawał jeszcze mnóstwo części
i prawie nowy zapasowy silnik. Odbierałem telefony do
północy i miałem do wyboru trzydzieści siedem aut, z czego do dwudziestu czterech właścicieli miałem numer telefonu. Ceny były najrozmaitsze, od sześciu tysięcy za dekawkę z 1936 do trzydziestu sześciu tysięcy za mercedesa
z tego samego roku. Były poza tym różne skody, hano-
mag, citroen, bmw, tatra boxer z 1929, panhard, lancia,
ford, volkswagen, wanderer, fiat topolino, renault, adler,
simca, hansa, austin, peugeot, a nawet dwuosobowa sportowa alfa romeo rocznik 1924 z odkrytym dachem. Wyty-
powany przeze mnie na niedzielę opel okazał się niezły.
Był czterodrzwiowy i miał sporo miejsca, nie mówiąc już
o dużym, w miarę pustym bagażniku. Bez problemu za
jednym kursem przewiozłem korki z piętnastu skrzynek.
I tak zresztą postanowiłem pracować codziennie i codziennie inkasować czterdzieści pięć tysięcy. Na poniedziałek miałem umówioną dekawkę. Bardzo śmieszne to
było auto, dwutaktowy, dwucylindrowy silnik, karoseria
z jakiejś dykty, a zmiana biegów za pomocą klamki umiesz-

czonej w desce rozdzielczej. Niestety bagażnik nie był otwierany z zewnątrz i jedyne dojście do niego prowadziło przez opuszczane oparcie tylnej kanapy. Potwornie niewygodne, musiałem kursować dwa razy. Znowu czterdzieści pięć tysięcy i znowu żadnego wezwania w terminie EXTRA. Wtorek, olbrzymia odkrywana tatra boxer z 1929, żadnych problemów i znowu czterdzieści pięć tysięcy. Następny dzień, środa, duży sześciocylindrowy, czterodrzwiowy wanderer autounion, rewelacja, i czterdzieści pięć tysięcy. Mimo że zawsze kochałem samochody i miałem dużą przyjemność, zmieniając je codziennie jak rękawiczki, zdecydowanie stwierdziłem, że jakkolwiek by patrzeć, do przewozu korka najlepiej nadawało się jednak to pierwsze prześmieszne trzykołowe volvo.

Czwartek rano, telefon. Mecenas Zając, w dalszym ciągu tytułując mnie swoim dobroczyńcą i deklarując swoją dozgonną wdzięczność, zaprosił mnie z Bronkiem na kolację do restauracji w swoim hotelu na jutro, czyli na piątek, o godzinie siódmej. Zaproszenie zostało przez nas przyjęte z zadowoleniem. Tego dnia jeździłem wielką skodą, też żadnych problemów i też czterdzieści pięć tysięcy. Na piątek rano miałem umówionego mercedesa, najdroższego na mojej liście. Już zupełnie przestałem się podniecać tymi wezwaniami w terminie EXTRA. Pieniędzy miałem tyle, że mogłem zorganizować i opłacić kilkuosobową wycieczkę na Zachód. Ale mimo tych pieniędzy dla zasady postanowiłem wyeksploatować kacapów do końca, do ostatniego arkusza korka. Tego dnia Wania oświadczył mi z dumą, pokazując komandirowkę, że na cztery dni wyjeżdża do swojej macierzystej jednostki, żeby odbyć kwartalne ostre strzelanie, i z powrotem będzie w środę rano, tak że zaprasza w normalnych godzinach.

Właściciel mercedesa nie umówił się jak wszyscy, że podjedzie, tylko zaprosił mnie do siebie. Mieszkał stosunkowo niedaleko, chyba trzy ulice od mojego tarasowego wyjścia przez ogrody i gruzy. Kiedy punktualnie o dziesiątej trzydzieści zjawiłem się u niego, on w granatowym aksamitnym szlafroku kończył właśnie śniadanie. Mieszkanie było duże. Moją uwagę zwrócił piękny, olbrzymi perski dywan w największym pokoju, który nie dość że pokrywał całą podłogę, to jeszcze zachodził na ścianę, sięgając samego sufitu. W jednym kącie na poustawianych drewnianych skrzyniach walało się w bezładzie mnóstwo starej porcelany i jakichś sreber, pod inną ścianą opartych było, jedne na drugich, kilka starych portretów bez ram, a kilka ponadto wisiało na ścianach. W szerokich drzwiach wejściowych do tego pokoju stał kołami do góry, ustawiony na poplamionym smarami kocu z Unry, duży czerwony motocykl indian, naokoło którego porozrzucane były różne narzędzia, klucze i jakieś części. Gdy podaliśmy sobie ręce i przedstawiłem się, on również powiedział swoje nazwisko, „Czechowski", po czym zmierzywszy mnie od stóp do głów, dodał: „Hrabia Czechowski". Przeprosił, że musi skończyć śniadanie, i nalewając mi kawy, posadził mnie naprzeciw siebie na szczycie dosyć długiego stołu nad niedokończonym pasjansem. Musiał być ponad dwa razy starszy ode mnie. Przystojna, rasowa twarz, którą znałem z widzenia. Kiedyś w środku nocy zatelefonował mój serdeczny przyjaciel, niepoprawny hazardzista Henio Kozakiewicz. Henio przeprosił mnie bardzo i zapytał, czy nie mam przypadkiem w domu trzech tysięcy. Kiedy powiedziałem mu, że przypadkiem mam, poprosił, żeby mu je zaraz dostarczyć, bo sprawa jest bardzo poważna. Nie było rady, był moim przyjacielem i w środku nocy musiałem z gotówką dymać pod wskazany przez niego adres, z podanym przez niego skomplikowanym hasłem, które sprawiło, że wpuszczono mnie do środka. Była to stojąca w centrum, cudem ocalała kamienica. Gdy wreszcie otworzono mi drzwi, zobaczyłem klasyczną jaskinię hazardu, który w budującym socjalizm kraju był surowo zakazany i jeszcze surowiej karany, i ograniczał się tylko do tego, że w klubach robotniczych lub w świetlicach dworcowych można se było pograć w „szczachy" lub „w arcaby". Tu w pełnym tytoniowego dymu, bardzo dużym pomieszczeniu zobaczyłem ponad trzydziestu dżentelmenów i kilka dam. Nielegalnie kręcono tu ruletkę, a przy trzech stolikach odchodził również nielegalny poker. Byłem tam krócej niż minutę, bo zaraz doskoczył Henio i ogolocił mnie z pieniędzy, po czym wyszedłem. Ale Czechowskiego, hrabiego Czechowskiego, świetnie stamtąd zapamiętałem. Z pokerową twarzą siedział przy pokerowym stoliku. Teraz hrabia, skończywszy śniadanie, szybko się ubrał i wyszliśmy do auta. Prezentował się, jakby wyruszał na polowanie. Po drodze zapytał mnie, czy przypadkiem nie jestem synem Stefana, który koło Grudziądza posiadał majątek Danków. Odparłem, że Stefan był moim stryjem, natomiast my przed wojną przez jakiś czas dzierżawiliśmy od państwa majątek ziemski Szczyglice w Sochaczewskiem. „To był wesoły człowiek, ten pana stryj", zamyślił się hrabia. Kiedyś wszyscy w okolicy opowiadali, jak to na jakieś przyjęcie jechał bryczką wieziony przez swojego stangreta. Ktoś jeszcze z nim jechał i właśnie ten ktoś był świadkiem tego zdarzenia. Zawsze bardzo elegancki Stefan ubrany był w smoking i nieco przyciasne lakierki. W pewnej chwili kazał stangretowi zatrzymać pojazd, wysiąść i ku jego wielkiemu zdumieniu włożyć te nieszczęsne lakierki. Kiedy ów człowiek wykonał polecenie, Stefan kazał mu się mocno uczepić tyłu bryczki, a sam usiadł na jego miejscu na koźle i podciął konie batem. Bryczka popędziła z szaloną szybkością wraz z biegnącym, wczepionym w jej tył stangretem. Po jakichś dwu kilometrach Stefan zatrzymał się w końcu i zapytał zziajanego, spoconego biegacza: „No i jak?". „Bardzo ciężko, panie", odparł stangret. „No to teraz sam widzisz, bracie, jak panom jest czasem ciężko" – i dał mu dwie srebrne pięciozłotówki. „A co teraz porabia pański stryj?", zapytał hrabia. „Mój stryj nie żyje", odpowiedziałem. Jakieś dwa lata po wojnie jechał gdzieś na zachodzie kraju samochodem, wiózł jeszcze dwóch swoich pracowników. W nocy, kiedy przejeżdżali przez jakiś las, zostali zatrzymani przez sowiecki patrol. Sowietom spodobało się auto stryja, był to francuski sportowy delahaye, i chcieli mu je zarekwirować. W czasie szamotania się i ostrej wymiany zdań stryj został na miejscu zabity strzałem w tył głowy. Jeszcze przez kilka tygodni ten delahaye z kacapami za kierownicą straszył po okolicznych szosach, ale niestety w tych czasach Sowietom jako wyzwolicielom przysługiwała całkowita bezkarność i winnych nie sposób było ukarać. Pracownikom udało się uciec, mimo że puścili za nimi kilka serii. Nad ranem przybiegli prosto do cioci Halinki. „Tak, pamiętam, to piękna kobieta", wtrącił Czechowski. Doszliśmy do samochodu, był rewelacyjny. Duży, niski, czterodrzwiowy, z osobnym sporym bagażnikiem, śmiesznie przylegającym do niezbyt aerodynamicznej karoserii, wyglądającym trochę jak stary podróżny kufer. Długi, sześciocylindrowy rzędowy silnik i chyba dwa gaźniki. Duże koła na szprychach plus dwa zapasowe, umieszczone po obu bokach na przedłużeniu długich przednich błotników. Wszystkie opony w bardzo dobrym stanie. Deska rozdzielcza i niektóre wewnętrzne fragmenty drzwi wyłożone jakimś szlachetnym drewnem. Radio BLAUPUNKT, a nad popielniczką niepozorna, ale bardzo fachowo wycięta z grubej aluminiowej blachy palma z pięcioma gałęziami, emblemat Afrika Korps. Fotele skórzane, lecz skóra zupełnie niewidoczna, pokryta pokrowcami uszytymi z taniego szarego koca. Wręczyłem Czechowskiemu osiemnaście tysięcy, podpisaliśmy, co było trzeba, i dwadzieścia po dwunastej, parkując jak zawsze w okolicy placyku koło uniwersytetu, byłem u Wani. Znowu piętnaście skrzynek i znowu czterdzieści pięć tysięcy od nowobogackiego. Kiedy odwiozłem auto do hrabiego, dyplomatycznie kłamiąc, że jest mi przykro, ale trochę się przeliczyłem z pieniędzmi i trochę nie stać mnie teraz na tak duży wydatek, lekko rozczarowany Czechowski powiedział, że on też się trochę przeliczył i będąc pewien, że ja jednak to auto kupię, wydał na jakieś ważne sprawy prawie całą otrzymaną ode mnie zaliczkę i chwilowo w żaden sposób nie może mi jej oddać. Ale uspokoił mnie, żebym się nie martwił i przez kilka dni spokojnie jeździł jego samochodem, a on najdalej za tydzień zwróci mi te nieszczęsne osiemnaście tysięcy i odbierze mercedesa. Sytuacja ta bardzo mi odpowiadała.

Korka, którego nowe złoża ciągle odnajdywałem w sowieckim magazynie, przy normalnej eksploatacji powinno wystarczyć jeszcze na jakiś tydzień albo i dłużej, a mając na stałe auto, nie musiałem każdego dnia powtarzać nerwowych i stresujących operacji kupna samochodu. Póki co miałem cztery dni wolnego, wspaniałego mercedesa, a o siódmej kolację w hotelowej restauracji, najlepszej restauracji w mieście, z mecenasem Zającem i Bronkiem. Mieliśmy dużo czasu, więc zdążyłem jeszcze godzinę popływać, a Bronek porządnie się zrelaksować. Kiedy po basenie przyszedłem do domu, Bronek oświadczył mi, że niestety na te cztery wolne dni musi pojechać do siebie – pociąg ma przed północą – ale solennie mi przyrzekł, że w środę rano będzie z powrotem. Na kolację ubrałem błyszczący ciemnoniebieski dwurzędowy garnitur z szeroką klapą i wąskimi spodniami, białą koszulę, bardzo kolorowy szeroki krawat w stylu Leona vel Lio, kolorowe skarpetki i czarne półbuty STACY ADAMS. Wyglądałem i czułem się jak Fred Astaire skrzyżowany oczywiście z Humphreyem Bogartem. Ponieważ tego dnia było koszmarnie wilgotno i zimno, mimo że jechaliśmy samochodem, ubrałem ciemny dwurzędowy płaszcz z wielbłądziej wełny w kolorze morskim i obowiązkowo pomarańczowo-żółty szalik. Bronka, który miał tylko to, w czym przyjechał, ubrałem w beżowy kaszmirowy golf, grubą, wełnianą klubową granatową marynarkę ze złotymi guzikami, spodnie khaki i ciemnobrązowe półbuty na słoninie, do tego jeszcze granatowy gabardynowy płaszcz z ciepłą podszewką z misia, z paskiem i wielkim jasnym kołnierzem z futra młodej foki. Ponieważ Bronek był niższy ode mnie o zaledwie półtora centymetra, garderoba leżała na nim, jakby była na niego uszyta. Nie muszę chyba dodawać, że wszystko, co mieliśmy na sobie, było MADE IN USA. Prezentowaliśmy się nie najgorzej. Kiedy weszliśmy, kupiec wenecki siedział już przy stoliku. Miał tę samą samodziałową marynarkę co przed tygodniem, świeżą jasnoniebieską koszulę z wełnianym krawatem w kolorze tak jaskrawo zielonym, że robił wrażenie, jakby adwokat urwał się prosto z parady świętego Patryka w Filadelfii, Chicago czy Nowym Jorku. Widać było, że kupił nowe, bardzo szerokie szare spodnie i co najważniejsze – nowe czarne buty produkcji krajowej i szarobure skarpetki. Wyglądał w tym wszystkim co najmniej jak chiński gajowy. Na pytanie, jak interesy, odparł, że uczestniczy w ohydnej sprawie, w której najprawdopodobniej jutro zapadnie wyrok, i zaraz, w przeciwieństwie do oskarżonego, wraca do domu. Dalej mówił, że jest szczęśliwy, mogąc zjeść kolację z normalnymi, przyzwoitymi ludźmi, bo ci, z którymi ma tu kontakty służbowe, to wszyscy bez wyjątku szubrawcy – i w tej paskudnej sytuacji, w jakiej znalazł się przed tygodniem na dworcu, nikt z nich by mu na pewno bezinteresownie nie pomógł, przeciwnie, każdy z nich starałby się ze swojej wrodzonej podłości jeszcze mu dopierdolić. Dodał jeszcze, że ma tylko jedną wielką prośbę, by jakkolwiek będzie się rozwijał wieczór, absolutnie wyrzucić go o dziesiątej, bo jutro musi być wypoczęty i sprawny umysłowo. Mimo soboty czekał go w związku z toczącym się procesem wyjątkowo ciężki dzień, a zależało mu, aby stanąć na wysokości zadania, bo rozważał możliwość przeniesienia się do tego miasta. Kiedy przyszedł kelner, uświadomiłem sobie, że oprócz lekkiego śniadania nie jadłem dzisiaj nic, bo cały czas byłem potwornie zajęty. Miałem lekki sygnał głodu, gdy wychodziłem z basenu, ale w nawale innych obowiązków po prostu przestałem o tym myśleć. A teraz zamówiłem potrójnego tatara, zupę rakową, sandacza z wody w jarzynach i butelkę białego wina. Pozostali zamówili po podwójnym linie w galarecie, adwokat krem ze szparagów i olbrzymią golonkę, a Bronek barszcz z pasztecikiem i pieczonego indyka z nadzieniem. Wzięli jeszcze pół litra zamrożonej czystej wódki, jakieś piwa i na koniec kawę, likiery i lody. Wszyscy byliśmy tak zmęczeni i głodni, że rozmowa zupełnie się nie kleiła. Adwokat mówił bez przerwy, jakie to wielkie dobrodziejstwo wyrządziłem mu przed tygodniem, na co ja, żartując, odparłem, że nigdy bym tego nie zrobił, gdybym przypuszczał, że przez cały wieczór będzie to jedyny temat naszej konwersacji.

Restauracja hotelowa była wielka. Składała się z kilku połączonych ze sobą sal i salek. Pod względem architektury reprezentowała styl późnego art deco połączony z wczesnym socrealizmem. Jeśli chodzi o prestiż, lokal ten miał bardzo mocną pozycję, ponieważ hotel, w którym się znajdował, jako jedyny w województwie przyjmował przyjeżdżających w tym czasie, bardzo nielicznych zresztą, cudzoziemców, więc uwzględniając wszechobecną ruską szpiegomanię, wszystko tu musiało być pod czujną kontrolą. W hotelu tym wszędzie zainstalowane były różnego rodzaju podsłuchy, a całą obsługę, od babci klozetowej po kierownika sali, stanowili na pewno specjalnie przeszkoleni funkcjonariusze służb bezpieczeństwa. Mimo wszystko kuchnia była tam świetna i spośród kilkunastu najbardziej liczących się w mieście lokali ten znajdował się na drugim miejscu, pierwsze bowiem należało zawsze do usytuowanej trochę poza centrum prywatnej małej restauracji okolonej zielenią. Ponieważ o ósmej miał się zacząć dancing, sale stosunkowo szybko się zapełniały. W taki wieczór, kiedy grała orkiestra i kiedy tańczono, w większości restauracji obowiązywało tak zwane KONSUMPCYJNE, czyli każdy wchodzący gość zobowiązany był przy stojącym tuż koło wejścia małym stoliku zapłacić ustaloną sumę, za którą dostawał bon. Suma ta wahała się od trzydziestu do stu złotych, w zależności od klasy lokalu. Bon ten używany był potem jak normalna gotówka przy płaceniu rachunku kelnerowi, a restauracja miała gwarancję, że nikt na krzywego ryja nie spędzi całego wieczoru, tańcząc i blokując atrakcyjny stolik przy butelce wody sodowej za złoty pięćdziesiąt. Adwokat, który przyszedł wcześniej, nie mając zbyt dużego wielkomiejskiego doświadczenia, a pragnąc maksymalnie nas usatysfakcjonować, kupił trzy bony konsumpcyjne: dwa dla nas, bo nas zaprosił, i jeden, mimo że jako gość hotelowy zwolniony był z tego obowiązku, dla siebie. Ja, wchodząc z Bronkiem, kupiłem dwa. W sumie mieliśmy do przejedzenia i przepicia bonów na sumę pięciuset złotych, co na trzy osoby było o wiele za dużo. Jedno trzeba było przyznać: adwokat wybrał idealny stolik w głównej sali, przy samym parkiecie, z widokiem na wejście i przyległy do sali bar, jak również z wglądem do dwóch znajdujących się po obu stronach sal, nie mówiąc już o orkiestrze, którą mieliśmy jak na dłoni, a która właśnie przygotowywała się do odegrania pierwszych trzech kawałków.

Liderem tego zespołu był rodowity Włoch, niejaki Alfredo. W tym miejscu muszę dodać, że w owym czasie stosunkowo duża liczba tajemniczych i podejrzanych typów z zagranicy z bliżej nieznanych mi powodów korzystała z azylu w różnych komunistycznych krajach, ubarwiając trochę beznadziejną, szarą i wsiową atmosferę panującą w tutejszych miastach. Prawdopodobnie byli to w większości częściowo lub całkowicie zdemaskowani sowieccy szpiedzy lub agenci Kominternu, którym nagle w rozwijających się po wojnie demokratycznych państwach po prostu zaczął palić się grunt pod nogami i musieli na gwałt szukać schronienia u swych mocodawców i ich satelitów. Prowadzony przez Alfreda zespół nie grał muzyki najwyższych lotów, ot, taki typowy knajpiany septet czy oktet. Piano plus sekcja, do tego jeszcze dwa saksofony, alt i tenor, i dwie trąbki. Na jednej z nich grał właśnie Alfredo, a sztukę tę posiadł jako młody chłopak, służąc podobno, co stale do znudzenia opowiadał, w trzecim regimencie Bersaglieri Ariete Brigade w Mediolanie, a przez jakiś czas nawet w Abisynii. Czasem dochodziła jeszcze, jako zupełna nowość, domowej roboty elektryczna gitara z solówkami lub akordeon. Grali swingowe hity, ale szło im to opornie, bo Alfredo, cały czas próbując bezskutecznie grać Harrym Jamesem, na dodatek narzucał zespołowi rzewną włoską nadmelodyjność, tak że całość, bez względu na to, jaki grali utwór, mocno pachniała kiczowatymi neapolitańskimi pieśniami. Alfredo był pewnym siebie, mocno zbudowanym kurduplem o zdecydowanie męskiej śródziemnomorskiej urodzie, bardzo w tym czasie modnej dzięki inwazji włoskiego neorealistycznego kina, gdzie na dziesięciu amantów co najmniej ośmiu wyglądało dokładnie tak samo jak Alfredo. Chociaż miał tylko trzydzieści pięć lat, Alfredo był już starym świntuchem. Dzięki niewątpliwej urodzie i dosyć wysokiej pozycji towarzyskiej w eleganckich sferach cieszył się wielkim powodzeniem u kobiet i bez przerwy zmieniał partnerki, z którymi odbywał rozmaite seksualne eksperymenty. Te eksperymenty zawsze w końcu prowadziły do jednego, do czego Alfredo przez cały czas najrozmaitszymi sposobami uporczywie i nawet podstępnie dążył. Jak mówiły plotki, jedyną erotyczno-łóżkową satysfakcję miał nieszczęsny Alfredo wtedy, gdy siedząca na nim okrakiem dama wypróżniła się na jego szerokiej włochatej piersi. Alfredo zawsze bez wielkiego problemu mógł sobie coś takiego zaaranżować z doświadczoną zawodową prostytutką, ale jego to nie interesowało, jego interesowały przede wszystkim tak zwane porządne kobiety, z którymi takie figle wymagały nie lada psychologicznego kunsztu. Nierzadko, żeby osiągnąć swój upragniony cel, Alfredo nieuczciwie uciekał się nawet do środków farmakologicznych. W odpowiednim momencie podsuwał szczęśliwej wybrance pyszne, działające z natychmiastowym skutkiem przeczyszczające czekoladki, sprowadzane z dalekiej słonecznej Italii, które zawsze nosił przy sobie. Po takim fakcie Alfredo z powodzeniem wywoływał u sprawczyni ciężkie poczucie winy, chytrze tłumacząc, że ten nieprzyjemny i nieprzewidziany incydencik, zapewne wywołany jej chwilową niedyspozycją żołądkową lub emocjami, nie ma żadnego wpływu na jego wielkie uczucie i nawet w pewnym sensie, po tym wszystkim, czuje się teraz znacznie bardziej z nią związany. A to, co się stało, niech pozostanie ich słodką tajemnicą.

Mimo że sala bardzo szybko się zapełniała, dwa stoliki dalej nikt nie siedział i wśród przygotowanej pełnej zastawy widniała bardzo duża i bardzo czytelna informacja: STOLIK ZAREZERWOWANY. Stale indagowani na ten temat kelnerzy odpowiadali, że ten ośmioosobowy stolik czeka na jakąś zagraniczną delegację, która niebawem przybędzie. Gdy kierownik sali pojawił się z miniaturową chorągiewką, którą z bardzo ważną miną precyzyjnie i z pietyzmem ustawił na środku stolika pośród nakrytych już talerzy i kieliszków, powiało atmosferą wielkiego, eleganckiego świata. Nikt z gości nie był jednak w stanie określić, jakie państwo symbolizuje ta flaga. W końcu delegacja pojawiła się. Szli godnie przez środek parkietu, bo chwilowo orkiestra nie grała, a gdy zasiedli do stołu, okazało się, że to trzech Bułgarów, trzech lokalnych towarzyszy oraz dwie lokalne towarzyszki. Towarzysze bułgarscy byli łatwo rozpoznawalni. Wszyscy trzej mieli identyczne, bardzo dziwnie skrojone czarne garnitury z charakterystyczną szarą nitką, typową dla materiałów typu tenis. Dziwny krój polegał na tym, że przy dosyć krótkiej i opiętej marynareczce spodnie, mimo że na samym dole nogawki były bardzo wąskie, wyżej rozszerzały się gwałtownie, tworząc coś na kształt śmiesznych janczarskich szarawarów. Ponadto wszyscy mieli identyczne jasnożółte półbuty z lekko zadartymi szpiczastymi noskami, chyba o tym samym numerze, bo wyglądały jak kupowane na wyrost. Różnili się tylko koszulami, jeden miał zwykłą białą, zapiętą pod szyją, bez krawata, drugi białą z kołnierzykiem w formie stójki, trzeci taką samą, tyle że gors był wyszywany w jakiś ludowy, prawdopodobnie bułgarski wzorek. Lokalni towarzysze strojem i pszenno-buraczaną urodą nie odbiegali od standardu aparatczyka średniego szczebla partyjnego, lokalne towarzyszki zaś, również fatalnie ubrane, w spódniczkach i białych bluzeczkach, w koszmarnych butach, z bezbarwnymi, tłustymi, źle uczesanymi włosami, też na pewno nie stanowiły ozdoby stołu. Ponadto Bułgarzy poobwieszani byli najróżniejszymi medalami i odznakami, w których na przemian dominowały motywy czerwonej gwiazdy, sierpa i młota lub obu naraz. Mimo że jeden z lokalnych towarzyszy miał być tłumaczem, rozmowy i toasty odbywały się przeważnie w języku rosyjskim, który w wykonaniu tego całego towarzystwa na pewno nie był językiem Lermontowa, Tołstoja lub Puszkina, ale najważniejsze, że wszyscy świetnie się rozumieli. Dochodziła dziewiąta, kiedy byliśmy już przy deserach. Rozmowa dalej za bardzo się nie kleiła, ale jak to na dancingu, każde wypowiadane słowo zagłuszane było przez znajdującą się w pobliżu orkiestrę, a ponadto od międzynarodowego stolika dochodził do nas coraz głośniejszy bełkot, wrzaski, a nawet śpiewy. Co chwilę wznoszono jakiś toast. Nikt nie był specjalnie zainteresowany jedzeniem, natomiast alkohol lał się tam strumieniami, a kelner non stop donosił i otwierał kolejne półlitrówki. W przeciwieństwie do lokalnych towarzyszy, którzy szli na całość, towarzysze bułgarscy byli w piciu, powiedziałbym, trochę bardziej powściągliwi. Od czasu do czasu któraś z lokalnych towarzyszek z nieukrywanym zadowoleniem szła poproszona przez któregoś z bułgarskich towarzyszy na parkiet. Każdy taki taniec, niezależnie, czy grano tango, fokstrota, slowfoksa czy walca, w wykonaniu towarzyszy bułgarskich zawsze był rodzajem zupełnie nieodpowiedzialnego pasterskiego plą- su, a obracane na wszystkie strony towarzyszki schodziły z parkietu szczęśliwe, ale i nieźle wymaglowane, co najle- piej widać było po dużych plamach potu pod pachami na ich partyjnych nylonowych białych bluzeczkach. Mieli- śmy nawet całkiem niezły spektakl, który na dobrą spra- wę dopiero się zaczynał.

Kiedy spojrzałem w stronę baru, miałem wrażenie, że zobaczyłem tam pewną znaną mi osobę, niestety z powo- du nastrojowego półmroku trudno było cokolwiek doj- rzeć. Postanowiłem jednak to sprawdzić, bo gdybym miał rację, moje plany na dzisiejszy wieczór diametralnie by się zmieniły. Tymczasem przy międzynarodowym stoliku je- den z lokalnych towarzyszy, z wyglądu najmłodszy, prze- chodził, jak by to najlepiej określić, rodzaj kryzysu. Twarz mu na przemian to czerwieniała, to znów bladła. Nie- zbornym ruchem rozluźnił sobie czerwony krawat i roz- piął parę górnych guzików koszuli. Nagle desperacko wstał i mając zamiar opuścić salę, energicznie ruszył do przodu. Niestety, po pięciu krokach nogi się pod nim ugię- ły i z tępą, nieobecną miną wylądował na kolanach, pod- pierając się, jak jakiś czworonóg, rękami o parkiet. Cały stolik rzucił mu się na pomoc, chcąc możliwie dyskretnie sprawę opanować. W ramach internacjonalnej proletariac- kiej współpracy jeden z lokalnych towarzyszy wraz z jed- nym z towarzyszy bułgarskich silnie wzięli delikwenta pod ramiona, aby zaprowadzić go do odległej toalety. Deli- kwent chwilowo stracił władzę w kończynach dolnych, tak że towarzysze ciągnęli go z ugiętymi nogami przez parkiet i całą salę. Widać było, że bardzo intensywnie przełyka ślinę, a z lewej dziurki od nosa beztrosko zwisał mu co najmniej kilkucentymetrowy, bladozielony, błyszczący, pulsujący glut. Przy międzynarodowym stoliku zostało teraz dwóch towarzyszy bułgarskich, jeden towarzysz lokalny oraz dwie towarzyszki, również lokalne. Tymczasem ja poszedłem sprawdzić, co się dzieje w barze. Tak, nie myliłem się, na samym końcu nad skromnym drinkiem siedział Sokal. Kiedy serdecznie się z nim przywitałem, powiedział, że właśnie przed chwilą przyjechał i że za moment udaje się do chłopców. No to zaraz się zobaczymy. Wróciłem do naszego stolika. Ponieważ zbliżała się dziesiąta, rozsądny adwokat Zając, mający jutro rzeczywiście ciężki dzień, stale jeszcze dziękując za wyświadczoną mu przysługę i wręczając swój adres i numer telefonu, powoli się z nami żegnał. Przy międzynarodowym stoliku ruch był niesamowity. Tu dancing trwa w najlepsze, a tam stale ktoś wybiega, ktoś przybiega. Między stolikiem a toaletami utworzyło się coś w rodzaju mostu, jak pomiędzy, jeszcze nie tak dawno temu zablokowanym przez Sowietów, Berlinem Zachodnim a resztą Niemiec okupowanych przez aliantów. Dałem Bronkowi na drogę dwadzieścia tysięcy i powiedziałem, żeby pojechał w ciuchach, które ma teraz na sobie, ponieważ daję mu je na zawsze. Bardzo mu to odpowiadało. Gdy już ostatecznie wychodziłem, w wyłożonej karminowym aksamitem wnęce, w sąsiedztwie automatu telefonicznego, pomiędzy recepcją a hotelową windą, zauważyłem lekko pijanego towarzysza bułgarskiego, tego z wyszywaną koszulą, który ze znawstwem bałkańskiego kozodoja próbował za wszelką cenę dobrać się do niezbyt ponętnych partyjnych cycków znacznie bardziej od niego pijanej lokalnej towarzyszki i w niedwuznacznych celach zwabić ją do swego luksusowego hotelowego pokoiku.

Ostatni z naszego towarzystwa wyszedłem z hotelu. Mercedes stał zaparkowany opodal, a na dworze panował wilgotny ziąb, co w połączeniu z marnym oświetleniem ulic oraz tu i ówdzie zalegającymi gruzami i wypalonymi domami stwarzało przerażający i złowieszczy nastrój. Hotel zajmował narożnik skrzyżowania jednej z głównych ulic z ulicą mniejszą, prowadzącą jak gdyby donikąd, do której po przeciwnej stronie przylegał szary i ponury bok gmachu opery. Szedłem dalej. Po kilkudziesięciu metrach wyłonił się z mroku dziwny wolno stojący budyneczek, niczym jakaś wysepka wśród oceanu gruzów. Był parterowy, ale dosyć spory. Wybudowano go przed paroma latami, chyba z okazji jakiegoś propagandowo ważnego kongresu. Uświetniło go swoją obecnością wielu komunizujących światowych intelektualistów. W kongresie tym wziął udział nawet sam największy na świecie malarz Pablo – w hołdzie dla jego sztuki oraz zaangażowania w sprawy światowego komunizmu nazywany tu Pikutasso. Podszedłem bliżej. Całość przypominała leżącą, rozpłaszczoną, gigantyczną cegłę, z narożnym wejściem i kilkoma dużymi, jakby wystawowymi oknami, wychodzącymi na znajdującą się w opłakanym stanie ulicę. Obiekt ten pomalowany był na kolor kremowożółty. Była tam kawiarnia, której nazwa, jak dobrze pamiętam, miała jakiś związek ze sztuką. W środku kawiarni znajdowała się jedna, ale dość pokaźna sala, mieszcząca dosyć długi bar z charakterystycznymi barowymi stołkami, ponad dwadzieścia stolików, niewielki parkiet, a w głębi sporą estradę. Reszta, to znaczy szatnia z toaletami oraz kuchnia, były raczej ciasnawe. Przybytkiem tym zawiadywał pan kierownik, równy facet, lwowiak. Personel kawiarni stanowili stale zmieniający się szatniarze, dwie wsiowy kelnerki oraz przedwojenna dama prowadząca bar, mająca jakieś bliskie i tajemnicze kontakty z Bławatem, rezydującym niedaleko w swojej kawiarni. Nie serwowano tu żadnych mocnych trunków, a z alkoholi można się było napić, poza koszmarnym ciepłym piwem, tylko jakiegoś podejrzanego słodkawego wina lub ciepłego wermutu. Zawsze jeszcze były do wyboru różne okropne tortowe ciasteczka, niezbyt smaczne i nie pierwszej świeżości, no i oczywiście kawa, także straszna, bo parzona na tak zwany sposób turecki. Do zimnej, mokrej szklanki barmanka wsypywała łyżeczkę podłego gatunku kawy, zawsze dosyć grubo zmielonej, i zalewała to wrzątkiem z czajnika, a górę szklanki przykrywała szklanym spodeczkiem. Można było jeszcze, oczywiście płacąc więcej, zamówić kawę nie z jednej, ale z dwóch, a nawet z trzech łyżeczek, ale był to już napój dla zatraceńców, desperatów i dekadentów i nazywał się szatanem. Hołota na ogół piła kawę normalną i zawsze w czasie picia wszechobecne w roztworze fusy osiadały na zębach, w kącikach ust, a czasem nawet na brodzie czy nosie, co pijącemu, a szczególnie pijącej, nie dodawało uroku. Ekspresy do kawy były wtedy jeszcze w naszym kraju nieznane, a przedwojennych dawno już nikt nie pamiętał.

Pierwszy raz, może przed dwoma laty, zaprosił mnie tu niejaki Trytko, mój kolega z liceum. Był bardzo muzykalny, w szkole fajnie śpiewał i grał na gitarze, ale głównie, tak jak ja, interesował się jazzem. Trytko, któremu wtedy bardzo imponowałem swoją rozległą wiedzą na interesujący nas obu temat, bardzo pragnął mi się pochwalić zespołem, w którym od niedawna występował jako gitarzysta. Wszyscy jego członkowie byli młodymi ludźmi zwariowanymi na punkcie jazzu, którzy próbowali grać w prawie nieznanym tu jazzowym stylu BEBOP, zwanym w tym czasie również BOP lub REBOP, HEY BA-BA-RE-BOP, jak sławny i nieśmiertelny przebój Lionela Hamptona. Radio, którego ja systematycznie i namiętnie słuchałem, AMERICAN FORCES NETWORK IN EUROPE, nadawało tę nową muzykę dość rzadko, a grali ją wówczas Dizzy Gillespie, Charlie Parker, Thelonious Monk, Slam Stewart, Max Roach czy Miles Davis. Amerykańskie radio dla amerykańskich żołnierzy nadawało głównie cudowne swingowe big-bandy, natomiast BEBOP można było usłyszeć z radiowych stacji skandynawskich, francuskich, z radia Novi Sad, z radia Lublana, ale najczęściej w jazzowych audycjach, które przygotowywał Joachim-Ernst Berendt w Radiu Baden-Baden, oraz w RIAS BERLIN, czyli Radio in American Sector w Berlinie. Warszawskie radio jazzu nie nadawało, najprawdopodobniej uważając go za amerykańską zarazę. Warszawskie, krajowe radio nadawało wtedy już tylko Jana Cajmera i Wandę Odolską, bo niejakiego towarzysza redaktora Martykę jakiś czas temu skutecznie i szczęśliwie ktoś w Warszawie po prostu, jak to się mówi, odstrzelił. Ale i tak tego radia nie słuchałem nigdy.

Wszyscy chłopcy z zespołu, w którym grał Trytko, znali i grali większość jazzowych standardów. W skład tego komba wchodziło piano lub akordeon, gitara, perkusja oraz kontrabas, który był liderem, a niezapomniane hity, które grali, to:

SEPTEMBER IN THE RAIN

I'M IN THE MOOD FOR LOVE

DINAH

AUTUMN LEAVES

I CAN'T GIVE YOU ANYTHING BUT LOVE

TEA FOR TWO

CHEROKEE

oraz znany utwór Bunny'ego Berigana

I CAN'T GET STARTED

– nie mówiąc już o wielu, wielu innych. Biorąc pod uwagę, że były to mroczne i ponure stalinowskie czasy, na wszelki wypadek chłopcy mieli w repertuarze również dwie piosenki radzieckie, których nigdy, jak nie było trzeba, nie grali, a które w ich wykonaniu brzmiały raczej jak złowieszcze karykatury ruskich pierwowzorów. Z krajowych piosenek mieli pięknie opracowany w stylu bebop początek „Oj, szewczyku, nie bądź głupi" na wypadek pojawienia się nowobogackich. Oficjalnie chłopcy grali dwa czy trzy razy w tygodniu tak zwane fajfy, popularne przed wojną i po wojnie podwieczorki taneczne, zaczynające się o FIVE O'CLOCK i trwające do ósmej, dziewiątej czy dziesiątej. Ale tu, w tej kawiarni, wszystko zaczynało i kończyło się później. Fajf potrafił zacząć się między ósmą a dziewiątą, a kończył się, kiedy chciał. Kierownik lwowiak zamykał tylko wejście, zasuwał szczelniej kotary w oknach-wystawach i zabawa dopiero się zaczynała. Jak wiadomo, oficjalnie jazz był zakazany. Często przychodzili w konspiracji inni jazzmani, żeby pograć sobie w dobrym towarzystwie przed entuzjastyczną publicznością. Ale, jakby nie patrzeć, wszystko to było w pewnym sensie prowincjonalne i przeciętne, a poza najładniejszymi przychodzącymi tu na kawę i wysiadującymi dziewczynami, jedynym zawsze naprawdę wielkim wydarzeniem były rzadkie występy Sokala.

Jak spod ziemi pojawiał się on co kilka lub kilkanaście tygodni. Stało się to właśnie teraz, o czym szczęśliwie wiedziałem dzięki temu, że przed godziną rozmawiałem z nim w hotelowym barze. Przeważnie nie był on całkowicie trzeźwy i zawsze ubrany w ten sam okropny szaroniebieski garnitur produkcji krajowej. Długo nie dawał się prosić i z różnych kieszeni tegoż garnituru wydobywał poszczególne części klarnetu, które fachowo i starannie montował w jedną całość, i razem z maksymalnie uszczęśliwionym zespołem brał się do roboty. Zawsze zaczynał od STOMPIN' AT THE SAVOY, a potem to już leciało: BEI MIR BIST DU SCHOEN, THE MAN I LOVE, DINAH… krótka przerwa na wypicie czegoś i dalej… GODY, GODY i wolniejsze BODY AND SOUL i AFTER YOU'VE GONE…Wszystko to był najczystszy, nuta w nutę, takt w takt, Benny Goodman, do którego Sokal był nawet łudząco podobny, tyle że nie nosił, w odróżnieniu od swojego pierwowzoru, okularów. Tymczasem jazz, któremu tempo i nastrój tej nocy dyktował Sokal, przybierał na sile i poszczególni muzycy wpadali kolejno w pewien rodzaj transu, zamieniając się w wykonawców grających w czasie sławnego wieczoru, pamiętnej niedzieli 16 stycznia 1938 roku, w największej metropolii świata, w najbardziej reprezentacyjnej sali koncertowej u zbiegu 7 alei i 57 ulicy. Pianista, na co dzień bucowaty i antypatyczny, do tego z jakimś dziwnym kocim nazwiskiem, nagle stawał się Jessem Stacym czy Teddym Wilsonem, Jurek Grossman mocno i szybko jak Gene Krupa zaczynał walić w perkusję. Trytko, mimo że miał skromną akustyczną gitarkę, na oczach wszystkich zamieniał się w Charliego Christiana, a niezaprzeczalnie najlepszy muzycznie basista łapał akordeon i robiąc, co w jego mocy, z nadspodziewanie pozytywnym skutkiem imitował wibrafon Lionela Hamptona. Niewielka nabita kawiarniana salka po prostu szalała. Kilku śmiałków z dziewczynami wskakiwało na parkiet i szczególnie przy szybszych utworach, łącząc jitterbug z boogie-woogie, usiłowało z powodzeniem improwizować dynamiczny jazzowy taniec. Kompletna Ameryka. JUST YOU JUST ME, CHINA BOY, AIRMAIL SPECIAL… Na czole Sokala pojawiały się kropelki potu, ale jak zawsze, gdy grał, twarz miał nad wyraz szczęśliwą. Niezaprzeczalnie był królem wieczoru. SOMETIMES I'M HAPPY, I CRIED FOR YOU, THE

BLUE ROOM... Było dobrze po trzeciej, kiedy Sokal bardzo spektakularnie osunął się na krzesło. Momentalnie przyniesiono mu wodę mineralną. Wypił szybko dwie butelki, popijając resztką ze srebrnej piersiówki. Wszyscy patrzyli na niego. Sorry, ale party is over. Koniec, koniec tej muzyki, już idziemy do fabryki. Mam nadzieję, że do jutra. Zaczął rozbierać i upychać po kieszeniach swój klarnet. Chłopcy również pakowali już swoje instrumenty. Ponieważ Sokal nie mieszkał w tym mieście, dzisiaj nocował u Leszka, kontrabasisty. Po piętnastu minutach nikogo już nie było, a zadowolony kierownik lwowiak już mógł zamykać lokal. Dzisiaj kawiarnia miała dobry utarg, co było bezpośrednio związane z wysokością kwartalnej premii.

Sokal z zawodu był dentystą. Mieszkał i pracował w małym miasteczku oddalonym o jakieś trzydzieści, czterdzieści kilometrów. Niedługo po wojnie, kiedy uzyskał dyplom stomatologii, dostał tam nakaz pracy i jako jedyny w okolicy pracował na kilku etatach czy półetatach, do tego prowadząc jeszcze praktykę prywatną. Miał dom, żonę, dzieci i żył dostatnio i spokojnie. Niestety co jakiś czas coś w niego wstępowało i znikał, tak jak stał... Wszystko to usłyszałem od niego w pewien pierwszomajowy wieczór, a właściwie w pewne pierwszomajowe popołudnie i wieczór, kiedy to nieprzewidziane losy zagnały mnie do miejscowości, w której żył i pracował.

Prawdopodobnie na skutek bardzo reakcyjnych poglądów całej mojej rodziny pierwszy maja zawsze uważałem za najkoszmarniejszy dzień w roku. Było to przecież święto znienawidzonego ustroju, które hucznie świętowali nasi zdecydowani wrogowie, zmuszając również nas do współuczestnictwa w tej dziwnej, obcej dla nas orgii. Jedynie raz, w roku, w którym zdawałem maturę, przemyślnym szantażem zostałem wrobiony w tę okropną paranoję, co omal nie zakończyło się tragicznie. Otóż gdy na ulicy konstytuował się ten pierwszomajowy pochód, po wielokrotnym sprawdzeniu obecności mnie oraz mojemu koledze z klasy, synowi andersowca, niejakiemu Markowi Rożynkowi, nie wiadomo dlaczego organizatorzy wręczyli po tak zwanej szturmówce, którymi, zbliżając się do głównej trybuny, mieliśmy radośnie powiewać. Szturmówka był to po prostu ponaddwumetrowej długości kij, coś jak kij od szczotki, tyle że znacznie dłuższy, z przybitym sporym kawałkiem jaskrawoczerwonego perkalu. Kształtem przypominało to sztandar czy chorągiew. Przez jakiś czas nieśliśmy posłusznie te komunistyczne symbole, by w końcu wpaść na świetny, naszym zdaniem, pomysł. Pośród różnych insygniów niesionych w pochodzie zauważyliśmy sporej wielkości balony, na przemian albo w kolorze blue z napisem „Pokój" i wizerunkiem gołębia, albo w kolorze red, z napisem „Stalin" i charakterystycznym profilem wodza światowej rewolucji. Kiedy pochód, co mu się bardzo często zdarzało, na chwilę się zatrzymał, ja z Rożynkiem skombinowaliśmy szybko po dużym ostrym gwoździu, które umieściliśmy na sztorc na szczycie naszych szturmówek. Zabawa była super, bo maszerując, niby przypadkowo zaczepiało się gwoździem o balon i bach! – po balonie, i znowu po balonie, i znowu, raz Stalin, raz Pokój, Stalin, Pokój, Stalin, Pokój, Stalin… bach… bach… bach… Zdążyliśmy wyeliminować z pochodu nie więcej niż czterdzieści balonów, kiedy doskoczyło do nas trzech ubeków. Oczywiście byli po cywilnemu, ale nawet z daleka bardzo łatwo rozpoznawalni, czego my na nieszczęście, działając w stanie skrajnego amoku, nie zauważyliśmy. Nawet dość grzecznie nam się wylegitymowali i oświadczyli, że jesteśmy aresztowani. Zabrali nam oczywiście szturmówki, chwilę oglądali i komentowali przemyślnie przymocowane gwoździe, a następnie odprowadzili nas w jedną z bocznych uliczek, gdzie zwykle wysterkiwały najtańsze kurwy. Tego dnia jednak kurwy zostały prawdopodobnie przegnane, natomiast stało tam kilka elegancko zaparkowanych aresztanckich bud. Do jednej z nich zostaliśmy wpakowani. Ubecy tego dnia musieli mieć pełne ręce roboty, bo nawet nas nie legitymując ani nie biorąc od nas żadnych dokumentów, natychmiast zamknęli za nami wejście i szybko się oddalili, prawdopodobnie w poszukiwaniu następnych wrogów klasowych i sabotażystów. Zrobiło nam się łyso, bo zdaliśmy sobie sprawę, że możemy zarobić nawet po kilka lat, ale najbardziej jednak było nam żal, że popsuli nam taką świetną zabawę. Znaleźliśmy się w niewesołej sytuacji. Nie mieliśmy, mimo desperackich prób, żadnej szansy, by otworzyć od wewnątrz drzwi tej koszmarnej budy, a kiedy uświadomiliśmy sobie, że przez resztę życia możemy gnić w jakichś ubeckich kazamatach, zaczęła nas ogarniać czarna melancholia. Gdzieś po piętnastu minutach drzwi się jednak otworzyły i ze słowami „Wchodzić i nie dyskutować" do środka wepchnięto trzech następnych klientów. Dwóch było w mundurach tramwajarskich, a jeden w poprzecieranym szarym swetrze, jakiś podejrzany typ. Nie zdążyliśmy jeszcze wymienić uwag, czego zresztą unikałem, wiedząc, że podobno zawsze do celi pakują jednego kablującego konfidenta, a podejrzany typ bardzo pasował nam do tej roli. Mijał czas, siedzieliśmy w milczeniu, przyglądając się sobie i tylko dwaj tramwajarze coś między sobą szeptali. Nagle drzwi delikatnie się uchyliły i ukazała się w nich radosna twarz faceta, także w tramwajarskim mundurze. Był nieźle pijany, a widząc, że jego koledzy są w kłopocie, sobie tylko znanym sposobem otworzył wejście. „Wszyscy wysiadać – zawołał z lwowskim akcentem – i spierdalać w tę bramę, a potem prosto przed siebie". Nikomu nie trzeba było tego polecenia powtarzać dwa razy, przelecieliśmy przez bramę i gnaliśmy gruzami, aż wreszcie musieliśmy być bardzo daleko, bo prawie przestały do nas dochodzić dźwięki odświętnych sowieckich marszów. A najszybszy był ten podejrzany typ, który pędził jak Zatopek, i było dobrze widać, że już nieraz w życiu musiał salwować się ucieczką. Po tej pouczającej pierwszomajowej przygodzie przez długi czas denerwowaliśmy się z Rożynkiem, żeby żaden z tych ubeków gdzieś nas nie dupnął na mieście. Obaj nawet na jakiś czas zaczęliśmy inaczej się czesać i na wszelki wypadek pozapuszczaliśmy sobie po młodzieńczym wąsiku. Postanowiłem wtedy, że cokolwiek miałoby się zdarzyć, ja zawsze tego dnia będę siedział w domu.

Mój drugi pierwszomajowy epizod rozegrał się w tym roku i miał pewien związek właśnie z Sokalem. Już trzeci sezon z rzędu byłem ogólnokrajowym mistrzem mojego zrzeszenia sportowego i nikt mi tego tytułu nie był w stanie odebrać. Moi klubowi mocodawcy od dawna mówili, że w ramach popularyzacji sportu chcą zorganizować w kilku miejscowościach coś w rodzaju pokazowych walk. Nie miałem nic przeciwko temu. Pod koniec kwietnia zostałem zaproszony na konferencję działaczy zrzeszenia, gdzie powiedziano mi, że pokazy odbędą się w ramach uroczystości pierwszego maja. Za żadne skarby nie chciałem się na ten termin zgodzić. Perswazje, dyskusje i próby przekonania mnie trwały ponad godzinę, a ja używałem najrozmaitszych wykrętów. W końcu prezes klubu wziął mnie na stronę i powiedział, że jeżeli pojadę, to oprócz różnych apanaży, które obecnie dostaję za wyniki sportowe, załatwi mi specjalny fikcyjny etat, z prawie dyrektorską pensją. Oficjalnie będę inspektorem robót kominiarskich, a nieoficjalnie, nie robiąc kompletnie nic, raz w miesiącu będę podpisywał listę i brał pieniądze.

Pierwszego maja o ósmej rano wyruszyliśmy jeepem commander, powszechnie nazywanym tu jeep komandos. Nasza grupa składała się z dziewięciu osób: ja i jeszcze trzech zawodników, trener, dwóch działaczy sportowych, prezes i kierowca. Pogoda tego dnia była przepiękna. Wszystko po drodze, bez względu na koszty, było świątecznie udekorowane. Dominował kolor czerwony. Co chwilę mijaliśmy jakieś hasła, o coraz bardziej idiotycznej treści, poumieszczane przy drodze lub pozawieszane w poprzek niej. Często spotykaliśmy radosne grupki pieszych, gdzieś zdążających, ale nie wiadomo gdzie, odświętnie poubieranych, kompletnie zidiociałych, niosących szturmówki i transparenty. Wyprzedzaliśmy lub mijaliśmy udekorowane furmanki lub rolwagi, ciągnięte przez wystrojone jak w cyrku konie, przyozdobione czerwonymi tasiemkami, oraz odkryte, również świątecznie udekorowane, pędzące w przeróżne strony ciężarówki, na których jak małpy pouwieszani byli bardzo liczni, odświętni, zupełnie skretyniali pierwszomajowi demonstranci. Pełna, jak mówiła moja mama, sowietyzacja. Specjalnie nie dając nic po sobie poznać, szczerze pogardzałem tymi wszystkimi ludźmi. Przyjechaliśmy do pierwszej miejscowości objętej naszym programem. Wszystko było już na nasz przyjazd przygotowane. Po rynku przewalał się ciekawski świąteczny tłum. Pokazowe walki odbyły się na dużej estradzie i bardzo się podobały. Wszystko poszło nad wyraz sprawnie i pojechaliśmy dalej. Po półgodzinie następna miejscowość. Tu jednak organizacja znacznie gorsza. Jedno dobre, że była estrada, ale większość organizatorów, mimo stosunkowo wczesnej pory, zdążyła już się upić. Straciliśmy ponad godzinę, zanim zaczęły się walki, a potem jeszcze stale coś się tam komplikowało. Do miejscowości trzeciej i ostatniej dotarliśmy wreszcie z prawie trzygodzinnym opóźnieniem, skutkiem czego nasze pokazy mogły się odbyć dopiero po głównych uroczystościach, czyli za jakieś dwie i pół godziny. Nigdy w życiu tam nie byłem, więc mając dużo czasu, zacząłem wałęsać się po okolicy. Miasteczko wydawało się zdecydowanie większe od dwóch poprzednich, najwyraźniej niedotknięte działaniami wojennymi, które musiały jakoś przejść bokiem. Spora węzłowa stacja kolejowa, przed nią nawet dwie taksówki, opodal chyba parowozownia, jakaś fabryka i kilka małych zakładów produkcyjnych, jakieś szkoły, ośrodek zdrowia, apteka i nawet coś w rodzaju dzielnicy willowej. Nasz jeep stał zaparkowany w małej uliczce tuż przy rynku, na którym odbywały się główne uroczystości i gdzie znajdowały się trybuna i estrada. Właśnie przed trybuną, stojąc tyłem do niej, a przodem do radośnie sunącego pochodu, grała miejscowa kolejarska orkiestra dęta. Czterdzieści parę chłopa, wypucowane mosiądze świecące świątecznym blaskiem, wyprasowane i wyczyszczone mundury. Od orkiestry oddzielony byłem ciżbą, która gęstym szeregiem gdzieś maszerowała. Kiedy w końcu przeszli, a orkiestra skończyła grać marsza, zobaczyłem nagle coś nieprawdopodobnego. W pierwszym rzędzie, lekko chwiejąc się na nogach, stał, również w pięknym kolejarskim mundurze, grając z przypiętych do instrumentu nut... Sokal ze swoim klarnetem. Długo gapiłem się, nie wierząc własnym oczom, a kiedy skończyli grać, podsze-

dłem do niego trochę z tyłu, a trochę z boku i głupio zapytałem: „Co ty tu robisz, Sokal?". A on na to: „Sam widzisz, stary, że ja, kurwa, bez muzyki żyć nie mogę". „Jak
długo tu będziesz?" „Nie za długo, zapraszam cię do domu
na obiad, na czwartą, pamiętaj, Kościuszki 17". Nie dopuś-
cił mnie do słowa, a orkiestra znowu zaczęła grać i łomot
zrobił się taki, że tylko skinąłem głową i w pośpiechu się
oddaliłem. Tym razem poleciała Międzynarodówka. Wróciłem do swoich. Za dwadzieścia minut odbył się pokaz,
po którym byłem już wolny. Oświadczyłem towarzystwu,
że nie będę z nimi wracał, bo tak się składa, że mam tu
dentystę i chwilowo zostaję, a po wizycie wrócę jakimś
pociągiem, których jest tu od cholery.

Do czwartej miałem trochę czasu, więc postanowiłam
kupić jakieś kwiaty dla pani domu. Żonę Sokala widziałem dwa czy trzy razy podczas jej ekspedycji karnych,
którymi przeważnie kończyły się samowolne eskapady jej
męża, kiedy to urywał się z domu, przez kilka dni nie wracał, tylko trzydzieści kilometrów dalej w podejrzanym lokalu, ku radości zebranych tam degeneratów, grał na klarnecie, pił i koczował gdzie popadnie. Była przystojna,
elegancka i energiczna. Wydawała mi się dosyć leciwa, bo
miała ze trzydzieści kilka lat. Dobrze starsze ode mnie kobiety zawsze porównywałem z Mileną, ale żona Sokala
była jednak od Mileny o ładnych parę lat starsza. Zdawałem sobie świetnie sprawę z tego, że jako jeden z domnie-
manych towarzyszy eskapad jej męża mogę być przez nią
nie najlepiej widziany. Dlatego bardzo zależało mi na tych
kwiatach. Niestety wszystko w tym miasteczku było na
głucho pozamykane. Sklepy, restauracja, kawiarnia, ludzie
tego dnia mieli uczestniczyć w uroczystościach, a nie wałęsać się po sklepach czy wysiadywać po lokalach. Jeep

commander z moją ekipą dawno już odjechał, a ja jak złe powietrze snułem się po miasteczku, usiłując zdobyć jakiś efektowny bukiet. Tak chodząc w tłumie tego świątecznie przewalającego się prostactwa, zobaczyłem nagle jakąś w miarę kulturalnie wyglądającą panią. Zapytałem ją, czy tu mieszka, a kiedy potwierdziła, powiedziałem jej o swoim kłopocie. Zastanowiła się chwilę i wytłumaczyła mi, że jedyną szansą jest iść w stronę miejscowego cmentarza. Tam mieszka starszy człowiek, który uprawia kwiaty i ma nawet jakąś małą szklarnię. To jedyne miejsce, jest tylko jeden problem, ogrodnik mówi wyłącznie po niemiecku. Podziękowałem jej bardzo, mówiąc, że gdy skierowała mnie w stronę cmentarza, to przez chwilę myślałem, że poleci mi skompletowanie bukietu z kwiecia cmentarnego. Pięć po czwartej stałem z pięknymi kwiatami przed domem przy ulicy Kościuszki 17. Willa Sokala, jeżeli to w ogóle można było nazwać willą, bardziej przypominała starogermańskie zamczysko, zupełnie jak scenografia do którejś z oper Wagnera. Stylizowana na basztę brama miała pod emaliową biało-ultramarynową tabliczką z napisem DR S. SOKAL – LEKARZ DENTYSTA przycisk dzwonka. Po chwili z zupełnie innej strony, jakby z tyłu domu, pojawił się jakiś dwumetrowy facet, otworzył furtkę przy bramie i nie pytając o nic, wpuścił mnie do środka. Przez cały czas, kiedy byłem jeszcze bardzo daleko, od strony domu dochodziło do mnie nieprzerwane ujadanie psów, które wzmogło się bardzo, gdy po kilkustopniowych schodach wszedłem na poziom okolony dziwnym starogermańsko--romańskim obłym murem i zacząłem zbliżać się do dużych, dwuskrzydłowych dębowych drzwi wejściowych. Ponieważ przez prawie całe moje dotychczasowe życie wychowywałem się z jakimiś psami, po głosach zorientowałem się, że jest ich trójka: owczarek alzacki, jamnik i jakiś trzeci pies, prawdopodobnie z rodziny wyżłowatych. Gdy stanąłem u progu i chciałem zapukać, co zresztą ze względu na psie wrzaski nie miało najmniejszego sensu, drzwi raptownie się otwarły. Stała w nich, z wyglądu sądząc, służąca. Psy w sekundę rzuciły się na mnie. Okazały się groźną sforą i każdy z tej trójki usiłował się ze mną na swój sposób przywitać. Ponieważ, chcąc być tego dnia bardzo elegancki, do ciemnogranatowej marynarki i granatowo-białych półbutów w stylu golfowym ubrałem się w śnieżnobiałe spodnie, zanim psy mnie dopadły, od razu przykucnąłem, żeby atak ich powitań nie poszedł na białe spodnie, tylko z dwojga złego na górne, ciemniejsze partie mojej garderoby. W tej niewygodnej pozycji, lewą ręką raz głaszcząc psy, raz opędzając się od ich karesów, w prawej trzymałem olbrzymi bukiet uniesiony do góry, żeby chytre bestie na wstępie nie poszarpały z takim trudem zdobytych przeze mnie kwiatów. Raz po raz próbowałem podnieść się z tego przysiadu, ale wtedy od razu na mnie wskakiwały. Każdy z psów w inny sposób okazywał swoją radość. Jamniczka za wszelką cenę starała się dopaść moich ust i je polizać, wilczyca delikatnie łapała mnie białymi, w końcu jej pan był dentystą, zębami za jakiś fragment ciała lub garderoby i tarmosząc na wszystkie strony, wydawała przyjazny pomruk, wyżeł zaś, który okazał się pointerem, doskakiwał do mnie i starał się nade wszystko skutecznie skopulować to moje ramię, to kolano, to znowu moją łydkę. Nie było żadnej siły na to wszystko, aż pojawił się Sokal. Kiedy wrzasnął BUDA, psy niechętnie, machając stale ogonami, odstąpiły ode mnie, chociaż wiem, że buda była dla nich pojęciem zupełnie abstrakcyjnym. „Niepotrzebnie przyniosłeś te kwiaty. Krystyny dzisiaj nie ma. Czy myślisz, że zaprosiłbym cię na obiad, gdyby nie wyjechała z dziećmi na cały dzień do swoich rodziców, którzy żyją w nadleśnictwie? Chyba zdajesz sobie z tego sprawę, że ona was wszystkich szczerze nienawidzi, a mnie też kocha jak psy dziada w ciemnej ulicy. Jesteś głodny?" „Jak cholera", odpowiedziałem. „Celina niedługo poda obiad, a teraz chodźmy do mojego sanktuarium posłuchać trochę muzyki".

Dębowymi schodami, zajmującymi bez mała jedną trzecią powierzchni domu, i to wcale nie dlatego, że dom był mały, po prostu schody w domu Sokala były wielkości co najmniej schodów w Reichstagu, udaliśmy się na górę. Tam po lewej stronie był korytarz prowadzący do trzech czy czterech pokoi, łazienki i jeszcze gdzieś, natomiast z prawej widniały tylko jedne drzwi. Sokal otworzył je i znaleźliśmy się w bardzo dużym narożnym pokoju. Był prześmiesznie nieregularny, widocznie architekt kierował się głównie wyglądem zewnętrznym budowli, nie dbając specjalnie o wygląd wewnętrzny. Wszystkiemu była winna szczelnie przylegająca do budynku starogermańska baszta, przez którą zresztą całość z oddali robiła groźne i ponure wrażenie. W pokoju stał koncertowy fortepian, duże poniemieckie biurko, takież dwa fotele oraz rodzaj serwantki. Przez jej kryształowe szyby widać było, że wewnątrz zostały wymontowane półki i że ustawiono w niej kilkanaście klarnetów najrozmaitszych firm. Jedną ze ścian zajmował gigantyczny, sięgający sufitu regał z książkami. Było tam sporo rozmaitych polskich, niemieckich, francuskich, angielskich i amerykańskich przedwojennych edycji literatury zachodnioeuropejskiej, głównie francuskiej, angielskiej i amerykańskiej, oraz duża liczba książek niemieckich, tak gorliwie i spontanicznie palonych swego czasu przez hitlerowców na stosach. Centralną ścianę, również od podłogi do sufitu, zajmowała bezsprzecznie największa duma pana domu. Było to dzieło, a właściwie

arcydzieło miejscowego geniusza elektroniki. W tym czasie tranzystory nie były jeszcze znane, a przynajmniej nie
trafiły jeszcze do powszechnego użytku, i w radioodbiornikach stosowano tak zwane lampy radiowe. Przeciętny
radioodbiornik miał takich lamp od trzech do ośmiu. Im
więcej lamp, tym lepsze radio – miało większą moc, było
bardziej selektywne i bardziej odporne na różnego rodzaju
zakłócenia i na jednego rodzaju zagłuszanie. Urządzenie
radiowe Sokala, zajmujące całą ścianę, miało nie mniej, nie
więcej, tylko lamp sto osiem. W jego skład wchodziły również dwa nowoczesne adaptery na płyty 33, 45 i 78 obrotów,
kilka głośników wbudowanych w różnych miejscach, chociaż wtedy jeszcze nikt nie słyszał o żadnym stereo. Zamiast magicznego oka, stosowanego często w normalnych
radioodbiornikach, tu było kilka zegarowych wskaźników
do regulacji odbioru, a do tego jeszcze ważna gałka mikro-
metryczna, która wspólnie ze wskaźnikami, oraz oczywiście uchem radioodbiorcy, pozwalała superdokładnie i precyzyjnie nastawić pożądaną stację radiową. Rzeczywiście
to radio, mimo że ze wszystkich stron buchał od niego niezły żar, łapało właściwie wszystko. W ciągu półgodzinnej
demonstracji tego bardzo skomplikowanego urządzenia
usłyszeliśmy złapane wyrywkowo, z jakichś prowincjonal-
nych, bardzo słabych stacji skandynawskich, niemieckich,
holenderskich i duńskich, takie ówczesne superhity, jak:
LOVE ME OR LEAVE ME Gerry Mulligan Quartet z Chetem Ba-
kerem, I CAN'T GIVE YOU ANYTHING BUT LOVE Billie Holiday
z Lesterem Youngiem czy SWEET SUE w wykonaniu Errola
Garnera. Dumny ze swojej bardzo kosztownej zabawki
Sokal bez przerwy skakał po setkach fal i łapał to, co lu-
biliśmy najbardziej. „Panie doktorze, panie doktorze – nagle rozległo się z dołu wołanie Celiny – obiad na stole".
Sokal dokładnie wszystko powyłączał i zeszliśmy na dół.

Duży stół nakryty był na dwie osoby, z białej wazy parował żur, a w salaterce czekały kartofle ze skwarkami. Psy za zamkniętymi drzwiami wyły jak trio jakichś wilkołaków. Z należących do serwisu miseczek piliśmy żur i zagryzaliśmy kartoflami serwowanymi na średnich talerzykach z tego samego serwisu. Pyszny żur wcale nie zapychał żołądka, tylko zaostrzał apetyt na dalsze jedzenie. Czekając chwilę na drugie danie, Sokal, sam nie pijąc, nalał mi czerwonego wina. Wiedziałem, że nie wylewa za kołnierz i kiedy zauważył moje zdziwienie, wyjaśnił mi, że chociaż lubi alkohol niemal pod każdą postacią, u siebie w domu nigdy nie weźmie do ust ani kropli. Takie ma już twarde zasady. Nagle od strony kuchni usłyszeliśmy straszliwy rwetes i w sekundę, jak na wyścigi, wtargnęła sfora, której nareszcie udało się pokonać przemyślnie skonstruowane przez Celinę zabezpieczenie. Znowu powitaniom nie było końca, a przy próbach relegacji zapierały się, prosząc, aby je tu zostawić, i przyrzekając, że już będą bardzo grzeczne. Wreszcie Sokal machnął ręką i psy zostały. Widać było, że jest bardzo szczęśliwy, mogąc mnie u siebie ugościć. Prawdopodobnie od dawna czuł się zobowiązany, bo w czasie swoich eskapad trzy czy cztery razy nocował i żywił się u mnie. Drugie danie było rewelacyjne. Filet mignon z czosnkowym masłem i grubo zmielonym ostrym białym pieprzem, pyszne grzanki i solone, a właściwie kiszone rydze. Po stoczonych walkach byłem potwornie głodny, a wszystko tak mi smakowało, że kilka razy ku uciesze gospodarza, nie panując nad swoim łakomstwem, dokładałem sobie. Sokal stale namawiał mnie do jedzenia, a na moje obiekcje, że przy obecnych trudnościach z zaopatrzeniem zjem mu cały zapas mięsa, śmiejąc się, mówił, że jeśli chodzi o filet mignon, to nie ma żadnych problemów z kupnem. Ten gatunek mięsa w całym mieście je tylko jego dom i jeszcze jedna pani, natomiast reszta mieszkającej tu hołoty delektuje się raczej schabem lub podrobami. Mój niepohamowany apetyt wzmagały jeszcze pętające się pod stołem i napraszające się psy, wytwarzając tak pożądaną przy jedzeniu atmosferę głodu. Najbardziej łakoma była oczywiście jamniczka. Żeby coś dostać, symulowała nawet ataki osłabienia, przechodzące w drgawki i pewnego rodzaju omdlenie, które natychmiast mijało, kiedy w końcu udało jej się coś wyłudzić. Wilczyca natomiast trącała mnie nosem, dając do zrozumienia, że też na coś liczy. Jedynie pointer zdecydowanie nad jedzenie i zresztą nad wszystko preferował seks, do znudzenia powtarzając swoje kopulacyjne sztuczki. Obie suki były nieustępliwe, bo ilekroć swoje erotyczne zainteresowania kierował do którejś z nich, obie jak na komendę z potwornie wyszczerzonymi zębami momentalnie łapały go za gardło. Suki były w tym samym wieku. Kiedy pięć lat temu ostatni Niemcy wynosili się do Vaterlandu, jamniczkę w postaci ślepego jeszcze szczenięcia przyniosła Sokalowi jakaś zapłakana starsza Niemka i ze łzami w oczach błagała, żeby się nią zaopiekował. Wilczycę w tym samym czasie znalazł przed swoimi drzwiami, zawiniętą w kołderkę w koszyczku z napisem „Bitte". Tylko pointer był nowszym nabytkiem i pochodził z nadleśnictwa od teściów. Kiedy wróciliśmy na górę, Celina przyniosła nam zaraz kawę i po kawałku świeżo upieczonej, jeszcze ciepłej drożdżowej babki. Sokal oczywiście od razu nastawił swój radiowy kombinat. Louis Prima śpiewał i grał CHINATOWN MY CHINATOWN, a kiedy z Kelly Smith zaczęli ANGELINĘ, coś zachrobotało i zaległa głucha cisza. „Znowu, kurwa, przepaliła się jakaś lampa. Koniec, koniec tej muzyki, już idziemy do fabryki", z kwaśną miną zażartował Sokal. Siedzieliśmy dalej w jego dziwnym pokoju, niczym na statku, który na skutek totalnej awarii sterów dryfuje powoli w jakąś nieznaną, niebezpieczną strefę. „Moja Krysia leśniczanka przyjedzie dopiero przed dziesiątą, a tego dnia wstyd gdziekolwiek się pokazać, zresztą tu nawet nie ma gdzie". Jakiś czas siedzieliśmy w milczeniu i nagle Sokal zaczął swoją opowieść.

Urodził się w Krakowie, dokładnie w tym samym miesiącu, dniu i roku co Ella Fitzgerald, 25 kwietnia 1917. Zawsze to z dumą podkreślał. Jego ojciec był dentystą, żydowskim dentystą. Sokal był dzieckiem nad wiek rozwiniętym, a nauka szła mu tak łatwo, że w wieku szesnastu lat, oczywiście dzięki różnym małym szachrajstwom swojej matki oraz kilkakrotnym zmianom szkół średnich, z wynikiem celującym zdał egzamin maturalny. Miał studiować stomatologię w Krakowie, ale z obawy o rozmaite komplikacje związane z wiekiem i wyznaniem syna rodzice zdecydowali, że studia odbędzie w Wiedniu, gdzie kiedyś zresztą studiował również jego ojciec i gdzie mieszkała ciotka Ute, znacznie młodsza siostra jego matki. Znając jidysz, w ciągu wakacji nauczył się niemieckiego i wczesną jesienią 1933 roku rozpoczął studia na wiedeńskim uniwersytecie. Studiując pilnie stomatologię, cały czas mieszkał u ciotki na ulicy Fleischmarkt w pierwszym bezirku, czyli w samym centrum stolicy Austrii. Tante Ute była jeszcze młodą, atrakcyjną, przedwcześnie owdowiałą kobietą. Ponieważ nie miała dzieci, całe swoje niewyżyte uczucia macierzyńskie przelała na niego. Była bardzo majętna, miała nawet citroena, którego sama prowadziła. Często, gdy była ładna pogoda, robili wycieczki do Rust, leżącego w Burgenland nad Neusiedlersee, a zimą w niedalekie Alpy. Kilka razy ciotka zabrała go autem do Włoch, gdzie zobaczył Turyn, Mediolan, Triest i Wenecję, parę razy byli też w Budapeszcie. W Niemczech, z których napływały coraz bardziej ponure i złowrogie wieści, nie byli nigdy. Koło ciotki, w poważnych i niepoważnych celach, kręcili się zawsze jacyś panowie, ale nigdy nic z tego nie wychodziło, bo Tante Ute każdego podejrzewała, że tylko dybie na jej pieniądze. W czasie studiów Sokal prawie nigdy nie odwiedzał swojego rodzinnego domu w Krakowie. Zawsze gdy tam jechał i stamtąd wracał, spotykały go jakieś potworne i niepotrzebne kłopoty związane z przekraczaniem polskiej granicy. To raczej jego rodzice, a głównie mama, odwiedzali go w Wiedniu, a dwa razy spotkał się z nimi w słowackim Smokowcu. Kiedy w marcu 1938 roku nastąpił Anschluss, Sokalowi brakowały trzy miesiące do otrzymania absolutorium. Miał dwadzieścia jeden lat. Dobrze wiedział, że swoich studiów już tu nie skończy. Rodzice nalegali, żeby za wszelką cenę uciekał do Ameryki, ciotka też od pewnego czasu o tym myślała, ale nie było to takie proste. Piątego dnia po wkroczeniu Niemców pojawił się u ciotki jakiś bardzo dawno odrzucony konkurent. Miał na sobie mundur oficera ss. Mimo że drzwi od salonu, w którym rozmawiał z ciotką, były uchylone, nie miał pojęcia, że jeszcze ktoś przebywa w tym dużym mieszkaniu. Sokal, który sam zachowywał się cicho, słyszał coraz głośniejsze odgłosy dyskusji, a raczej kłótni. Przekradł się do gabinetu nieżyjącego męża ciotki, w którym zebrała ona wszystkie jego rzeczy. Ponieważ nieboszczyk polował, znajdowało się tam również kilka sztuk różnego rodzaju broni myśliwskiej, którą w wielkiej tajemnicy, pod nieobecność ciotki, Sokal, zupełnie jak mały chłopiec, namiętnie lubił się bawić. Głośna dyskusja trwała dalej, kiedy nagle do uszu Sokala doszedł wrzask „Du Judische Hure", połączony z odgłosem wystrzału z pistoletu. Przeczuwając, że coś jest niedobrze, porwał stojący pod ręką belgijski dryling, szybko i z dużą wprawą go załadował i bardzo cicho ruszył z nim w kierunku salonu, gdzie przed chwilą jeszcze ciotka prowadziła ze swoim gościem rozmowę. Przez uchylone drzwi zobaczył ją leżącą na podłodze w jakiejś bardzo nienaturalnej pozycji, z dziurą na środku czoła, i plecy esesmana, który właśnie spokojnie ubierał czarny skórzany płaszcz. Ręce miał lekko skrępowane płaszczem. Zdążył zrobić tylko zdumioną minę, kiedy z czterech metrów ze śrutowej lufy belgijskiego drylingu kaliber 12 mm padł pierwszy strzał, który dokładnie zdewastował krocze mordercy Tante Ute, zwalając go jak kłodę na dywan. Sokal podbiegł do ciotki, ale mógł już tylko stwierdzić, że nie żyje. Jednocześnie zobaczył, że ranny oficer ss powoli usiłuje wyciągnąć swój pistolet. Podszedł do niego i z drugiej śrutowej lufy kaliber 12 mm, z odległości metra, rozłożył na czynniki pierwsze prawą dłoń i przedramię mordercy. Ponownie naładował śrutowe lufy i zrobił to samo z uwięzioną jeszcze w rękawie płaszcza lewą ręką, a następnie przyłożył lufy w okolicę kostki lewej nogi i spokojnie patrząc półprzytomnemu esesmanowi w oczy, pociągnął znowu za spust. Zaobserwował przy tym, że po oddanym strzale wyczyszczony do połysku wysoki but jego ofiary natychmiast jakby zmatowiał, po czym spęczniał, a po chwili przez liczne, prawie niewidzialne dziurki zaczęła sączyć się z niego krew.

Tu Sokal przerwał swoje opowiadanie, zwracając się do mnie: „Na pewno myślisz, że któryś z sąsiadów usłyszał strzały i tak dalej. Żadne takie". Kamienica przy Fleischmarkt zbudowana była w XII czy XIII wieku. Mury w najwęższym miejscu miały po osiemdziesiąt centymetrów. Były tam potrójne, niezbyt duże okna i kiedy się je zamknęło, żadne dźwięki nie wydostawały się na zewnątrz.

Tego dnia na skutek koszmarnej marcowej pogody były szczelnie pozamykane, a w salonie jeszcze zasłonięte grubymi storami z włoskiego aksamitu typu terazzo. Pierwsze, co teraz zrobił Sokal, to nie wiadomo dlaczego wyłączył telefon. Tante Ute leżała martwa na szezlongu, na którym, mimo że była bardzo szczupła, z wielkim trudem umieścił ją siostrzeniec. Esesman leżał opodal. Cały czas był przytomny, a jego nabity walther, złośliwie zostawiony w zasięgu jego ręki, nie mógł mu się już na nic przydać, bo ani jeden z jego dziesięciu palców nie byłby w stanie nacisnąć na cyngiel. Sokal postanowił urządzić ciotce rano pogrzeb. Pogrzeb przez kremację. Przede wszystkim musiał skontaktować się z niejakim Zelkiem, którego ciotka często prosiła o pomoc jako kierowcę – kierowcę specjalnego. Zwykle sama prowadziła swoje auto, ale czasem zdarzała się sytuacja, na przykład jakieś przyjęcie czy premiera, że właśnie ktoś taki był potrzebny, by przywieźć, wysadzić i w odpowiednim czasie podjechać. Były przyjaciel jej nieżyjącego męża, von Zeleck, jak go ciotka nazywała, świetnie się do tego nadawał. Mimo niezbyt dużego wzrostu był bardzo przystojny i bardzo elegancko się ubierał, a jako dżentelmen w każdym calu był świetnym kierowcą, wytrawnym automobilistą i bardzo oddanym ciotce przyjacielem. Pochodził z Polski i mieszkał na Elizabethstrasse 15, czyli nieopodal. Z obawy, żeby przypadkiem ciężko ranny esesman nie zrobił jakiegoś głupstwa, Sokal z wielką satysfakcją, na wszelki wypadek, dwoma strzałami z walthera przestrzelił draniowi kolano w zdrowej nodze. Niedawny gość ciotki wydał kolejny potworny okrzyk bólu. Wiedział, że teraz już nie ma żadnej szansy na ucieczkę. Sokal wyszedł, starannie zamykając drzwi na wszystkie zamki. Ulicą Rotenturm od strony Taborstrasse, ze swastykami na flagach podążały liczne austriackie bojówki SA. Na Stephansplatz odbywał się kolejny wielki wiec popierający Hitlera i Anschluss. Zelek był w domu. Sokal powiedział mu, że ciotka bardzo prosi, żeby jutro o siódmej rano był z autem pod jej domem na Fleischmarkt i że przez parę godzin będzie jej bardzo potrzebny. Wręczył mu dokumenty i kluczyki do wozu. Wiedział, że Zelek jest do przesady punktualny. Wracając, po drodze wstąpił na tyły Rotenturmstrasse, gdzie w publicznych garażach Tante Ute trzymała swojego citroena. Znali go tam wszyscy dozorcy. Zapasowymi kluczykami otworzył bagażnik i zabrał piętnastolitrowy kanister z benzyną, jeden z dwóch, które ciotka, za namową Zelka, woziła zawsze w aucie. Po chwili był już w domu, w którym od jego wyjścia, chociaż minęło czterdzieści minut, nic się nie zmieniło. Teraz trzeba było działać precyzyjnie. O siódmej rano musiał być gotowy do wyjazdu. Ze specjalnego schowka wybrał dwie niezbyt duże i niezbyt rzucające się w oczy walizki. Wiedział, że ciotka z powodu bardzo niepewnej sytuacji politycznej od dawna nie trzyma pieniędzy w banku oraz że opróżniła nawet swój bankowy sejf. Sokal nigdy się tym specjalnie nie interesował i wiedział tylko tyle, ile mówiła mu ciotka, ale teraz, kiedy wszystko się zawaliło, chciał, aby nic z dóbr jego ciotki się nie zmarnowało. Z rozmaitych przemyślnych schowków wydobywał duże ilości biżuterii, złote sztabki oraz dolary amerykańskie, najbardziej wiarygodną walutę w Europie, których naliczył ponad pięćdziesiąt tysięcy. Ponadto znalazł jeszcze prawie dziewięć tysięcy funtów brytyjskich, nie mówiąc już o francuskich i szwajcarskich frankach, włoskich lirach, polskich złotych, węgierskich forintach oraz różnych zagranicznych obligacjach, papierach wartościowych i oczywiście walucie lokalnej, czyli austriackich szylingach, których w porównaniu z innymi walutami nie było tak dużo, co pozwalało przypuszczać, że ciotka posiadała jednak jakieś konto w austriackim banku. Nigdy, nawet w najśmielszych podejrzeniach Sokal nie domyślał się nawet, że jego ciotka była aż tak majętną osobą. Przygwożdżony do podłogi hitlerowiec od czasu do czasu wydawał przeraźliwe jęki, co w pewnym sensie było nieco dekoncentrujące, ale Sokal postanowił do samego końca zostawić go przy życiu. Cały kosztowny dobytek ciotki musiał się zmieścić w dwóch niewielkich walizkach oraz w plecaku, czyli typowym bagażu setek tysięcy, o ile nie milionów uciekinierów, którzy niedługo mieli przemierzać w najróżniejszych kierunkach wszystkie szlaki Europy. Walizki i plecak zaniósł do kuchni, gdzie na bardzo dużym kuchennym stole wszystko precyzyjnie pakował. Na początku postanowił uratować kilka obrazów, które jeszcze za życia męża ciotki były systematycznie kupowane, przeważnie w czasie ich wspólnych wyjazdów do Paryża i Berlina. Byli tam Matisse, Leger, Bonnard, Max Ernst, Picasso, Chagall i Kandinsky, na szczęście prawie wszystkie były w niewielkich formatach, mieszczących się w walizce. Po wyjęciu obrazów z ram Sokal z dużym wyczuciem oddzielał je pośpiesznie kuchennym nożem od blejtramy, a gdy nie mieściły się w walizce, delikatnie przełamywał płótno na pół albo na cztery części, uważając, żeby nigdy nie zaginało się farbą do środka. Najwięcej problemów miał z portretem ciotki pędzla Keesa van Dongena. Był to największy obraz z kolekcji. Tante Ute bardzo go lubiła, bo rzeczywiście pięknie na nim wyglądała, niestety trzeba było go przełamać osiem razy, ale Sokal koniecznie chciał go uratować. Pomiędzy płótna wkładał różne obligacje i papiery wartościowe lub po prostu coś z bielizny albo garderoby. Biżuterię owijał jakimiś miękkimi tkaninami i wkładał do skarpetek, to samo robił ze sztabkami złota, które były cholernie ciężkie. Oprócz obrazów, które mógł zapakować tylko do dwóch walizek, wszystko inne rozkładał równo do walizek i do plecaka, kombinując tak, żeby każda część jego trzy-częściowego bagażu miała mniej więcej taką samą wartość. Jak by nie patrzeć, wartość każdej była kolosalna. Z rze-czy osobistych, nie licząc niezbędnej bielizny i odzieży, służącej głównie do zabezpieczenia skarbów, Sokal zabrał tylko swój indeks z wpisami wszystkich egzaminów, ko-lokwiów, ćwiczeń i praktyk, zaliczonych w ciągu prawie pięcioletnich studiów, polski paszport wraz z legitymacją Polskiego Towarzystwa Tatrzańskiego, kilka dyplomów, zdjęć i notes z adresami.

Nagle z dołu rozległo się wołanie Celiny, że pani tele-fonuje. Sokal w swoim sanktuarium nie miał i nie chciał mieć telefonu. Zszedł szybko na dół. „Będzie przed dzie-siątą", oświadczył, gdy po chwili wrócił na górę. Docho-dziła siódma. „To ja zaraz jadę", powiedziałem. „Zaraz, zaraz, przecież mamy mnóstwo czasu, a ja chcę ci skoń-czyć moją opowieść, jeżeli cię już kompletnie nie zanu-dziłem. Zresztą Celina przyniesie zaraz herbatę i trochę ciasta. A pociąg masz dopiero o dziewiątej pięćdziesiąt siedem, bo znam na pamięć cały ten pieprzony rozkład jazdy".

Kiedy wszystko było już spakowane, Sokal w ostatniej chwili wsadził jeszcze do bocznej zapinanej kieszeni pleca-ka duży załadowany pistolet z zapasowym magazynkiem, wzięty z pokoju męża ciotki. Był to piętnastostrzałowy browning kaliber 9 mm z celownikiem nastawianym do pięciuset metrów. Broń ta bardzo się Sokalowi przydała w ostatnich tygodniach wojny, ale to już zupełnie inna hi-storia. Walthera, z którego została zabita Tante Ute, scho-wał do kieszeni płaszcza. Cały czas trochę żałował, że od razu nie powiedział wszystkiego Zelkowi, ale stwierdził, że jednak będzie lepiej, jak postawi go wobec faktu dokonanego. Przed siódmą rano był już gotowy. Sprawdził jeszcze, czy we wszystkich pokojach i w kuchni pozaciągał w oknach zasłony. W przykuchennej komórce, w której trzymano różne sprzęty domowe, znalazł jeszcze spory zapas łatwopalnych płynów. W ostatniej chwili porozlewał je wszędzie, gdzie się dało, a zawartość przyniesionego wczoraj wieczorem piętnastolitrowego kanistra przeznaczył na salon i przedpokój, kończąc przy drzwiach wejściowych. Najwięcej benzyny rozlał dookoła szezlonga, na którym spoczywała martwa Tante Ute, i na esesmana, który mimo że od czasu do czasu tracił przytomność, dobrze wiedział, jaki holocaust czeka go za chwilę. Punktualnie o siódmej Sokal założył plecak, wystawił dwie walizki przed zewnętrzne drzwi, cofnął się do drzwi oddzielających sień od przedpokoju, przykucnął i do rozlanej przed chwilą cienkiej strugi benzyny przyłożył palącą się zapałkę. Gdy zobaczył podążający szybko języczek ognia, zamknął drzwi między sienią a przedpokojem, a potem na wszystkie cztery zamki drzwi wejściowe, wziął walizki i już po kilkunastu sekundach lokował je w kufrze citroena. Za chwilę, mijając poustawiane na każdym większym skrzyżowaniu patrole sa lub jakieś inne mundurowe formacje, pędzili już w stronę Radetzkyplatz, żeby przedtem skręcić w prawo i wjechać w Ring. Zelek, któremu streścił pokrótce całą historię ostatnich kilkunastu godzin, powiedział, że już wczoraj po jego zachowaniu zaczął się domyślać, że wydarzyło się coś niedobrego. Próbował nawet telefonować, ale nikt nie podnosił słuchawki. Twierdził, że Sokal jak najszybciej musi zniknąć z Austrii. Jak się orientuje, w związku z obecną sytuacją wszystkie granice są szczelnie zamknięte i bardzo pilnowane, aby, jak w tym tygodniu powiedział Hermann Goering, różni tacy nie pouciekali ze swoimi majątkami. W wypadku Sokala Goering najprawdopodobniej miał na myśli majątek jego ciotki. Kiedy jechali Luxenburgerstrasse, Zelek nagle skręcił w jakąś małą, pustą, wąską uliczkę. Rozejrzał się, zatrzymał auto i wysiadł, po czym razem z Sokalem umieścili cały majdan pod podwójnym dnem bagażnika, na widoku zostawiając dwa zapasowe koła, skrzynkę z narzędziami, drugi kanister i wysokie angielskie zielone kalosze ciotki. „Teraz będzie bezpieczniej", powiedział, ruszając.

Celina na podwieczorek przyniosła na tacy porcelanowy dzbanek z wrzątkiem, czajniczek z esencją, cukier, konfiturę, cytrynę i jeszcze ciepłą babkę drożdżową pokrojoną w kawałki. Kiedy wychodziła, poprosiłem ją, żeby przyniosła jeszcze masło. Rozpieszczony przez matkę, zawsze ten rodzaj ciasta jadałem z masłem, bez masła ciasto drożdżowe mogło dla mnie nie istnieć. „A Benny Goodman?", zapytałem, przekonując się po raz kolejny, jak czas bezlitośnie szybko mija. „To jeszcze długa historia, ale będę się streszczał".

Mimo kilku przydrożnych kontroli, podczas których dwa razy kazano im otwierać bagażnik, Zelkowi w końcu udało się zawieźć Sokala do Karyntii, w której kiedyś, jeszcze z mężem ciotki, polowali w lasach na granicy ze Słowenią. Znał tam wielu ludzi i orientował się świetnie w terenie. Rzeczywiście granica była nieźle pilnowana i tylko dzięki Zelkowi Sokal zdołał opuścić Austrię. Na pożegnanie wręczył mu całą swoją austriacką walutę oraz wszystkie papiery citroena i oświadczył, że powinien zatrzymać sobie auto ciotki i przerejestrować je na swoje nazwisko. Kiedy na jakiejś przygranicznej słoweńskiej stacyjce zupełnie ogłupiały czekał na poważnie opóźniony pociąg do Lublany, zobaczył jeszcze dwóch takich jak on. Późnym wieczorem był na miejscu. W Lublanie mieszkała jego koleżanka ze studiów Nina Buszicz, z którą przez jakiś czas miał nawet niewinny romans.

Nina była chodzącym sobowtórem pierwszej w tych czasach gwiazdy francuskiego kina, Michèle Morgan, i pochodziła z patrycjuszowskiej rodziny w Lublanie. Niestety, kiedy wydało się, co zresztą Sokal skrzętnie ukrywał, że jest od Niny młodszy o prawie pięć lat, jej uczucia miłosne zamieniły się w uczucia macierzyńskie, a romans przerodził się w wielką przyjaźń. Zresztą po trzecim roku Nina z jakichś powodów przerwała studia i już z Lublany do Wiednia nie wróciła, ale przez cały czas, choć sporadycznie, ze sobą korespondowali. Ze względu na swój bezcenny bagaż Sokal zatrzymał się w najlepszym hotelu, pamiętającym jeszcze wizyty członków dynastii Habsburgów i czasy Austrowęgierskiego imperium. Mimo że poprzedniej nocy nie spał zupełnie, bardzo długo nie mógł zasnąć, bez przerwy prześladowany koszmarami ostatniej doby. Zbudził się przed południem i po bardzo późnym śniadaniu, które przyniesiono mu do apartamentu, wyszukał w niezbyt pojemnej lokalnej książce telefonicznej nazwisko Buszicz i przez hotelową centralę telefoniczną uzyskał połączenie. Odebrała Nina, ucieszyła się bardzo i kazała Sokalowi natychmiast przyjść. Jak się okazało, dom Buszicz ów oddalony był od hotelu o niecałe sto metrów i oba przylegały do tego samego placu. Sokal bał się panicznie o swoje skarby. Żeby nie wzbudzić podejrzeń, zapłacił z góry za pięciodniowy pobyt, ale z całym swoim bagażem pojawił się u Niny. Tego dnia była niedziela. Nie licząc hotelu, dom rodziny Buszicz ów był najokazalszym

domem na placu. Duży, pomalowany na żółto renesanso-
wy budynek składał się z wysokiego parteru i dwóch pię-
ter. Prawą, większą stronę parteru zajmowała gigantyczna
kancelaria prawnicza ojca Niny, najpotężniejszego adwokata w mieście i całej okolicy. Po lewej była spółdzielnia
stomatologiczna założona przez Ninę, która zatrudniała
trzech dyplomowanych dentystów. Sokal nie wiedział nawet, że trzy miesiące temu Nina wyszła za mąż za prawą
rękę swojego ojca, też adwokata, starszego od niej o dwadzieścia lat, i była szczęśliwa. Nina miała jeszcze trzy
młodsze siostry i dwóch młodszych braci i wszyscy mieszkali razem w tym olbrzymim domu-pałacu w centrum
Lublany. Na wstępie Sokal w wielkiej tajemnicy opowiedział Ninie swoje przejścia z ostatnich czterdziestu ośmiu
godzin, prosząc, jeżeli to możliwe, o pomoc w zabezpie-
czeniu jego bezcennego, chociaż dosyć skromnie, a nawet
biednie wyglądającego bagażu. Nina pomyślała chwilę
i powiedziała, że na razie najlepszą skrytką będzie kasa
pancerna, która bezużytecznie stoi w jej gabinecie w biurze przychodni. Zaraz zresztą go tam zaprowadziła i zo-
stawiła samego, mówiąc, że za kwadrans będzie z powrotem. Kasa była imponująca, wysokości normalnej szafy.
Składała się z dwóch części, stojących jedna na drugiej.
Dolną część stanowiła bardzo mocna dębowa szafka, na
niej zaś spoczywała ogniotrwała pancerna kasa. Była ame-
rykańska, firmy EMPIRE, miała nawet tabliczkę dystrybuto-
ra – handlował nią niejaki Krasilovsky z 6 EAST 39TH STREET
na Manhattanie w Nowym Jorku. Miała trzy zamki na
trzy skomplikowane klucze oraz centralne pokrętło na
pięciocyfrowy szyfr. Nie do sforsowania. Gdy Nina wróciła, Sokal był już gotowy. Zdążył nawet z całej, szczęśliwie uratowanej biżuterii ciotki wybrać spóźniony prezent
ślubny dla Niny. Był to jeden z cennych zegarków, któ-

rych Tante Ute miała olbrzymią kolekcję – złoty, opływowo kwadratowy CARTIER SANTOS, nigdy nieużywany, w pięknym firmowym opakowaniu, wyglądał jak kupiony wczoraj specjalnie na tę okoliczność. Chciał jej go zaraz wręczyć, ale wzruszona Nina powiedziała, żeby zrobił to podczas obiadu, który niebawem będzie i do którego zasiada jej cała liczna rodzina.

„A co z Bennym Goodmanem?", zapytałem nachalnie, widząc, że już niedługo muszę wyjść na pociąg. „Będę się maksymalnie streszczał", szybko zaczął mówić Sokal. Był marzec 1938 roku. Zostawiając u Niny dwadzieścia tysięcy dolarów, trzy tysiące brytyjskich funtów, pięć stugramowych sztabek złota, browninga oraz kilka drobiazgów, z resztą rzeczy wyruszył w długą podróż. Najpierw z Lublany do Triestu, potem Udine, Mediolan i Zurych, gdzie zabawił dłużej, lokując w bankowym sejfie większość uratowanych z Wiednia rzeczy, głównie obrazy, biżuterię i złoto. Potem Genewa i Paryż, gdzie siedział przeszło pół roku i pod koniec pobytu trafił na zabójstwo popełnione przez młodego Grynszpana na radcy ambasady niemieckiej vom Rathu, co było pretekstem do zorganizowania w całych Niemczech niesławnej Nocy Kryształowej. Sokal chciał jechać do Londynu, ale mimo że w konsulacie pokazał część posiadanej przy sobie gotówki, brytyjskiej wizy nie dostał. Obrał więc kierunek: Nicea, Monte Carlo, Marsylia, znowu Triest, Lublana, potem Zagrzeb, Bukareszt, Konstanca, Budapeszt, Bańska Bystrzyca, Smokowiec. Kiedy Niemcy zaczęli zajmować resztę Czechosłowacji, za żadne skarby nie chcąc rozstawać się na pół roku z polskim paszportem, na legitymację Polskiego Towarzystwa Tatrzańskiego przeniósł się ze Smokowca do Zakopanego, a potem, już w pewnym sensie nielegalnie, przyjechał do Krakowa. Tam usiłował bezskutecznie namówić swoich rodziców do szybkiego wyjazdu z Polski, choćby do Palestyny. W połowie sierpnia udał się via Lwów, Zaleszczyki i Czerniowce na przeszpiegi do Konstancy, a potem jeszcze do Burgas i Stambułu. Właśnie tam 1 września dowiedział się, co się stało. Przez Sofię, Belgrad i Zagrzeb trafił do Niny. Niedaleko domu-pałacu Busziczów wynajął niezbyt duże, przyzwoite mieszkanie, a ponieważ dwóch z trzech pracujących dla Niny dentystów zostało zmobilizowanych, Sokal mimo nieskończonych oficjalnie studiów stomatologicznych zaczął pracować w firmie Niny. Stosunki z nią układały się cudownie. Przekonała do niego całą swoją liczną rodzinę i przyjęli go jak swojego. Była bardzo troskliwa, zapobiegawcza i opiekuńcza. Pomagała mu we wszystkim. Kiedy urodziła pierwsze dziecko, Sokal dał mu w prezencie, na dobry początek, stugramową sztabkę złota, którą za pomocą dentystycznego wiertła przewiercił na wylot i przez dziurkę przeciągnął złoty łańcuszek, tworząc rodzaj ekscentrycznego wisiora. Jedno trochę z początku mu się nie podobało – to, że gdy byli sam na sam, Nina pieszczotliwie zwracała się do niego per „mój biedny żydziaczku". Sokal nigdy nie oponował, a po pewnym czasie nawet polubił ten zwrot. Wiadomości z Polski były coraz rzadsze i coraz bardziej przerażające. Kiedy Niemcy zajęli Francję, Sokal wiedział, że to już chwilowo koniec Europy, a gdy po jakimś czasie znienacka najechali Jugosławię, czuł już wyraźnie, jak pętla zaczyna zaciskać mu się na szyi.

Kiedy stwierdziłem, że jest już prawie dziewiąta, zerwałem się na równe nogi. Musiałem odjechać zaplanowanym pociągiem, tym bardziej, że nie chciałem się widzieć z jego żoną. Sokal obiecał odprowadzić mnie na stację i wyszliśmy.

A więc z Bennym Goodmanem to było tak. Po kilku tygodniach, jak weszli Niemcy, Sokal musiał z Lublany uciekać. Wybrał Triest, i to z kilku względów. Liczył, że może znajdzie tam jakiś statek, którym odpłynie poza strefę niemieckich wpływów. Wszak Triest należał do Włoch, które na przekór Niemcom stosowały znacznie łagodniejszą politykę wobec osób jego wyznania. Tak czy inaczej, nie mając dobrych dokumentów, musiał się ukrywać. Trochę kursował między Triestem a Lublaną, co jednak wiązało się z ogromnym ryzykiem. Sprawa wyboru odpowiedniego miejsca w Trieście była długo dyskutowana przez całą rodzinę Buszyczów w czasie ostatniego niedzielnego obiadu z jego udziałem. Mimo że wszyscy znali świetnie teren i realia, nikt nie miał właściwego żadnego mądrego pomysłu. Aż nagle jeden z wujków Niny, wujek Oscar, oświadczył, że wszystko dokładnie przemyślał i że jego skromnym zdaniem z wielu względów najbezpieczniejszym i najlepszym miejscem schronienia będzie… dom publiczny. Sam nawet zna w Trieście odpowiedni i podejmuje się omówić całą sprawę z właścicielką, czyli burdelmamą. Po trzech dniach Sokal już tam rezydował. Po długich negocjacjach stanęło na tym, że doba będzie Sokala kosztować pięć dolarów amerykańskich, płatnych co miesiąc z góry i co miesiąc przywożonych z Lublany przez kogoś z rodziny Niny. Był to wówczas majątek, ale gwarantował, poza pełnym bezpieczeństwem, teoretycznie wszystko, czego dusza zapragnie. Przybytek znajdował się blisko nabrzeża, dosyć wysoko, jakby na jakiejś bardzo stromej skarpie. Na pierwszy rzut oka nabrzeże przypominało klif, ale po dokładnym przyjrzeniu odkrywało się, że żaden klif to nie jest, tylko skały z niezliczoną ilością różnego rodzaju grot, pieczar i przybrzeżnych jaskiń, tak typowych dla morskiego brzegu w niemal całym rejonie Triestu. Od frontu dużej dziewiętnastowiecznej budowli biegła normalna ulica, lecz okolica robiła, nie wiadomo dlaczego, wrażenie odludzia, mimo że do portu nie było dalej niż dziesięć minut piechotą. Nie mogło być dalej, bo interes kwitł niezależnie od pory dnia czy nocy. Pokój, który dostał Sokal, pozornie był normalnym kurewskim pokojem. Duże łoże, lustra, parawany, fotele, umywalnia, stół i zasłony, szafa wbudowana w ścianę obitą złoto-różowym adamaszkiem. Wuj Oscar, który go tu przywiózł i zainstalował, pokazał mu teraz inne sekretne walory tego pomieszczenia. Otóż przestronna szafa posiadała dwa świetnie zamaskowane tajemne wyjścia. Jedno wyjście prowadziło na bardzo długi, ciasny korytarz, trochę opadający, z licznymi zakrętami, wykuty w litej skale, wychodzący w końcu na rodzaj przystani, ukrytej w olbrzymiej grocie. Drugie wyjście zaś wiodło na strome kamienne schody, które szły prosto na dół i stanowiły monolityczną całość z tunelem prowadzącym do znacznie niżej położonej komnaty-jaskini. Nie było tam żadnych okien, a całość na pewno pamiętała jeszcze czasy rzymskie, kiedy to Triest zwał się Tergeste. W komnacie było kilka ciężkich dębowych mebli oraz przedziwny marmurowy kominek monstrualnej wielkości. Do komnaty przylegało pomieszczenie oddzielone ciężkimi, nieźle przerdzewiałymi żelaznymi drzwiami, mogące służyć za skład opału i mające połączenie z drugą podziemną grotą, do której dochodziło nawet trochę dziennego światła.

Tymczasem dochodziliśmy już prawie do stacji. Sokal zaczął się streszczać. Po paru dniach spędzonych w burdelu udał się do Udine, aby kupić trochę garderoby. Było to, jak wszystko zresztą, nieco ryzykowne, ponieważ snujące się wszędzie patrole karabinierów często legitymowały podejrzanych, ale pal sześć. Gdy szczęśliwie wrócił, była już noc i nie chcąc się włóczyć z walizką, którą również kupił, zostawił ją w dworcowej przechowalni, żeby o jakiejś normalnej porze przynieść ją bez większego ryzyka do siebie. Kiedy nazajutrz szedł z odebranym z przechowalni bagażem, stwierdził po drodze, że walizka jest znacznie cięższa niż poprzedniego dnia i że w ogóle inaczej wygląda. Nie było jednak rady. Gdy ją dodźwigał na miejsce i otworzył, okazało się, że ma rację. Walizka nie należała do niego, żadnej garderoby, którą wczoraj kupił w Udine, w niej nie było, za to wypełniały ją płyty gramofonowe, wszystkie amerykańskie i wszystkie na obowiązujące wtedy siedemdziesiąt osiem obrotów. Na każdej płycie był duży napis BENNY GOODMAN. Sokal nie miał zupełnie pojęcia, kto to jest… W Wiedniu grają tylko wiedeńskie walce, ewentualnie czasem marsz Radetzky'ego lub coś z Mozarta. Płyt było ponad czterdzieści, fabrycznie nowe, powiedziałbym dziewicze, a na każdej… Benny Goodman, Benny Goodman, Benny Goodman. Wściekły z powodu tej pomyłki, z ciekawości pożyczył na chwilę patefon od jednej ze starszych pensjonariuszek. Puścił pierwszą z brzegu płytę, utwór miał tytuł STOMPIN' AT THE SAVOY, i po prostu zwariował. Po tygodniu miał już własny, specjalnie sprowadzony z Wenecji, najdroższy w owym czasie na rynku gramofon oraz klarnet firmy HENRY SELMER – PARIS. Na klarnecie uczył się grać, gdy był chłopcem, jeszcze w Krakowie, od swoich dwóch starszych stryjecznych braci, którzy trochę klezmerowali. Od kiedy jednak po raz pierwszy usłyszał Benny'ego Goodmana, wszystko inne przestało dla niego istnieć. W podziemnej komnacie spędzał prawie dwadzieścia godzin dziennie. Gdy było zimno lub wilgotno, palił w kominku, i cały czas puszczał płytę za płytą, próbując grać dokładnie tak samo, jak grał Benny Goodman. Tak spędził ponad dwa i pół roku. Co miesiąc przyjeżdżał ktoś, albo nawet sama Nina, której macierzyńskie uczucia do Sokala wcale nie wygasły. Nie znała zupełnie jego namiętności związanej z Bennym Goodmanem, ale zdawała sobie świetnie sprawę, gdzie przebywa, dlatego podejrzewając najgorsze, widząc go pobladłego i wychudzonego, zawsze głaskała go po głowie i z rozbrajającą szczerością mówiła po słoweńsku: „Biedny mój żydziaczek, te kurwy tutaj w końcu go na śmierć zajebią"... To było ostatnie zdanie, jakie zdążył mi powiedzieć Sokal, kiedy już prawie w biegu wskakiwałem do ruszającego pociągu. Wracałem do domu.

Dochodziła trzecia w nocy, gdy wsiadałem do nie mojego mercedesa, zaparkowanego wczesnym wieczorem przed hotelem. Zacinał deszcz z jakimś śniegiem czy gradem i było potwornie zimno. Cały czas nie miałem pewności, czy po ośmiu godzinach stania w tej temperaturze i pogodzie zdołam uruchomić silnik. Gdzieś w głębokiej podświadomości nawet trochę chciałem, żeby nie zapalił, bo mógłbym wówczas użyć korby, a rytuał ten, wielokrotnie obserwowany od wczesnego dzieciństwa, zawsze uważałem za bardzo dużą atrakcję. Ustalałem już sobie nawet w myślach kolejność czynności, której w takiej sytuacji należało bezwzględnie przestrzegać. Przede wszystkim, czego normalnie nigdy nie robiłem, należało zaciągnąć hamulec ręczny i wrzucić tak zwany luz. Zawsze zostawiałem auto na biegu, wszystko jedno na jakim, przeważnie na tym, na którym akurat kończyłem jazdę. Dalej trzeba było wsadzić i przekręcić kluczyk, włączając tym samym tak zwany zapłon, maksymalnie wysunąć cięgło ssania, wziąć korbę, wysiąść z auta, uważając jednocześnie, żeby przypadkiem drzwi się nie zablokowały, i do skutku kręcić. Kiedy silnik zaskoczył, należało wsiąść i powoli eliminując ssanie, z umiarem i wyczuciem zacząć wciskać pedał gazu, zwolnić hamulec ręczny – i można było jechać. Korba to była potęga. Niestety od pierwszego przekręcenia kluczyka silnik zaskoczył. Auto postawiłem w ogrodzie przy tarasie. Bardzo długo nie mogłem zasnąć. Wszystkie utwory i melodie, których dzisiaj miałem nadmiar, przewalały się w mojej biednej głowie. Zastanawiałem się również, czy żona Sokala swoją ekspedycję karną w towarzystwie dwumetrowego taksówkarza przeprowadzi dzisiaj, to jest w sobotę, czy poczeka do jutra.

O dziewiątej rano, kiedy znajdowałem się jeszcze w głębokim śnie, przyszła Milena. Bardzo przepraszała, że tak wcześnie, ale po prostu musiała, bo taka jest roztrzęsiona. Jej mąż, pan B., pojechał wczoraj nagle do brata, którego napadły i pokąsały jakieś psy. Prawdopodobnie brat pana B. będzie miał testy na wściekliznę i musi posiedzieć tam ze trzy, cztery dni. Zjedliśmy z Mileną śniadanie, bo głównie ze względu na Bronka, lubiącego dużo i dobrze zjeść, miałem w domu spore zapasy świetnych produktów. Milenie wszystko bardzo smakowało, powiedziała mi potem, że od wczoraj rana nic nie jadła, tak była zdenerwowana. Chciała przyjść do mnie wieczorem, ale zobaczyła, że nie pali się żadne światło. Powiedziałem, żeby się nie martwiła i nie denerwowała, bo przygotowałem dla niej na dzisiaj bardzo bogaty program. Przed trzecią będzie uczestniczyć w próbie szybkości, potem, koło siódmej, zapraszam ją do najlepszej restauracji w mieście, a potem, jak się uda, pójdziemy na superkoncert. Była podniecona i bardzo zaintrygowana. Ja raz, na chwilę tylko, wyszedłem do nie mojego mercedesa i sprawdziłem poziom oleju – był w normie. Przed trzecią wyszliśmy z domu. Milena bardzo się zdziwiła, gdy otworzyłem przed nią drzwiczki auta. Po chwili już jechaliśmy. Po drodze kazałem przede wszystkim nalać pełen bak tej droższej benzyny. W kierunku południowo-zachodnim od miasta zaczynała się normalna dwupasmowa autostrada, wtedy i jeszcze przez bardzo długi czas chyba jedyna w kraju, zbudowana jeszcze przez Hitlera. Tam właśnie się kierowaliśmy. W tym czasie właściwie nigdzie nie obowiązywał limit prędkości. Czasami tylko na tak zwanych zakrętach śmierci, którymi szczyciła się niemal każda okolica, widniały rzadko poustawiane znaki ograniczające prędkość, których zresztą nikt nie przestrzegał, i w dobrym tonie było taki odcinek drogi przejechać z maksymalną prędkością. Inna sprawa, że auta, w większości na skutek bardzo złego stanu technicznego i słabej mocy, wyeksploatowane do granic możliwości w czasie ostatniej wojny, często niesamowicie się wlokły. Po drogach poruszały się przeważnie modele z lat trzydziestych, a nawet dwudziestych, samochód produkcji powojennej spotykało się rzadko. Z nowych, budząc grozę, przemknął czasem ulubiony samochód marsylskich gangsterów, Citroen BL-11, którymi poruszała się bezpieka, czasem jakiś dziwny powojenny model BMW, montowany chyba we wschodnich Niemczech, którymi jeździł aparat partyjny. Milicja poza furmankami, rowerami i motocyklami różnych marek dysponowała sowieckimi i amerykańskimi jeepami z demobilu, ministerstwa i rząd używały chevroletów, najpierw fleedmaster, a potem de lux. Czasem można było spotkać jakiegoś fiata powojennej produkcji, skodę czy nawet land rovera, którymi jeździła administracja. Statystycznie nie było wiadomo, na ilu obywateli przypada jeden osobowy samochód, na pewno nie na trzech, ale raczej na kilkuset czy nawet na kilka tysięcy, zresztą wszystkie statystyki z przyczyn propagandowo-politycznych lub na skutek dyrektyw z Moskwy były po prostu dokładnie i przemyślnie fałszowane. Póki co w kraju najpopularniejszym pojazdem była furmanka. Tak jak przewidywałem, autostrada była prawie zupełnie pusta, jeżeli chodzi o samochody, zapełniona za to zaprzęgami chłopskimi, które nie dość że posuwały się powoli, to jeszcze większość furmanów nie była w stanie przyswoić sobie jakichkolwiek przepisów ruchu drogowego. Jechałem bardzo szybko, ale włączyłem przypadkowo odkryty dodatkowy klakson o głośnym dźwięku strażackiej syreny, tak że z bardzo dużej odległości wszyscy wiedzieli, że jadę. Zaprzęgi, w wielkim popłochu uciekając na bok, ustępowały mi drogi. Często przez ułamek sekundy widziałem przerażonych woźniców, kojarzących tę szybkość wyłącznie z szybkością ancychrysta, żegnających się znakiem krzyża świętego. Prawdopodobnie, czego z powodu szybkości nie mogłem już ogarnąć wzrokiem, wielu z nich robiło to po trzykroć, bo w ramach sławnej, zakończonej znowu nie tak dawno temu akcji WISŁA przymusowo i bez żadnej dyskusji musiało w tych stronach zamieszkać wielu przesiedleńców wyznania greckokatolickiego, a nawet prawosławnego z południowo-wschodnich terenów tego dużego kraju. Marzyłem o próbie szybkości, której jednak w takich warunkach w żaden sposób nie byłem w stanie przeprowadzić. Świetnie zdawałem sobie sprawę z tego, że moja lub nasza śmierć nie będzie to żadne romantyczno-egzotyczne zderzenie nie mojego zresztą mercedesa na przykład z isottą frascini, paccardem czy rolls royce'em, tylko zderzenie z normalną, powożoną przez troglodytę chłopską furmanką lub śmierć na skutek poślizgu z powodu grubej warstwy końskiego gówna zalegającej na niemal całej nawierzchni szosy. Po jakichś dwudziestu kilku kilometrach zauważyłem, że droga powrotna jest prawie pusta. Po na naszej stronie ludność wracała pewnie z jakiegoś jarmarku, odpustu czy diabli wiedzą skąd. Kiedy na najbliższej nawrotce wykonałem tak zwany u-turn, stwierdziliśmy że tu sytuacja wygląda całkiem nieźle. Mercedes, w przeciwieństwie do większości istniejących wtedy aut, które były trzybiegowe, miał cztery biegi. Bardzo łatwo osiągnąłem odpowiednią prędkość, żeby za pomocą czarnej gałki, umieszczonej na dosyć długim stalowym pręcie wychodzącym z podłogi, włączyć czwarty bieg. Samochód pędził coraz szybciej, a my, patrząc przed siebie, upajaliśmy się tą szybkością. Kiedy na sekundę oderwałem wzrok od kompletnie pustej drogi i spojrzałem na szybkościomierz, wskazywał 165 kilometrów na godzinę. Pomyślałem, że prawie każdy po tym odkryciu próbowałby zwolnić. Silnik, trochę wyjąc, pracował równo, a ja czułem, że mam jeszcze dużą rezerwę mocy. Kiedy bardziej przycisnąłem pedał gazu, na szybkościomierzu odczytałem 170, a za chwilę 175 kilometrów na godzinę. Nigdy dotychczas w moim życiu nie jechałem z taką szybkością. Milena była zachwycona, jako była artystka cyrkowa czuła i kochała ryzyko. Dochodziła czwarta trzydzieści, gdy byliśmy z powrotem. Milena zaraz poszła do siebie zrobić się na bóstwo przed kolacją. Umówiliśmy się przy samochodzie za piętnaście siódma. Ja, będąc lekko niewyspany, zdążyłem nawet godzinę się zdrzemnąć, potem wyczyściłem buty, wziąłem prysznic i zacząłem się ubierać. Ponieważ było stale zimno, tym razem do czarnych półbutów Stacy Adams ubrałem żółte kaszmirowe skarpetki, szare, świetnie skrojone spodnie i jedną z granatowych marynarek. Koszula z bardzo drobnego sztruksu w paski idygo-białe, grube na ponad pół cala, i cienki jedwabny fular w dyskretny turecki wzorek, i tak jak wczoraj – camel-hairowy płaszcz, tylko że dzisiaj w kolorze beżowym, i jak zawsze któryś z żółtych szalików. Nieprzerwanie czułem się jak Humphrey Bogart. Milena przyszła punktualnie i prezentowała się zjawiskowo. Miała czarne pantofle na bardzo wysokim obcasie, tak że robiła wrażenie niewiele niższej ode mnie. Bujne, opadające na ramiona platinoblond włosy, tym razem jakby nieco przylizane, mała czarna sukienka na ramiączkach, służąca głównie do wyeksponowania jej rewelacyjnego biustu. Na ramiona narzucone miała piękne futro z długim srebrno-czarnym włosiem. Wyglądała super, wyglądała jak najdroższa z najdroższych paryska lub nowojorska kurwa.

Wsiedliśmy do auta i za chwilę już parkowałem pod hotelem. Szczerze mówiąc, pomysł z zaproszeniem Mileny na kolację, poza moją wielką sympatią do niej i chęcią zrobienia jej przyjemności, tak naprawdę wziął się stąd, że od wczoraj nie mogłem zapomnieć o golonce, którą na moich oczach, kiedy ja zamówiłem jakiegoś lekko suchego sandacza, z dużym znawstwem i z największą przyjemnością rąbał mecenas Zając. Pamiętałem dokładnie każdy euforyczny grymas na jego adwokackiej mordzie i cały czas ta golonka stała mi przed oczami. Widziałem ją, kiedy w nocy słuchałem Sokala, kiedy biłem samochodowy rekord szybkości i nawet kiedy kochałem się z Mileną. Teraz nareszcie zbliżał się moment spełnienia. Przy wejściu kupiłem dwa bony konsumpcyjne. Kelner ubek, który wczoraj nas obsługiwał i który, ponieważ mieliśmy nadmiar bonów, dostał bardzo duży napiwek, posadził nas przy rewelacyjnie usytuowanym dwuosobowym stoliku. Byliśmy bardzo głodni. Oboje zamówiliśmy sałatkę z szyjek rakowych i barszcz z pasztecikiem, Milena jako Czeszka pieczeń z dziczyzny z dużą ilością sosu, czerwoną kapustą i knedlami oraz czerwone wino, a ja oczywiście od doby upragnioną golonkę oraz białe wino, a także dwie melby, kawę, likiery. Gdy zaczął się dancing, a my byliśmy już prawie po kolacji, jacyś palanci, najpierw prosząc mnie o zgodę, stale namawiali Milenę do tańca. Bawiła się świetnie, a ja jak najszybciej chciałem zmienić lokal, bo jednak od muzyki Alfreda zdecydowanie wolałem Benny'ego Goodmana. Wiedząc, że Milena kocha jazz, chciałem, żeby posłuchała, jak grają chłopcy, a nie żyła tylko jazzowymi wspomnieniami o Ludku Hulanie. Kiedy nareszcie weszliśmy do kawiarni, tam już koncert szedł na całego. Sokal, grający właśnie IF I HAD YOU, gdy mnie zobaczył, odjął na sekundę prawą rękę od klarnetu i mi pomachał. Zrobiło to na Milenie bardzo duże wrażenie. Siedzieliśmy przy barze, ale tyłem do barmanki, a przodem do grających. Tutaj też Milenę stale proszono do tańca. Tańczyła rewelacyjnie, zupełnie inaczej niż inni, bardziej jak na Zachodzie, i robiła to na pewno najlepiej na sali. Stale ktoś się dopytywał, gdzie znalazłem taką seksbombę. Po drugiej w nocy zespół skończył grać. Sokal znowu spał u Leszka. Powiedziałem im, że jeżeli Leszek na noc zostawi swój kontrabas w kawiarni, to mogę ich odwieźć, bo mam dzisiaj samochód. Bardzo się ucieszyli. Pędziliśmy po wilgotnym, błyszczącym asfalcie, omijając liczne dziury oraz zwały gruzu. Obaj panowie siedzieli z tyłu, Milena koło mnie. Opowiadała oczywiście o Ludku Hulanie, którego Leszek nawet poznał, gdy Hulan koncertował tu trzy lata temu z czeskim big-bandem Gustawa Broma. Leszek mówił, że był to wtedy najlepszy kontrabasista w Europie, klasy Slama Stewarda, a w zespole Broma miał niezaprzeczalnie rangę największej gwiazdy. Nareszcie Milena była w pełni usatysfakcjonowana. Wracaliśmy do domu. Szczęśliwa Milena chciała wpaść na chwilę po coś do siebie, więc ją wysadziłem. Obiecała mi, że zaraz u mnie będzie. Ja zaparkowałem auto pod tarasem, rozebrałem się, wziąłem prysznic i siedząc w szlafroku, słuchałem cudownego jazzu, który późno w nocy leciał z jakiejś skandynawskiej stacji. Grali na przemian Charlie Parker i Lester Young. Potem, kiedy od mojego przyjścia minęła już dobra godzina, a w radiu Anita O'Day i Roy Eldridge z orkiestrą Gene'a Krupy skończyli LET ME OFF UPTOWN, a Billy May dopiero co zaczął swój największy w tym czasie hit, FAT MAN BOOGIE, wtedy właśnie zatelefonowała Milena. Mówiła szeptem, że nawet sobie nie wyobrażam, jak strasznie jest jej przykro, ale zaraz gdy wyszła ze mną wieczorem, przyjechał jej mąż, pan B., bo okazało się, że psy, które napadły na księdza, należały do miejscowego weterynarza i wszystkie były szczepione na wściekliznę. Dodała, że i ona, i pan B. dziękują mi za jeden z piękniejszych dni, jakie spędziła w swoim życiu. Swoich kontaktów ze mną Milena nigdy przed panem B. nie ukrywała i mam wrażenie, że on wszystkiego dokładnie się domyślał. Z powodu swojego niepoprawnego brata, mając pełną świadomość, że w pewnym sensie zaniedbuje żonę, akceptował ten status quo, a jego stosunek do mnie był zawsze bardzo przyjacielski, wręcz rodzinny. Mimo to nigdy u nich nie bywałem, a on do mnie też nigdy nie przychodził. Wszystko rekompensowała nam Milena.

Kiedy Sokal bawił w mieście i wiedziałem, że wieczorem będzie grał w kawiarni, nigdy nie przyszło mi nawet do głowy, żeby tam nie pójść. W niedzielę o ósmej rano pojechałem tylko na godzinny trening do Plebańczyka, a resztę dnia spędziłem w łóżku. Koło szóstej wyszedłem z domu. Auta nie brałem. Piechotą udałem się na spóźniony obiad do restauracji, a właściwie jadłodajni, mieszczącej się na parterze w budynku domu towarowego, gdzie, nie mówiąc już o licznych stolikach, przy bardzo długim barze można było dość szybko i stosunkowo nie najgorzej zjeść. W ramach totalnej sowietyzacji również tam, jak zresztą prawie wszędzie, na wielką skalę odchodził wyszynk alkoholu. Jeszcze w liceum moi koledzy w swoim przebogatym programie alkoholowych eksperymentów bardzo często korzystali z tego lokalu. Eksperymenty były właściwie dziecinnie proste i polegały głównie na mieszaniu trunków. Nie były to, broń Boże, żadne wymyślne i wyrafinowane burżuazyjne koktajle o zabarwieniu kosmopolitycznym, tylko po prostu mieszanie piwa z wódą, albo jeszcze lepiej – porteru ze spirytusem. Ponieważ picie takiej mieszanki idzie bardzo opornie i wymaga naprawdę potwornie silnej woli oraz niemałego samozaparcia, po długich doświadczeniach i dyskusjach moi koledzy wpadli na następujący pomysł. W wewnętrznej kieszeni marynarki przynosili półlitrową butelkę spirytusu na trzech, zajmowali jakiś ustronny stolik i zamawiali na przykład sześć porterów. Dyskretnie i sprawiedliwie rozlewali cały spirytus do trzech kufli, uzupełniając je do pełna porterem. Było to koszmarne świństwo, prawie nie do wypicia. Oni jednak bynajmniej nie wypijali tego na raz, tylko patrząc sobie głęboko w oczy, równo i szybko upijali po pięć dużych łyków. Znowu uzupełniali kufle porterem i znowu po pięć dużych łyków. Tym razem już nie było tak źle. Dolewali znowu porteru i tak dalej, aż w końcu piło się to jak jakąś oranżadę. Oczywiście każda taka sesja, zawsze i bez wyjątku, kończyła się ogólnym, totalnym ubzdryngoleniem się. Drugą atrakcją tego lokalu był niemal codzienny obchód pewnego kombatanta. Ubrany w wojskowe spodnie, jakąś marynareczkę i polową rogatywkę z orłem w koronie, ten nad wyraz pogodny człowieczek kręcił się między stolikami. Gdy zobaczył, co się bardzo często zdarzało, że na stoliku stoi butelka wódki, podchodził powoli i patrząc na siedzących, a głównie na flaszkę, salutował do daszka swojej polowej rogatywki, w pewnym sensie oficjalnie oddając honory wojskowe. Wtedy przeważnie nalewano mu kieliszek. Weteran ten w czasie wojny musiał na którymś z licznych frontów nieźle oberwać, bo cała dolna część jego twarzy, zaczynając od oczodołów, była pozbawiona kości, takich jak szczęka, żuchwa, kości policzkowe, nie wspominając już o zębach. Wszystko to z jakichś ważnych medycznych powodów musiało zostać chirurgicznie usunięte w którymś z wojskowych przyfrontowych szpitali pod Monte Cassino, Lenino, Tobrukiem, na Wale Pomorskim, Wale Atlantyckim, w Siekierkach czy Kutnie, nie mówiąc już o sławnym szpitalu polowym w Benghazi. Inwalida kombatant brał nalany mu kieliszek z uszanowaniem, podnosił go zawsze jak przy jakimś uroczystym toaście do góry, po czym niezależnie od pojemności w sekundę wypijał. I teraz następował najciekawszy moment, na który wszyscy znający go, a znał go prawie każdy, czekali. Po angielsku nazywa się to ENTERTAINMENT. Otóż po łyknięciu wódki kombatant ściągał swoją twarz w taki sposób, że po chwili właściwie jej nie było. Zostawała tylko rogatywka, a pod daszkiem duże, jasne, smutne oczy dziecka – i więcej nic. Szyja, niżej tors, no i oczywiście dupa i nogi, ale żadnych ust, nosa, podbródka, policzków czy wąsów. Nie był on wcale namolny i nawet bardzo pogodny, a gdy już uzupełnił chwilowe zapotrzebowanie swojego organizmu na alkohol, to szybko znikał, by za kilka godzin pojawić się w jakimś innym lokalu. Będąc żywą reklamą tragicznych skutków wojny, nigdy nie słyszałem, żeby człowiek ten dostał jakąś nagrodę od któregoś z tak licznych światowych komitetów pokoju, czy choćby pokojową nagrodę od, na przykład, Alfreda Nobla.

A wracając do moich spraw, tego dnia nie byłem już tak elegancki jak wczoraj czy przedwczoraj. Ubrałem amerykańską brezentową wojskową kurtkę z ciepłą podpinką, granatowy wełniany sweter US NAVY i jak zawsze któreś z butów na słoninie, kolorowe skarpetki w paski oraz unikatowe spodnie, kupione może dwa miesiące temu od Leona vel Lio. Były wspaniałe: bardzo gruby, ale niezbyt sztywny mięsisty brezent w pięknym niebiesko-granatowym kolorze. Miały one dużo naszywanych kieszeni i wszystkie, mimo że były przyszyte bardzo mocną, grubą, dobrze widoczną białą nicią, ponadto zostały jeszcze wzmocnione solidnymi miedzianymi nitami. Rozporek, co było wtedy wielką rzadkością, zamykało się masywnym miedzianym zamkiem błyskawicznym. Nad prawą tylną kieszenią widniał przyszyty skórzany prostokącik, na którym wypalone było logo i nazwa firmy, która wyprodukowała to cudo. Pamiętam że Lio zdarł ze mnie straszne pieniądze, rekompensując mi trochę ten wydatek prezentem w postaci jaskrawoczerwonego szerokiego parcianego paska ze skórzanym zapięciem na normalną sprzączkę i dużym napisem WEST POINT, umieszczonym pomiędzy dwiema czarnymi amerykańskimi gwiazdami. Nikt w tym, jakkolwiek by patrzeć, dużym mieście czegoś takiego w swoim życiu jeszcze nie widział, tak że moje spodnie rozpalały najróżniejsze sprzeczne emocje. Naród, który tak strasznie w stosunkowo krótkim czasie zgłupiał, spontanicznie przejmując chłopskie nawyki i maniery, bardzo te spodnie miał mi za złe i myślę, że nawet gdyby ktoś takie spodnie posiadał, nigdy by ich ze strachu na dupę nie włożył, bo nosząc je, czułby się chodzącą zdradą socjalistycznego kraju, nie mówiąc już o chodzącej zdradzie sprawy komunizmu. Dodam, że wcale nie były jedyną moją demonstracją, jeśli chodzi o spodnie. Ponad rok wcześniej dzięki dużemu szczęściu udało mi się drogą okazyjnego kupna wejść w posiadanie wojskowych brezentowych spodni typu cargo, o których istnieniu nikt wtedy nie miał tutaj pojęcia. W owym czasie propaganda rozdmuchiwała sprawę bitwy o twierdzę Dien Bien Phu i spodnie takie widywałem na kronikach filmowych pokazujących walczące strony. Ja i podobni do mnie solidaryzowaliśmy się z Francją i ze wspaniałą, efektowną i niby-skuteczną francuską Legią Cudzoziemską, walczącą w identycznych spodniach jak moje. Propaganda, partia i ciemne pospólstwo popierały Ho Chi Minha i naród wietnamski, walczący w spodniach byle jakich lub czasem wręcz bez spodni. Niestety pod wspomnianym Dien Bien Phu Francuzi swój mecz przegrali, ale mimo to moje sławne spodnie cargo dalej jak gdyby nigdy nic zwracały powszechną uwagę, prawdopodobnie będąc tematem niekończących się dyskusji w tym z roku na rok coraz głupszym narodzie. Ja zaś mimo przegranego przez Francję meczu w spodniach tych cały czas jak by nie patrzeć czułem się jak legionista.

Zupełnie nie mogę sobie przypomnieć, co to była za miejscowość. Musiałem tam pojechać na jakiś trwający prawie tydzień turniej. Mogło to być Opole, mogły być Gliwice, a nawet Bielsko. Po wojnie w granicach zachodniej Polski znalazło się bardzo wiele nowych miast i miasteczek, powodując w mojej geograficznej wyobraźni niemały chaos, skutkiem czego mogło się to odbywać nawet i gdzie indziej. Ponieważ był właśnie środek dość upalnego lata i miałem bardzo dużo wolnego czasu, wybrałem się na miejscowy basen z dwiema dziewczynami poznanymi poprzedniego dnia. Nie muszę dodawać, że moim zdaniem na pewno były to najlepsze dziewczyny w tym mieście. Basen wyglądał dziwnie – duży, nieregularny, raczej rodzaj kąpieliska o krystalicznie czystej wodzie, w której świetnie się pływało. Prowadziła do niego dość szeroka ścieżka, na całej swej długości oddzielona od obiektu sporym kanałem, który najprawdopodobniej zasilał kąpielisko w wodę. Gdy byliśmy mniej więcej w połowie drogi, nagle pojawił się za nami duży motocykl z przyczepą firmy NSU, ale z całą pewnością wyprodukowany jeszcze na wiele lat przed dojściem Hitlera do władzy, bo długi kanciasty bak mieścił się pod ramą motocyklu, co już wtedy znaczyło, że eksponat jest raczej muzealny. Na NSU siedziało trzech lokalnych playboyów, mniej więcej w moim wieku. Tym razem nie byli to żadni zetempowcy, ale zachowywali się prowokacyjnie i miałem wrażenie, że znają dobrze dziewczyny, które mi towarzyszyły. Gdy jadący bardzo wolno motocykl zrównał się z nami, a nawet trochę nas wyprzedził, trzej dżentelmeni, prawdopodobnie niezadowoleni z tego, że śmiem coś kombinować z ich dziewczynami, stawali się coraz bardziej agresywni i jeden przez drugiego, z typową w tamtych czasach dla mieszkańców tego kraju tolerancją, zaczęli nam coś dogadywać na temat moich cargo Dien Bien Phu spodni, które tego dnia miałem właśnie na sobie. Mimo mojej nieomylnej intuicji, że bójka jednak jest nieunikniona, jak gdyby nigdy nic szliśmy dalej, ale przed dziewczynami póki co starałem się robić wrażenie pewnego siebie twardziela, mającego w każdej kieszeni swoich cargo spodni po naładowanym pistolecie – i to pistolecie dużego kalibru. Jak przed każdą walką ogarniało mnie coraz większe podniecenie i coraz intensywniej myślałem o Plebańczyku. Zastanawiałem się tylko, w którym momencie ci trzej zdecydują się zatrzymać motor, wyskoczyć z niego i mnie zaatakować. Tymczasem wszyscy trzej, łącznie z prowadzącym pojazd, jadąc tuż przed nami i cały czas szydząc ze mnie, a nawet w pewnym sensie mnie lżąc, głowy mieli odwrócone tyłem do kierunku jazdy, czyli w naszą stronę. Sytuacja robiła się napięta. Tak samo jak antyczny był ich motocykl, tak samo antyczna była również jego boczna przyczepa, która na przedzie okalającego jej koło błotnika miała mocno osadzony, umieszczony bardzo nisko, ozdobny trójkątny stopień. Pan Bóg jednak okazał się sprawiedliwy, bo w pewnym momencie stopień przyczepy z łomotem zahaczył o niewidoczny, bo ukryty w dosyć wysokiej trawie, mocny, betonowy, bardzo niski słupek i cała ta maszyneria w ułamku sekundy wywróciła się do góry nogami i zawisła nad głębokim wykopem kanału. W tym samym ułamku sekundy wszyscy trzej pasażerowie motocyklu wpadli po samą szyję do wody i gdy w tej wodzie próbowali szybko przeanalizować sytuację, w której się nagle i zupełnie niespodziewanie znaleźli, jako dodatkowa kara boska, a może żeby było jeszcze śmieszniej, otworzyła się klapa od dosyć pojemnego schowka na narzędzia, usytuowanego za oparciem siedzenia w przyczepie, i ze sporej wysokości na ich gołe głowy – w tych czasach nie było jeszcze żadnych obowiązkowych kasków dla motocyklistów – jak z puszki Pandory posypały się jakieś młotki, kombinerki, klucze – cały mechaniczno-samochodowy warsztat. Mimo tragizmu całej tej sytuacji, idące ze mną dziewczyny nie były w stanie powstrzymać i opanować ataku śmiechu, co jeszcze bardziej dołowało lokalnych playboyów, świetnie zdających sobie sprawę, jaką dali dupę. Każdemu z nich pomogłem, podając rękę, wydostać się z tego kanału, po czym z niemałym trudem we czterech postawiliśmy z powrotem na koła potwornie ciężki, a do tego warczący i dymiący jeszcze motocykl. W końcu cała trójka, trochę pokontuzjowana, mokra i lekko krwawiąca, tym razem przyjaźnie do nas machając, z kwaśnymi minami, maksymalną jak na ten model szybkością i normalnym jak na ten model łomotem oddaliła się, po chwili całkowicie znikając z kadru.

Trzeciego wieczoru, kiedy fama o występach Sokala już się na dobre po mieście rozeszła i w kawiarni była najliczniejsza publiczność, moją uwagę zwróciła pewna szalenie ekscytująca dziewczyna. Kilka razy nawet zatańczyliśmy. Była piękna, wysoka, szczupła i bardzo zgrabna. Miała ciemnorude włosy, zaczesane gładko i zakończone czymś w rodzaju końskiego ogona. Jej zjawiskowa, zdecydowanie piękna twarz promieniowała figlarnością, poza tym miała wiele cech azjatyckich lub polinezyjskich, była owalna, z dosyć mocno zarysowanymi szczękami i kośćmi policzkowymi, raczej płaskim, małym, ale szerokim nosem, zdecydowanie dużymi ustami, jasnoniebiesko-szarymi oczami i masą piegów. Poza tym miała długą szyję i bardzo długie nogi. Dodam jeszcze, że w jej piękności nie było żadnych, nawet najmniejszych śladów urody anioła proletariackiego, cech tak często w tym czasie spotykanych nawet u bardzo atrakcyjnych dziewcząt. Nosiła optyczne okulary w modnych wtedy przezroczystych oprawkach z pleksi, co nadawało jej bardzo intelektualny wyraz. Mimo że była ode mnie młodsza o ponad rok, robiła wrażenie poważnej i dorosłej kobiety. Gdy tylko ją zobaczyłem, od razu wiedziałem, że należy ona do rzadkiego typu niebezpiecznych kobiet. Gdy z taką facet się zada, to jest w stanie zostawić wszystko i bez zastanowienia, nie patrząc na nic, zrobić wszystko, każdą najgorszą rzecz, byle być obok niej. Przyszła z mężem, starszym o piętnaście lat, z zawodu jakimś technokratą, a z zamiłowania trenerem narciarskim. Najlepiej, gdyby był bucem, niestety na oko był to kulturalny i przyjacielski facet, co od razu stawiało mnie, jako jej wielbiciela, w dosyć kłopotliwej sytuacji. W czasie trzeciego tańca wyznała mi, że od niedawna mieszkają w tym mieście. Przenieśli się z Katowic, gdzie się urodziła i gdzie mieszkała, po tym, jak przemianowano je na Stalinogród. Był to dla niej tak duży stres, że pod groźbą rozwodu zmusiła męża do wyjazdu gdziekolwiek.

Imię miała takie same jak patronka górników, nie wiem dlaczego, ale zawsze to piękne imię bardzo mnie ekscytowało. W czasie czwartego, ostatniego naszego tańca powiedziałem jej, jaka jest piękna i jak mi się strasznie podoba. Odparła, żebym teraz jej posłuchał, ale natychmiast zapomniał o tym, co mi powie. Właśnie grano BODY AND SOUL. Przytuliła się do mnie bardzo blisko i wyszeptała, że od dawna zna mnie z widzenia, ale ja nigdy nie zwracałem na nią uwagi, i że nigdy nie zdradza swojego męża, ale gdyby miała to zrobić, to zrobiłaby to ze mną. Gdy zapytałem ją, dlaczego zwariowała i tak młodo wyszła za mąż, spokojnie i rzeczowo wyjaśniła mi, że jej mąż jest Żydem, a jak się orientuje, Żydzi niebawem będą mogli emigrować. Jest to jedyna szansa, żeby z tego koszmarnego kraju i jeszcze koszmarniejszego systemu urwać się na Zachód. „Mogę tam być wcześniej niż ty, prześliczna", pomyślałem.

Krysia leśniczanka okazała się na tyle litościwa, że swoją karną ekspedycję przeprowadziła dopiero w nocy, z niedzieli na poniedziałek, dokładnie o godzinie dwunastej trzydzieści pięć. Kiedy z poważną i surową miną weszła na salę, Sokal grał akurat I'M CONFESSIN'. Przerwał w pół taktu, precyzyjnie rozłożył i upchnął po kieszeniach klarnet, ukłonił się i wyrecytował: „Koniec, koniec tej muzyki, już idziemy do fabryki", po czym podszedł do leśniczanki, żony swojej, pocałował ją subtelnie z dwóch stron w szyję, cofnął się o krok i wyciągnął ręce w geście zakuwanego w kajdanki. Zagrane to wszystko było znakomicie i nieduża sala nagrodziła mu to oklaskami, ale on w tym czasie wsiadał już do olbrzymiego auta, limuzyny-taksówki HUDSON 1929, gdzie za kierownicą siedział tajemniczy dwumetrowy kierowca.

Wania zaczynał od środy, Bronek też w środę rano przyjeżdżał z powrotem, tak że w poniedziałek i we wtorek miałem czas się zrelaksować. Pierwszego z wolnych dni przed południem pojechałem na drugie śniadanie do mojej mamy, która tego dnia miała akurat wolne. Kiedy kończyłem raczyć się pysznym, zrobionym przez mamę pasztetem, smarując go jeszcze po wierzchu albo sporą warstwą rewelacyjnego, jak zawsze, bardzo ostrego tartego chrzanu, przyprawionego sokiem z cytryny, cukrem pudrem (zuckapuda), szczyptą soli i rozprowadzonego śmietaną, albo też preparowaną specjalnie do mięs konfiturą z żurawin z nieznaczną domieszką pigwy. Gdy skończyłem i już miałem sobie nałożyć na talerz jedno z moich ulubionych robionych przez mamę ciast, rodzaj dosyć miękkiego piernika, przełożonego zawsze dwoma rodzajami masy o dwóch smakach (tym razem masą migdałową i kawową), mama zaczęła następną mrożącą krew w żyłach opowieść. Mówiła o niejakim Wojtku Dunin-Mirskim. Jego rodzina posiadała spory majątek ziemski i mój ojciec przed wojną miał z nimi jakieś interesy i dosyć bliskie kontakty. Jako dziecko nawet parę razy tam byłem. Mieli dwóch synów. Pamiętam, że jeden był dużo starszy ode mnie, a drugi, właśnie Wojtek, tylko o jakieś pięć lat. Pod koniec wojny zdążył się załapać do AK, a nawet do jakiejś partyzantki, czego mu bardzo zazdrościłem. Otóż

Wojtek ostatnio próbował uciec na Zachód i teraz, biedny, siedzi gdzieś na północnym zachodzie kraju i nie wiadomo, na ile lat więzienia zostanie skazany. Po wysłuchaniu tej wiadomości straciłem cały apetyt. Tak czy siak, postanowiłem jak najszybciej zobaczyć się i porozmawiać na ten temat z Leonem vel Lio. Wiedziałem, że jak co dzień od piątej do siódmej będzie dyżurował w swojej kawiarni. Do piątej było bardzo dużo czasu, więc odwiedziłem jeszcze w warsztacie nowobogackich. Anity nie zastałem, boss był sam. W rozmowie z nim ze smutkiem wyczułem, że nie ma on już tego entuzjazmu, który miał na początku naszej tak owocnej dla mnie współpracy. Jeżeli w tej sprawie coś go jeszcze naprawdę interesowało, to tylko to, żeby tego cennego surowca nie posiedli inni, on zaś miał go na pewno w nadmiarze. Oczywiście, niby chciał jeszcze, ale świetnie wiedziałem, że współpraca z nim nie potrwa dłużej niż jakieś dwa, trzy dni, tak że mogłem jeszcze liczyć na dziewięćdziesiąt, góra sto trzydzieści pięć tysięcy – i na tym koniec. Po prostu nastąpił charakterystyczny w kapitalistycznej ekonomii moment, kiedy to podaż przewyższyła popyt. Problem ten bardzo często omawiano podczas nauki marksistowskiej ekonomii politycznej, obowiązkowego i najważniejszego przedmiotu na wszystkich wyższych uczelniach. Eksploatację jednak, bez względu na wszystko, postanowiłem prowadzić do końca, do ostatniego arkusza, a niesprzedany surowiec dać Bronkowi, by spróbował upłynnić go u siebie. O nowobogackim nie mogłem powiedzieć ani złego słowa, zawdzięczałem mu bardzo duże pieniądze, wielokrotnie przekraczające sumę, która na początku była mi potrzebna. Niestety, moja potworna zachłanność i nienasycenie dawały o sobie znać. Kwadrans po piątej byłem w kawiarni u Leona vel Lio. Jako inteligentny facet od razu się zorientował, jaki jest cel i temat naszego spotkania, dlatego powiedział, że to nie czas i miejsce na tego rodzaju rozmowy i żebym jutro o dziewiątej rano był u niego w domu.

Kiedy następnego dnia punktualnie stawiłem się u Leona vel Lio, on w zapinanym pod szyją białym trykotowym podkoszulku z długimi rękawami, w bryczesach, tym razem nie na kawaleryjskim pasku, tylko z bardzo wytwornymi szelkami w kolorze liliowym, które niezałożone na ramiona dyndały mu po bokach jak jakaś dziwna wschodnia uprząż, zajęty był właśnie pucowaniem swoich oficerek. Robił to w nadnaturalnej wielkości korytarzu swojego dużego mieszkania. Wskazał mi niską ławę pod przylegającym szczelnie do ściany ciemnym dębowym wieszakiem z kilkunastoma błyszczącymi mosiężnymi haczykami, a sam, siedząc opodal na ryczce, bez reszty zajęty był swoimi butami. Oficerek miał pięć par, czyli dziesięć sztuk do wypucowania. Wszystkie, uwzględniając oczywiście odwieczną różnicę buta na prawą i na lewą nogę, były identyczne, miały też dokładnie taki sam, bardzo nieznaczny procent zużycia. Czyszczenie tych oficerek było swego rodzaju misterium. Najpierw, za pomocą tak zwanego mazaka, czyli małej szczoteczki z trzonkiem, delikatnie i precyzyjnie od szpica aż do samego końca cholewy smarował Lio wszystko równą cieniutką warstwą czarnej pasty, jak dobrze pamiętam, przedwojennej jeszcze firmy DOBROLIN, od czasu do czasu maczając ten mazak w zimnej wodzie, nalanej do specjalnie w tym celu przystosowanej unrowskiej puszki po konserwach. Buty stały rzędem w kolejności pastowania. Kiedy po długim czasie skończył tę zdziesięciokrotnioną czynność, wziął dwie jednakowe ciemnożółte, grube, miękkie, włochate, jakby moherowe szmaty. Na jednej ciemnobrązowym kolorem nadrukowanych było trzech maszerujących po płomieniach chwatów w mundurach SA oraz hasło, oczywiście po niemiecku, że w butach SALAMANDER przejdziesz przez każdy ogień. Na drugiej widniał tylko w rogu wizerunek jaszczurki oraz nazwa firmy. „Wiesz – powiedział Lio – w nocy trochę zabalowałem, a dla mnie najlepszym lekarstwem na kaca jest właśnie czyszczenie butów". „A jak ty je nosisz? – zapytałem. – Dla mnie wszystkie wyglądają identycznie. Po prostu ubierasz jeden prawy i jeden lewy i na miasto?" „O nie, stary – zaprzeczył – jest tu ich, jak widzisz, pięć par. Ja od razu, jak suka swoje dziesięć szczeniąt, odróżnię każdy but i każdą parę. Dla mnie buty mają duszę i każdy z nich ma inny charakter. Ale jeszcze szewc, który je robił, nie doceniając mojej, jak bym to powiedział, nadwrażliwości, na wszelki wypadek sprytnie je oznakował". Tu Lio pokazał mi wnętrze cholewy. Każda para miała wszyty po obu stronach jedwabny kwadracik w innym kolorze, jakieś osiem na osiem centymetrów. Kwadracik nie był wszyty równolegle czy prostopadle, ale umieszczony skośnie, coś jak karo w kartach, czyli jakby pod kątem czterdziestu pięciu stopni. Pamiętam nawet kolory: żółtozłoty, jaskrawozielony, jasnoniebieski, czyli tak zwany baby blue, czerwony i chyba czarny lub ciemnogranatowy, co na tle cienkiej, bardzo szlachetnej skóry podszewki buta w kolorze żółto-pomarańczowym, czyli tak zwanej futrówki, wyglądało imponująco. Lio odstawił ostatni przetarty salamander-szmatą but i wziął do prawej ręki bardzo dużą szczotkę o eliptycznym kształcie oraz okalającym dłoń pasku, trochę taką jak do czyszczenia koni, lewą rękę zaś po łokieć wsadził do pierwszego stojącego w równym rzędzie buta, podniósł go na wysokość twarzy i szybkimi, rytmicznymi ruchami zaczął pucować. Widać było, że sprawia mu to dużą przyjemność. Przystąpiłem do rzeczy. Powiedziałem, że stale czytam w gazetach o rozmaitych wpadkach przy nielegalnym przekraczaniu granicy, że nawet dwóch moich znajomych, a właściwie mojej rodziny, zostało złapanych i siedzą, i jeszcze nie wiadomo, po ile lat dostaną, i jaką ja mam gwarancję, że nawet gdy zapłacę te sto tysięcy, nie spotka mnie to samo. Lio nagle mi przerwał. Gestem nakazał mi zamknąć dziób, podał szczotkę i pucowany już trzeci z rzędu but i pokazał mi, również gestem, żebym pucował dalej, sam zaś bezszelestnie zniknął w skarpetkach w otwartej na oścież kuchni. Przez dobre pięć minut pucowałem ten zaczęty przez niego but i kiedy wziąłem następny, czyli już czwarty z rzędu, z kuchni wyszedł Lio. Twarz miał trochę tajemniczą, a w prawym ręku trzymał duży rewolwer, ruski nagan, który w jego drobnej, piegowatej i pokrytej rudawym włosem dłoni wyglądał gigantycznie. Ja pucowałem but, a on powoli skradał się pod ścianą w stronę wejściowych drzwi. Prawą rękę z bronią skierowaną lufą do góry trzymał za sobą pod podkoszulkiem, co lekko upodobniało go do jakiegoś podejrzanego garbusa. Nie wiedziałem zupełnie, co jest grane, a tymczasem Lio stał już przy drzwiach, lewą rękę delikatnie trzymając na klamce. Nerwowo pucowałem dalej, kiedy nagle otworzył niezamknięte od wewnątrz na żaden klucz ani zasuwkę drzwi. Za drzwiami nie było nikogo. W tym podkoszulku i skarpetkach, z rewolwerem w ręku wyglądał teraz Lio jak bohater kowbojskiego filmu, który w niekompletnym stroju musi szybko uciekać, przyłapany in flagranti przez zazdrosnego męża. Do kompletu brakowało mu tylko kapelusza, a jeżeli chodzi o ten kowbojski film, to nie muszę dodawać, że była to z całą pewnością komedia. Wrócił do kuchni i po dosyć długim czasie, już bez nagana, podszedł do mnie. Wyjął mi z ręki szczotkę i but. „No, widzę, że zupełnie nieźle ci to idzie, masz dobry zawód, jak znajdziesz się na Zachodzie, podobno bardzo często od tego zaczynali przyszli milionerzy", żartował, z satysfakcją oglądając pod światło wypucowaną przeze mnie cholewę. „Wiesz, ostatnio bardzo mi robią koło dupy i muszę być czujny i ostrożny. A teraz coś ci powiem. Ci wszyscy połapani na granicy to palanci i amatorzy. Na przykład, czy widzisz moje buty?" „No widzę, przecież przed nimi siedzę". „No to popatrz jeszcze raz, wszystkie są perfekt, wyobraź sobie teraz, że z którymś coś się stanie, odpadnie blaszka czy rozpruje się jakiś szew. Ja, chociaż nie jestem szewcem, będę próbował to naprawić, nawet będę myślał, że naprawiłem, ale na kilometr każdy zobaczy tę moją obsraną naprawę. Widzisz, wszystko muszą robić kompetentni fachowcy. To, co załatwiamy dla ciebie, to jest stuprocentowo pewna sprawa. Wiesz, ja niedługo też wyjeżdżam..." „Dokąd?", spytałem. „Do Włoch, może Austrii, może Niemiec, może do Izraela, ale docelowo to na pewno do Ameryki, gdzie chciałbym mieć porządny sklep z butami, a za jakiś czas nawet sieć takich sklepów. Jedynie w Ameryce pozwalają ci cieszyć się ze swoich pieniędzy. Bo tu na przykład im masz więcej pieniędzy, tym bardziej musisz udawać dziada. Ja dosyć przez kilka lat nadziadowałem się w Kazachstanie". „Odlatują orły...", wtrąciłem filozoficznie. „Raczej szczury uciekają z tonącego statku", zaśmiał się Lio. „Mówiąc o orłach, miałem na myśli mój ewentualny wyjazd", wyjaśniłem i obaj się zaśmialiśmy. „Ponieważ niedługo i mnie tu nie będzie, a mimo że jesteś gojem, lubię cię i mam do ciebie trochę więcej zaufania niż do innych, chciałbym wyjaśnić ci parę szczegółów. Sam chyba rozumiesz, że nasza rozmowa ma charakter jak najbardziej top secret i jeżeli byś coś kiedyś z tej rozmowy tu albo już tam powtórzył, to nawet nie masz pojęcia, z jakiej strony mógłbyś mieć potworne kłopoty, i jeszcze pół biedy, gdyby tylko na potwornych kłopotach się skończyło. Wiesz, jakieś czterdzieści kilometrów na zachód od nas znajduje się średniej wielkości powiatowe miasto. Niby takie zwyczajne miasto, figuruje nawet w historii Polski, chyba w związku z jakimiś najazdami Wielkiej Ordy Czyngis-chana. To miasto jest podzielone, a znacznie większa jego część należy do Ruskich. Stacjonuje tam od cholery sowieckiego wojska i znajduje się tam rodzaj Oberkommando na całą dolną połowę Niemiec Wschodnich, czyli część tak zwanej zony, południowo-zachodnią Polskę i całe Czechy bez Słowacji. Są tam również centrale ruskiego wywiadu i kontrwywiadu działającego na tych terenach. Widzisz, do niedawna Ruscy jako wyzwoliciele, czy raczej jako okupanci, mieli dosłownie wszędzie wszystkiego ile dusza zapragnie. Teraz, ponieważ od zakończenia wojny minęło już prawie dziesięć lat, trochę się pozmieniało. Muszą się bardziej kapować i żeby w dalszym ciągu mieć to wszystko, coraz częściej płacą. Czy wiesz co to jest mafia?" „No wiem – odparłem lekko zdziwiony tak radykalną zmianą tematu – jest mafia sycylijska, skąd zresztą się wywodzi, włoska, mafia jest w Ameryce, głównie w Chicago i Nowym Jorku, w Marsylii, to taka organizacja przestępcza która za duże pieniądze załatwia za ciebie różne nielegalne rzeczy, których ty sam nie byłbyś w stanie dokonać, bo albo byś się bał, albo nie potrafił". „No dobrze – powiedział Lio – na przykład chcesz się kogoś pozbyć, czyli inaczej z zimną krwią go zamordować. Jeśli sam to robisz, to jest raczej pewne, że cię nakryją, i o ile cię nie powieszą, to resztę albo większą część swego życia spędzisz za kratkami. A tak, proszę bardzo, płacisz mafii, na parę dni gdzieś dalej wyjeżdżasz, masz żelazne alibi, a oni w tym czasie załatwiają faceta. Bardzo dokucza ci sąsiad i nie masz na niego siły. Dasz mu w ryja, to zaraz ta menda ma piętnastu świadków i włóczą cię po jakichś sądach, mimo że naokoło wszyscy razem z policją świetnie wiedzą, co to za skurwysyn. A tak, proszę bardzo, płacisz mafii, a oni najpierw mówią mu, że ma być grzeczny. Jeśli nie posłucha, to ty gdzieś wyjeżdżasz, masz alibi, a oni mu spuszczają takie manto, że jak po długim czasie wyjdzie za szpitala, to jest do rany przyłóż. I co? Jak mówią na Zachodzie, everybody is happy. Wszyscy, którzy sami teraz próbują uciec za granicę, to naiwni idioci. Teraz na sto takich prób ucieczki udają się dwie, może trzy, i jeszcze pół biedy, jak cię złapią na samym początku. Idziesz wtedy do polskiego pierdla przeważnie z trzy-, pięcioletnim wyrokiem, masz jeszcze szansę, że za dobre sprawowanie wypuszczą cię trochę wcześniej – i free baron, tyle że karany. Ale przeważnie kończy się to znacznie gorzej. Albo wleziesz na jakąś perfidnie umieszczoną minę, albo przegryzą ci gardło specjalnie do tego celu tresowane psy, pilnujące przygranicznych rejonów, najczęściej rasy owczarek wschodnioniemiecki, które na łańcuchach przymocowanych do ćwierćkilometrowych drutów, rozciągniętych dwa, trzy metry nad ziemią, biegają w te i nazad i marzą tylko, żeby kogoś dopaść. W ostateczności z największą przyjemnością odstrzeli cię wschodnioniemiecki Grenschutz, jeszcze bardziej podły od swoich tresowanych psów, i nie pomoże ci nawet to, że na przykład, oceniając beznadziejność sytuacji, staniesz grzecznie z rękami wysoko podniesionymi do góry. Mówię ci, dwóch, trzech na stu, a reszta na zatracenie. Ty, ponieważ nie jesteś głupi, na szczęście samopas nie kombinowałeś nieodpowiedzialnej eskapady, tylko zgłosiłeś się w tej sprawie do Bławata, który cię lubi, a Bławat przekazał cię do mnie. Poza tym byłeś w stanie w dość krótkim czasie zorganizować taką kupę pieniędzy, w co, szczerze ci teraz powiem, ani Bławat, ani ja specjalnie nie wierzyliśmy i czym nam bardzo zaimponowałeś. Jak tylko ostatecznie wyjaśni się twoja sytuacja z tym pieprzonym wojskiem, a mam nadzieję, że stanie się to najdalej w ciągu miesiąca, przychodzisz z forsą do mnie, a ja cię polecam dalej. Dalej, nic nikomu nie mówiąc i z nikim się nie żegnając, w ustalonym dniu i o dokładnie ustalonej godzinie jedziesz sam do tego półruskiego miasta, w którym znajduje się to Oberkommando, i punktualnie zgłaszasz się, gdzie trzeba, a oni ładują cię jak jakąś ekscelencję do wytwornej limuzyny. Nie będzie to żadne ruskie auto. Prawdopodobnie podstawią ci albo duży czarny tatraplan z charakterystycznym statecznikiem wystającym na środku za tylną szybą, albo jeszcze większą granatową limuzynę alfa romeo. Auta te nie będą miały żadnej wojskowej ruskiej rejestracji, a żeby było śmiesznej, alfa romeo będzie miała czeskie, a tatraplan wschodnioniemieckie numery rejestracyjne. Jak będziesz bardzo spostrzegawczy, to może zauważysz dwa ruskie wojskowe samochody konwojujące cię z przodu i z tyłu w dużej odległości. Jedziesz niecałe cztery godziny i mimo że twój szofer zupełnie nie jest rozmowny, podróż nawet szybko ci mija, bo na licznych checkpointach pokazują tylko, żeby jechać dalej. Pod koniec zjeżdżacie do lasu, którym przez około piętnaście minut jedziecie już dużo wolniej. Na końcu drogi stoi otwarty ruski samochód, który cały czas jechał przed wami. Major i kapitan palą papierosy, szofer podoficer za przyzwoleniem starszych stopniem odlewa się nieopodal. Wysiadasz z auta. Jeden z oficerów podchodzi do ciebie z mapnikiem i pokazuje ci, gdzie jesteś. Mapa to jeszcze poniemiecka dwieściepięćdziesiątka z państwową granicą topornie narysowaną czerwoną kredką. Z łatwością odczytujesz, że do tej granicy masz piętnastominutowy spacer.

Na wszelki wypadek drugi oficer pokazuje ci jeszcze kierunek. Nie ma tu żadnych Grenschutzów, żadnych psów na drutach, chociaż napięte druty wiszące nad głową można zauważyć, żadnych pól minowych. W pożegnalnym geście machasz ręką, oficerowie ci salutują, twój niedawny szofer macha ręką tak jak ty. Znikasz w zaroślach, cały czas idziesz w stronę zachodzącego słońca, tak że nie ma mowy o pomyleniu kierunków. Wszystko jest to mafia, ruska mafia. Organizacja licząca zaledwie kilku, mimo że wydaje się to nieprawdopodobne, wyższych oficerów czy generałów, którzy świetnie wiedzą, co się je nożem, a co widelcem, jakie wina pije się do czego, i którzy potrafią bez żadnych problemów odróżnić, czy śpiewa Bing Crosby czy Frank Sinatra. Ci, którzy się tobą zajmują, robią to w ramach swojej służby, sumiennie i karnie wykonując tylko jakieś tajemnicze i najczęściej zupełnie niezrozumiałe dla nich wywiadowcze lub kontrwywiadowcze rozkazy i zadania. Dzięki ruskiej mafii jesteś już po drugiej stronie, co bardzo łatwo poznasz, choćby po innych, bo zachodnich śmieciach. Po tej drugiej stronie również trzeba bardzo się kapować. Tam od razu różni tacy biorą cię w obroty i zanim się ostatecznie od ciebie odczepią i pozwolą ci normalnie żyć, na wszelkie sposoby starają się zrobić ci wodę z mózgu. Są to przeważnie cyniczni, mówiący świetnie po polsku dranie, o wielkiej sile przekonywania. Jeśli jesteś głupi i słaby, po długich rozmowach z nimi nabierasz mocnego przekonania, że przybyłeś tu tylko i wyłącznie po to, żeby niebawem wrócić i czynnie walczyć z istniejącą w Polsce koszmarną rzeczywistością. Obiecują ci złote góry, przekonują cię, że obecny stan będzie trwać jeszcze tylko kilka miesięcy, a na pewno mniej niż dwa lata, a potem Polska, jak kiedyś, będzie wolna i potężna, a ty w nagrodę, że dla nich pracowałeś, zostaniesz co najmniej jakimś wojewodą smoleńskim czy nawet witebskim, bo Polska, również dzięki tobie, będzie znowu od morza do morza. W rzeczywistości chodzi im tylko o to, żebyś wyraził zgodę na pracę dla nich. Jeżeli na skutek totalnego ogłupienia zgodę taką w końcu wyrazisz, od razu pchają cię na takie dywersyjno-szpiegowskie przeszkolenie. Głównie uczą tam posługiwania się krótkofalówką, szyfrowania, jakichś sztuczek pirotechnicznych, skakania na spadochronie i różnych takich, stale ładując ci do twojej głupiej głowy, jaką to dziejową misję masz do spełnienia. Potem, jak uznają, że już jesteś wystarczająco wyedukowany, w wieśniaczym przeważnie przebraniu, z krótkofalówką i innym sprzętem, na fałszywych papierach przerzucają cię do Polski, nazywanej przez nich starym krajem, chociaż, jak by nie patrzeć, w Europie wiele krajów jest nawet kilka razy starszych od Polski, którą ty tak niedawno definitywnie skreśliłeś ze swojej listy zainteresowań, a teraz, jak jakiś pijany Hamlet, zadajesz sobie odwieczne pytanie: «Co ja tu, kurwa, znowu robię?». Nagle zdajesz sobie świetnie sprawę, jaki jesteś głupi i w jakiego chuja dałeś się zrobić. Masz jeszcze jedną, ostatnią szansę: w najbliższym szambie zatopić tę swoją krótkofalówkę i inne kompromitujące cię gadżety i zapomnieć o całej niedawnej przygodzie, i starać się zacząć normalne życie, chociaż teraz normalne życie raczej tu nie istnieje…"

Dochodziło wpół do dwunastej, kiedy Lio zakończył swój tak pouczający dla mnie wykład. „To ja już będę walił – oznajmiłem – bardzo ci dziękuję". „Poczekaj, pójdziemy razem – rzekł Lio, naciągając liliowe szelki na niebieską koszulę, którą przed chwilą założył – zawiążę tylko krawat, ubiorę buty i coś narzucę na grzbiet. Zapraszam cię do probierni, trzeba coś zjeść i trochę przepłukać gardło". Wyszliśmy. Lio pozamykał na wszystkie zamki wejściowe drzwi, a na szyi miał dzisiaj nowy, nieznany dotychczas mi krawat, jaskrawo jasnozielony, z sylwetką przeskakującego przez przeszkodę jeźdźca, pod którym widniał wielki, jeszcze bardziej jaskrawy napis SARATOGA SPRINGS.

W czwartek, kiedy dostarczyłem nowobogackiemu kolejny transport i kiedy inkasowałem kolejne czterdzieści pięć tysięcy, czując świetnie sytuację, oświadczyłem, że niestety mam dla niego przykrą wiadomość: otóż jutro dostanie ostatni transport, bo korka już nie ma i więcej nie będzie. Wyczułem u niego wielką ulgę. Nawiasem mówiąc, produkcja produkcją, ale od dosyć dawna zacząłem się zastanawiać, gdzie nowobogacki jest w stanie bezpiecznie magazynować takie ilości dostarczanego mu przeze mnie cennego surowca. Bronek zabalował u mnie jeszcze dziesięć dni, w ciągu których ogołociliśmy do cna kacapów, i resztę korka dyskretnie wysłaliśmy na wybrzeże, gdzie mieszkał. Było tego, po cenach obowiązujących tutaj, za prawie sto pięćdziesiąt tysięcy. W sprawie terminu EXTRA musieli o mnie zapomnieć. Zbliżał się czwarty grudnia, imieniny patronki górników, która na dobre weszła mi do głowy i o której intensywnie przez cały czas myślałem. W czasie czwartego i na razie ostatniego naszego tańca podczas koncertu Sokala udało mi się zdobyć od niej tę cenną informację, jak również wymienić numery telefonów. Ja jej numer zapisałem długopisem na lewym rękawie mojej białej koszuli, którą miałem pod swetrem, a swój numer, śmiejąc się, napisałem tym samym długopisem na jej lewym przedramieniu, dokładnie tak, jak byli tatuowani więźniowie w obozach koncentracyjnych. Hrabia Czechowski jakby zapadł się pod ziemię, od dwóch tygodni nie telefonował i nie odbierał telefonów, więc samochód na razie należał do mnie. Wiele razy wpadałem do kawiarni, gdzie grali chłopcy, ale patronki górników nigdy więcej nie widziałem. Pytałem nawet o nią Bławata. Owszem, wiedział, o kogo chodzi, pamiętał ją, jej bardzo egzotyczną urodę i imię, bo mimo że uważałem go wtedy za sędziwego starca, bardzo był czuły na wdzięki kobiece, ale nic poza tym, że podobno mieszka gdzieś w rynku, nie był w stanie mi powiedzieć. Zauważyłem, że chyba z jej powodu z niechęcią myślałem o chwili, kiedy wreszcie dostanę to potwornie opóźnione wezwanie w terminie EXTRA, co automatycznie będzie sygnałem do mojego wyjazdu z tego kraju. Często wracałem myślami do opowieści Leona vel Lio, który tak sugestywnie i tak obrazowo unaocznił mi to wszystko w czasie naszego niedawnego naukowego sympozjum na temat czyszczenia butów. Po kilkudniowych myślowych dywagacjach doszedłem do wniosku, że z ruskiej mafii skorzystam jedynie w sytuacji krytycznej, to znaczy gdy już będę miał w ręku kartę wcielenia. W żadnej innej sytuacji NIE – bo Ruskim nie wierzę, nawet takim Ruskim, którzy potrafią odróżnić Binga Crosby'ego od Franka Sinatry. W czasie tych przemyśleń przyszło mi także do głowy inne rozwiązanie, mianowicie ewentualność przekupienia kogoś kompetentnego ze sfer wojskowych lub lekarskich, żeby nieoficjalnie załatwić oficjalne wykreślenie mnie z ewidencji wojskowej. Było to również dosyć ryzykowne, bo na przykład taki major Kostrzewa, co ma dupę z drzewa, nawet gdyby oferowałoby mu się milion, z wrodzonej podłości mógł natychmiast skierować sprawę do wojskowego prokuratora, chociaż tak naprawdę to nigdy nic nie wiadomo. Ale szczerze mówiąc, w sferach wojskowych nie miałem żadnych, ale to żadnych znajomości, bo w tych czasach kadrę oficerską stanowiły, jak by to najkrócej sformułować, lewusy, pospiesznie przeszkolone lumpenproletariackie prostactwo lub jacyś podejrzani, jeszcze za sanacji komunizujący renegaci. Na pewno nie było to eleganckie towarzystwo, w którym ja zawsze starałem się przebywać. Pozostawały mi jeszcze sfery lekarskie, towarzysko znacznie różniące się od sfer oficerskich. Na ogół wszyscy oni byli bardzo kulturalni, przeważnie jeszcze z przedwojennym zawodowym i towarzyskim stażem. W tym mieście większość z nich pochodziła ze Lwowa, a jak wiadomo, lwowianie zawsze byli najbardziej wesołymi, bezkonfliktowymi i zabawowymi ludźmi. Ponieważ byłem zdrowy jak koń, również w tym środowisku nie miałem za dużych koneksji. Może kłaniałem się kilku lekarzom sportowym, z którymi się zetknąłem, ale właściwie to nie byli żadni moi znajomi, bo nawet dobrze nie wiedziałem, jak się nazywają i czy przypadkiem nie są członkami partii. Jedyny wyjątek stanowił pewien doktor, z którego synem, również Andrzejem, w pewnym sensie się przyjaźniłem. Przedwcześnie owdowiały, lub może porzucony przez żonę, nigdy na ten temat się tam nie mówiło, ojciec Andrzeja, któremu stosunkowo nieźle się powodziło, bardzo ciężko pracował, a do tego prowadził bardzo towarzyski tryb życia. W jego dosyć dużym domu stale odbywały się jakieś przyjęcia i dosyć często urządzane były duże brydż party, gdzie zazwyczaj grano na trzy, a czasem nawet i na cztery stoliki. Przyjęcia te odbywały się najczęściej w soboty lub w przeddzień świąt, a potrafiły kończyć się nawet pod wieczór następnego dnia. Średnia wieku grających zawsze dobrze przekraczała pięćdziesiąt lat, ale zapraszani tam byli zarówno znajomi ojca, jak i syna. Grano o pieniądze, ale stawki były raczej symboliczne. Zawsze po dosyć wczesnej i dosyć szybkiej kolacji wszyscy, którzy chcieli tej nocy grać, ciągnęli z jed-

nej talii karty. Asy liczyły się za jedynki i według tego, jaką
kartę wylosowali, rozsadzano ich przy stolikach. Największą przyjemnością było granie ze starszymi dżentelmena-
mi. Jednego z nich do dziś pamiętam. Był numizmatykiem
i w swoich numizmatycznych interesach często przyjeżdżał aż z wybrzeża. Nazywał się Antoni Domaradzki
i w młodości pełnił funkcję adiutanta samego generała
Lucjana Żeligowskiego w czasie jego sławnego pochodu
na Kowno. Il professore di numismatico bardzo dobrze
grał, a do tego jeszcze stale sypał świetnymi brydżowymi
powiedzonkami, takimi jak na przykład „kibicen sztill zit-
zen", a już zawsze, gdy grał bez atu z jednym bardzo
długim wyrobionym kolorem, tak zwanym longerem,
i w tym długim kolorze, bezczelnie zagrywając kartę po
karcie, gdzie często na jego trójki i dwójki spadały wyro-
bione już króle, damy, a czasem nawet i asy, zawsze pouf-
nie zwracał się do któregoś z kontrpartnerów: „Has du
gewidział, polskie wojsko sami rabuśnicy". Drugim takim
modelem był niejaki Zbyszek, reprezentujący tym razem
młode pokolenie. Był to bardzo duży facet o bardzo męskiej urodzie. Mówił świetnie po angielsku z amerykańskim akcentem, co bardzo się wtedy liczyło, i nieźle znał
się na jazzie. Mieszkał w Warszawie, ale ponieważ tutaj
studiowała jego dziewczyna, często przyjeżdżał i potrafił
siedzieć tygodniami, przez cały czas delektując się muzyką
ze stacji dla amerykańskich żołnierzy, których w położonej na wschodzie kraju stolicy praktycznie w żaden sposób nie dało się w radiu złapać. Jego dziewczyna była bardzo jasną blondynką, trochę w typie Marilyn Monroe. Jak
mu czasem coś nie tak w te karty pograła, to wstawał, łapał ją za tył głowy i ze słowami „ty biała oślico" udawał,
że tłucze jej śliczną twarzą o blat brydżowego stolika, co
zawsze wywoływało pewien szok i mieszane uczucia u lu-

dzi oglądających ten spektakl po raz pierwszy. Poprawił on trochę moją opinię o mieszkańcach Warszawy, których z wielu powodów uważałem wtedy za chamów, jak nigdzie indziej bezwstydnie, bezczelnie i natrętnie obnoszących się ze swoim chamstwem. Wiedziałem, że przed wojną ludzie ci na pewno nie mieszkali w stolicy. Teraz jednak kojarzyła mi się ona zawsze z nimi oraz jeszcze z nieudanymi i bardzo nerwowymi próbami przedarcia się do legendarnego w owym czasie ośrodka informacyjnego amerykańskiej ambasady. Obiekt ten, non stop bardzo sumiennie i dokładnie strzeżony przez ubeków, o czym kilkakrotnie się przekonałem, był praktycznie nie do sforsowania.

Następnego dnia umówiłem się przez telefon z Andrzejem, z którym dość dawno już się nie widziałem. Powiedziałem, że za pół godziny będę czekać na niego w aucie pod jego domem w bardzo ważnej sprawie. Mój mercedes bardzo mu się spodobał, bo jak pamiętam, oni mieli wówczas wschodnioniemiecką, oczywiście produkcji powojennej, dwutaktową ifę w kolorze rzygowin, tak zwaną blaszankę, importowaną w bardzo niewielkiej liczbie i rozprowadzaną wśród górników, ale tylko przodowników pracy, oraz lekarzy. Powiedziałem mu o moich problemach i dodałem, że jestem w stanie dobrze zapłacić. Obiecał jak najszybciej porozmawiać z ojcem i jak tylko czegoś się na ten temat dowie, to się ze mną skontaktuje, i wtedy się spotkamy, bo to na pewno nie będzie rozmowa na telefon. Nagle zaczęła się przede mną zarysowywać następna możliwość. Tymczasem patronka górników, czego każdego dnia nie mogłem przeboleć, jakby zapadła się pod ziemię. Wiele razy podnosiłem już słuchawkę telefonu, żeby wykręcić jej numer i po usłyszeniu jej głosu powiedzieć, jak bardzo ją kocham i jak za nią tęsknię, ale zdrowy rozsądek nakazywał mi nie robić tego, tylko czekać dalej. W związku z uprawianą przeze mnie dyscypliną miałem teraz znacznie więcej zajęć, bo o tej porze roku było zawsze dużo zawodów i turniejów. Chodziłem również systematycznie do Plebańczyka i na basen, ale najchętniej siedziałem w domu i rysowałem. Robiłem ilustracje i wymyślałem jak zwykle komiksy oraz głupie dowcipy rysunkowe do różnych pism i gazet. Na stole miałem sterty papierów, po bokach przykręcone dwie kreślarskie lampy z bardzo silnym światłem, litrową butelkę czarnego tuszu, sześcienny kryształowy kałamarz oraz rzecz najważniejszą – świetne radio, które było w stanie złapać wiele zachodnich stacji radiowych z bardzo dobrym jazzem. Przynajmniej raz dziennie jechałem gdzieś nie moim samochodem, którym jednak, bądź co bądź, przez cały czas beztrosko dysponowałem. Jeździłem to tu, to tam, kombinując, żeby zawsze zahaczyć o rynek, ale patronki górników dalej jak nie widziałem, tak nie widziałem. Postanowiłem, że jeżeli do tego czasu jej nie spotkam, to zatelefonuję w dniu jej urodzin, do których brakowało dosłownie kilku dni. Nierzadko, jak psychopata, umilałem sobie czas, sprawdzając swoje zasoby pieniężne. Było tego bardzo dużo. W pewnym sensie nie orientowałem się dokładnie ile, bo nigdy jakoś nie byłem w stanie tego wszystkiego od początku do końca policzyć. Poza nowobogackimi, i po części Bronkiem, nikt nie miał zielonego pojęcia, że posiadam tak gigantyczną kasę. Nie zamierzałem jednak w ogóle zmieniać z tego powodu swojego stylu życia. Fakt, że w kieszeniach miałem teraz trochę więcej gotówki, zupełnie nic nie znaczył, bo zawsze od czasu do czasu zdarzały mi się takie tłuste dni czy tygodnie. Mój wujek Stasio, wspominany już wielokrotnie, w czasie wojny w ramach pracy dla wywiadu AK zajmował się również skupywaniem broni i amunicji od niemieckich żołnierzy, używanej potem przez zbrojne podziemie. Wuj nauczył mnie aranżować rozmaite przemyślnie zakamuflowane skrytki. W swoim domu miałem dwie, obie nie do znalezienia. Jedna znajdowała się w okolicach sufitu, drugą zaś przemyślnie wykonałem, wykorzystując fragment schodów prowadzących na górę do mojego przedpokoju. Prawie wszystkie pieniądze były w banknotach pięciusetzłotowych, najwyższym wtedy w kraju nominale. Zapakowałem je do dwóch metalowych skrzynek-kontenerów wchodzących w skład wyposażenia niemieckiego ręcznego karabinu maszynowego MG-42, potocznie zwanego Spandau, gdzie normalnie spoczywały taśmy z nabojami. W skrytkach, co zawsze stosował wuj, na górze leżał nabity pistolet, w razie czego pozwalający na szybkie wyeliminowanie kogoś, kto jakimś sposobem chciałby mnie zmusić do wydania jej zawartości. Dość dawno temu, w czasie jednej z naszych akcji pod kryptonimem „przeszukiwanie podziemi po byłych niemieckich bankach", moją uwagę zwróciła pewna rozpruta pusta kasa pancerna. Zauważyłem, że w stosunku do swoich sporych gabarytów jest ona wewnątrz podejrzanie płytka. Nikt z kolegów nie chciał mnie słuchać i poszliśmy dalej. Nie dawało mi to jednak spokoju i po kilku dniach wróciłem tam zaopatrzony w bardzo silną latarkę i odpowiednie dla włamywacza amatora narzędzia. Rzeczywiście, nie myliłem się. Tylna ściana wnętrza kasy, która stosunkowo łatwo dała się wymontować, odkrywała następne, dosyć wąskie wnętrze. Zawierało ono ni mniej, ni więcej, tylko dziewięćset sześćdziesiąt zapieczętowanych talii kart firmy Piatnik, pakowanych po dwanaście w osiemdziesięciu kartonowych pudełkach, oraz dwa bardzo poręczne, fabrycznie nowe pistolety, bliźniacze, jakby do pojedynku, siedmiostrzałowe Sauer und Sohn 38 H kaliber 7,65 mm. Każdy z nich zawinięty był w grubą żółtą flanelową chustę, miał dodatkowy magazynek i pięć pudełek naboi, po pięćdziesiąt sztuk w każdym pudełku. Zdenerwowany z trudem ulokowałem wszystko w olbrzymiej sportowej torbie, którą na wszelki wypadek zabrałem ze sobą. Karty za bardzo dobre pieniądze już dawno upłynniłem, a pistolety stały teraz na straży moich schowków. Nawet nie zwierzyłem się z tego moim współeksploatorom bankowych podziemi. Za posiadanie broni groziła kara długoletniego więzienia, a ja wolałem nie ryzykować i o moim cudownym znalezisku, z którym, jako że bardzo kochałem broń, w żaden sposób nie byłem w stanie się rozstać, nikt, ale to absolutnie nikt nie miał zielonego pojęcia.

Broń tę przypadkowo znałem bardzo dobrze. Kiedy miałem jedenaście lat, musieliśmy uciekać z rodziną przed bandami UPA, które o niczym innym nie marzyły – takie były wtedy czasy – tylko żeby wszystkim nam bez wyjątku popodrzynać gardła. Przez prawie pół roku przeczekiwaliśmy w częściowo polskiej wsi. W średnich rozmiarów chłopskiej izbie koczowało nas osiemnaście osób, jedenaście dorosłych plus siedmioro dzieci, mniej więcej w moim wieku. Było nas tam czterech chłopców i trzy dziewczynki, w tym dwie Żydóweczki. Towarzystwo to pochodziło głównie z majątku cioci Marty i wujka Poldyka oraz z pobliskiego nadleśnictwa. Po dwóch tygodniach mama i ja odłączyliśmy się na jakiś czas od tej grupy i zamieszkaliśmy w oddalonym o kilkanaście kilometrów powiatowym mieście. Mama chwilowo weszła w posiadanie trzypokojowego mieszkania w pożydowskiej kamienicy, które pod jej opieką zostawili jacyś znajomi czy dalecy krewni, prosząc, żeby przez pewien czas chciała tam ze mną zamieszkać. Mojej mamie bardzo to odpowiadało, liczyła bowiem, biedna, że może pójdę tam do jakiejś szkoły i przerwę nareszcie tak długi i tak cudowny dla mnie okres nieuctwa. Miasto to było wtedy niepodobne do niczego. Od wielu stuleci prawie połowę populacji stanowili tam Żydzi. Kiedy wymordowani przez Niemców nagle zniknęli, pozostawili chaos i totalne zachwianie wszelkiej równowagi. Mimo wszystko jednak miasto to kipiało życiem dużej bazy na zapleczu dosyć jeszcze dalekiego, ale stale zbliżającego się frontu. Ulicami bez przerwy w obie strony sunęły kolumny najrozmaitszych pojazdów wojskowych. Kilka razy dziennie na pobliskie bocznice kolejowe zajeżdżały ze Wschodu pociągi wypełnione rannymi niemieckimi żołnierzami, których na krótko lokowano w dosyć dużym miejscowym szpitalu oraz w kilku innych większych gmachach, przystosowanych do tego celu. Gdy tylko ranni nadawali się do dalszego transportu, od razu wysyłani byli na Zachód, z którego bez przerwy szły na Wschód transporty z wojskiem i ciężkim sprzętem wojennym. Po mieście przewalały się stada niemieckich wojskowych Krankenschwester, w charakterystycznych krótkich pelerynkach w kolorze feldgrau, i grupy w mundurach Organizacji Todt. Oprócz Niemców byli również jacyś Rumuni, Węgrzy, Kałmucy w niemieckich mundurach, sotnie kozackie, Tatarzy, kaukaskie i zakaukaskie plemiona. Długie, kilometrowe kolumny dziwnych pojazdów konnych, którymi w panicznym strachu przed Armią Czerwoną uciekali uzbrojeni po zęby różni niefortunni obywatele Związku Radzieckiego z rodzinami, ci, którzy lekkomyślnie i beztrosko wypięli się niedawno na Stalina i nawiązali współpracę z Hitlerem. Wielotysięczne tabuny koni pędzonych na Zachód przez uzbrojonych w schmeissery Azjatów. Sceny często zupełnie jak z Sienkiewiczowskiej Trylogii, którą ze względu na moją nieprzyswajalność drukowanego tekstu, wywodzącą się rzecz jasna z mojego nieuctwa, systematycznie, co wieczór czytała mi na głos moja biedna matka. W tym czasie czułem się porucznikiem Skrzetuskim. Stresował mnie jedynie pewien bardzo istotny szczegół, mianowicie to, że nad wdzięki Heleny zdecydowanie przedkładałem wdzięki Oleńki Billewiczówny, co jednak w swojej podświadomości uważałem za bardzo niemoralne, a nawet perwersyjne. Dwa pracujące non stop kinoteatry wyświetlały temu całemu towarzystwu jakieś idiotyczne niemieckie komedie filmowe, które bardzo mi się podobały. W kinie spędzałem wiele czasu, a sławne okupacyjne porzekadło TYLKO ŚWINIE SIEDZĄ W KINIE, A POLACY W OŚWIĘCIMIE w tym całym przyfrontowym bałaganie na skutek jakiegoś niedopatrzenia tu jakoś nigdy nie dotarło i pierwszy raz usłyszałem je dopiero po wojnie. No i ciągle powtarzane sobie z ust do ust lokalne sensacje, które ja, nadstawiając uszu, gdy tylko dorośli o czymś ciekawym rozmawiali, notowałem w swojej pamięci. A to facet biegł ulicą, kogoś gonił czy przed kimś uciekał, naprzeciwko bardzo szybko jechała wojskowa ciężarówka, z której coś ostrego wystawało, jakaś kosa czy inne gigantyczne ostrze. Biegnący się zagapił i to ostrze po prostu w biegu ciachnęło mu głowę. Chlusnęła krew, ucięta głowa potoczyła się po bruku, a on już bez tej głowy biegł dalej, jeszcze jakieś pięćdziesiąt metrów. To znów na jednym z niezbyt licznych w mieście skrzyżowań wraz z cugmaszyną przewróciło się olbrzymie działo, prawie tak wielkie jak sławna kolubryna, którą w ramach Trylogii niejaki Andrzej Kmicic zepsuł był Szwedom pod Częstochową. A to gdzieś na przedmieściu stacjonował jakiś oddział własowców. Kiedy wieczorem już się dobrze popili i zaczęli śpiewać te swoje ruskie pieśni i tańczyć te swoje ruskie tańce, wtedy spod podłogi wyszło czterdzieścioro nieszczęsnych, ukrywających się tam Żydów, którzy słysząc ruskie śpiewy i tańce, przekonani byli, że to już wkroczyła Armia Czerwona. Wtedy własowcy przynieśli kilka łopat i nakazali mężczyznom kopać spory dół, sami zaś przez całą noc, męcząc je i kalecząc, zabawiali się z co młodszymi żydowskimi kobietami. Kiedy nad ranem dół był gotowy, ustawili nad nim całe to towarzystwo i serią z karabinu maszynowego wszystkich co do jednego rozstrzelali. A to nieopodal strącony został zwiadowczy sowiecki samolot, tak zwany kukuruźnik. A to jakaś formacja węgierska postrzelała się z jakąś formacją rumuńską. A to wracający z bojowego zadania niemiecki bombowiec Dornier, uszkodzony i dymiący, nie był już w stanie dolecieć do pobliskiego polowego lotniska i trzasnął o ziemię, niszcząc kilka podmiejskich chałup i zabijając kilkunastu mieszkańców. A to jakaś Ukrainka w loży jednego z dwóch kinoteatrów w czasie seansu z niemieckim podoficerem w randze Feldfebla. I tak dalej, i tak dalej. Każdy dzień przynosił coś nowego, bo stale coś ciekawego się działo. Chwilowo na szczęście o żadnej szkole nie było mowy, zresztą żadnej wtedy nie było, bo wszystkie nadające się do tego budynki i pomieszczenia zajmowało wojsko. Dosyć szybko zaprzyjaźniłem się z kilkoma rówieśnikami, z którymi w stanie maksymalnej ekscytacji wałęsałem się po mieście i okolicy. Bawiliśmy się świetnie. Opodal naszej kamienicy, jednej z większych w mieście, znajdował się spory barak magazynu, pilnowany przez uzbrojonego w ruski karabin Kałmuka w niemieckim mundurze. W magazynie tym Niemcy, podobno jeszcze od czerwca 1941 roku, trzymali rozmaity sprzęt wojenny pozostawiony przez uciekających w straszliwym popłochu Sowietów. Stale kombinowaliśmy, żeby tam się dostać, co przeważnie nam się udawało, bo wartownik za paczkę papierosów lub nawet kilka sztuk wpuszczał nas do środka i przymykał oko na nasze wybryki. W baraku tym były skarby. Stosy ruskich masek gazowych, jakieś sowieckie telefony polowe i wielkie szpule z kablami, które można było założyć na plecy, części munduru, jak pamiętam, głównie dwa rodzaje czapek, wyjściowe z czerwoną gwiazdą i jaskrawo-amarantowym otokiem oraz tak zwane budionki, również z dużą czerwoną gwiazdą. Mnóstwo dużych, okrągłych, płaskich blaszanych pudełek, zawierających przeważnie propagandowe sowieckie filmy, bardzo przydatne do fabrykowania dymnych rac, które po zapaleniu i przydeptaniu płomienia wydzielały bardzo gęsty, biały, śmierdzący dym. Broni specjalnie tam nie było, ale raz próbowaliśmy z kolegą przyciągnąć do domu CKM MAXIM, oczywiście na kółkach, z tarczą i jaszczem, ale niestety spotkała nas po drodze moja mama i musieliśmy z tym maximem przekradać się z powrotem do baraku. W dalszym ciągu mama czytała mi wieczorami na głos Trylogię, a ja nieprzerwanie czułem się porucznikiem Skrzetuskim, stale pożądającym Oleńkę Billewiczównę, z którą zapoznałem się już wcześniej, albowiem POTOP, na skutek jakichś kłopotów technicznych, nie zważając na chronologię, mama przeczytała mi na początku. Uświadomiłem sobie również, że jaki to ze mnie porucznik Skrzetuski bez własnego konia. Najpierw więc przez kilka dni nudziłem o jego kupno moją mamę, a kiedy stwierdziłem, że raczej nic z tego nie będzie, postanowiłem działać sam.

Przede wszystkim skomasowałem wszystkie swoje oszczędności, a nie była to wcale mała suma. Do zajmowanego przez nas mieszkania na drugim piętrze należał dosyć duży ogród z budyneczkiem przyległym do jednej z ulic, dosyć ruchliwej, na którą wychodziło jedyne, średniej wielkości, jakby stajenne okienko. Przed wojną chałupka ta pełniła funkcję garażu na duży motocykl z przyczepą, a w czasie wojny służyła za skład opału i częściowo za stajenkę dla trzymanych tam podobno przez jakiś czas trzech kóz, których ślady w postaci dobrze już zasuszonych kozich bobków pokrywały całą podłogę. Przez dwa dni, ciężko pracując, przystosowałem ten dziwny obiekt do planowanego przeze mnie przedsięwzięcia. Moja mama, nie znając szczegółów, była bardzo zadowolona, że nareszcie robię coś pożytecznego, a nie włóczę się z koleżkami, naprzykrzając się ciągle wojsku. Kiedy wszystko było już gotowe, kupiłem litr wódki, a na którymś biednym podmiejskim targowisku, bo cóż to za targowisko bez Żydów, duży worek siana, dwudziestopięciokilogramowy woreczek owsa, pół kilo bardzo drogiego cukru w kostkach oraz tani kantar z parcianego paska bez uzdy. Wszystko to przydźwigałem do ogrodu i teraz pozostało mi czekać. Pod koniec trzeciego dnia zobaczyłem kilkutysięczny tabun, pędzony przez uzbrojonych w schmeissery azjatyckich poganiaczy. Jak zwykle konie z obstawą pędziły ulicą przylegającą do mojego ogrodu, zajmując dokładnie całą jej szerokość. Po jakimś czasie wyszedłem z wódką na ulicę, pokazując flaszkę jednemu z Azjatów. Zaintrygowany spiął swojego konia, zatrzymując się w miejscu. „Pewno coś chcesz?", zapytał po rosyjsku. Potwierdziłem, pokazując mu dyskretnie otwartą furtkę do ogrodu, prawie przylegającą do garażu-stajenki. „Idź tam i czekaj, ja zaraz będę", odpowiedział. Po dwóch minutach przyjechał, prowadząc na dosyć grubym, zawiązanym fachowo postronku drugiego konia. „To dobry koń", pociągnął go za grzywę i podnosząc jego głowę do góry, zajrzał mu w zęby. „Cztery lata u niego", skierował go w stronę otwartych drzwi do stajenki-garażu i siedząc na swoim koniu, mocno kopnął mojego w zad, aż ten lekko przysiadł – i już był wewnątrz. Azjata zabrał flaszkę, sprawdzając jeszcze jakiś monopolowy stempel na szarym laku, i galopem dołączył do swoich. Wszedłem do środka. Mój koń stał grzecznie, trochę parskał, trochę obwąchiwał ściany, a przednią nogą co chwilę jakby kopał w betonową podłogę. Widać było, że nigdy nie był podkuty. Dałem mu parę kostek cukru, które bardzo mu smakowały, a niewykluczone, że cukier jadł po raz pierwszy w życiu. Sierść miał dosyć długą, jakby trochę kręconą, bardzo gęstą, w kolorze szarym, i nie był za wysoki. Być może sprzedający mi go Kałmuk, widząc, że przeprowadza transakcję z dzieckiem, wybrał jakiegoś zbliżonego gabarytami do kuca. Był dość łagodny, w ogóle nie zauważyłem u niego tendencji do kopania, ale gdy mu się coś nie podobało, albo nawet jak mu się zdawało, że coś mu się nie podoba, to od razu robił wredną mordę, przymykał oczy, kładł do tyłu uszy i zaczynał szczerzyć zębiska. Ponieważ od wczesnego dzieciństwa byłem obyty z końmi, wiedziałem, że w takiej sytuacji trzeba otwartą dłonią, zdecydowanie i bardzo szybko, żeby po drodze nie zdążyło zębami złapać ręki, trzasnąć zwierzę w pysk. Zbliżał się wieczór. Napoiłem go z wiadra, bo w sąsiednim, porzuconym ogrodzie znalazłem studnię. Zjadł trochę owsa, powiesiłem jeszcze przed nim sporą wiązkę siana, stajenkę-garaż zamknąłem na dużą kłódkę i wróciłem do domu. Mama od razu poznała po zapachu, że zadawałem się z końmi. Bezczelnie łżąc, powiedziałem jej, że gdy byłem w ogrodzie, przybłąkał się do mnie jakiś konik, i teraz mieszka w garażu-stajence, ale ma co jeść i jest napojony.

Z powodu tych wielkich emocji długo w nocy nie mogłem zasnąć, a gdy wreszcie zmorzył mnie sen, cały czas śniło mi się, że jest zima, a ja z Oleńką Billewiczówną jadę dużymi saniami ciągniętymi przez mojego konia. Na dodatek sanie, nie wiadomo po co, ciągną również piękną, ale nie podniecającą mnie tak jak Oleńka Billewiczówna Helenę, która ma przypięte narty, ale oprócz narciarskich butów cała ubrana jest w strój z epoki. Nie jest mi to na rękę i zdecydowanie wolałbym być sam na sam z Oleńką Billewiczówną. Na dodatek sanie jak jakiś złowieszczy tramwaj co chwilę się zatrzymują i co chwilę ktoś do nich wsiada albo ktoś z nich wysiada. A to Onufry Zagłoba, a to Basieńka Wołodyjowska, Longinus Podbipięta z ponurą gębą, a nawet bracia Kiemlicze i Bohun. A kiedy nagle w saniach pojawił się Andrzej Kmicic ze starą Kurcewiczową, obudziłem się natychmiast. Było już jasno i od razu pognałem do mojego konia. W stajence-garażu nic się specjalnie nie zmieniło. Koń, który okazał się wałaszkiem, stał spokojnie, a wszystko było dokładnie skarmione. Dostał dwie kostki cukru. Chciałem go napoić, ale nie zainteresował się specjalnie wodą. Poza tym przez noc nieznacznie napaskudził na beton. Ponieważ dotychczas miał tylko postronek, założyłem mu parciany kantar. Nawet mu pasował i bardzo mu było w nim do twarzy. Wyprowadziłem go na zewnątrz. Chciałem go dosiąść, ale na razie oprowadzałem go tylko dookoła ogrodu, a raczej to on mnie oprowadzał. Najbardziej zainteresował się kilkudniowymi, dopiero zaczynającymi się rozwijać, jasnozielonymi pędami na paru owocowych drzewach i jak jakaś żyrafa za wszelką cenę usiłował je obskubać. Wreszcie zdecydowałem się go dosiąść, ale on przy każdej próbie rzucał wysoko w górę zadem lub stawał dęba, wydając przy tym dziwne rżenie, grozą i ekspresją zbliżone do diabelskiego chichotu. Potem przyszła mama. Nie była zachwycona całą tą sytuacją, a konia nazwała nieelegancką plebejską chabetą. Powiedziała przy tym, żebym za bardzo się nie cieszył, bo niebawem na pewno ktoś się po niego zgłosi, i że jeśli o nią chodzi, to zdecydowanie od konia woli samochód. Teraz domyślam się, że moja mama prawdopodobnie utożsamiała z końmi mojego ojca, który często potwornie ją złościł i który na punkcie koni był zupełnie zwariowany. Kiedy mama poszła robić śniadanie, na które miałem się stawić za dwadzieścia minut, próbowałem jeszcze go dosiąść. Raz nawet prawie mi się udało. Wczepiony palcami w jego długą sierść i grzywę, wytrzymałem kilka silnych podrzutów zadem do góry, ale kiedy stanął dęba, odpadłem. Dobrze wiedziałem, że jak będę miał uzdę z wędzidłem, to na pewno będzie inna z nim rozmowa. O siodle ze strzemionami na razie nawet nie marzyłem, zresztą zawsze bardzo dobrze dawałem sobie radę, jeżdżąc na oklep. Po obiedzie zgłosił się do mnie jeden facet, który chciał mi przehandlować ruską wojskową skórzaną uzdę z wędzidłem i parcianymi cuglami, ale widząc, w jakiej jestem potwornej potrzebie, chciał za to jak przysłowiowy Cygan za małpę i transakcja na razie zawisła w próżni. Ja na wymianę oferowałem również bardzo atrakcyjny towar: skórzaną piłkę do gry w siatkówkę, którą równie dobrze można było grać w piłkę nożną, osiemnastocalowe tylne koło do roweru z prawie nową czerwoną oponą, dętką, łańcuchem i osią typu torpedo, byłem nawet w stanie dodać pompkę, kilka ruskich masek gazowych z pochłaniaczami, ale ten towar niestety nie miał prawie żadnej wartości, wojskową ruską czapkę garnizonową, trzy wełniane budionki oraz ewentualnie ponad dwadzieścia paczek węgierskich papierosów. Papierosy te zostały mi jeszcze po tym, jak na samym początku pobytu w tym mieście zrobiłem dobry interes z węgierskimi żołnierzami, który nieźle podreperował moje finanse. Otóż szedłem kiedyś rano wzdłuż pobliskich torów kolejowych, mijając stojący na bocznicy długi eszelon pełen węgierskiego wojska. Żołnierze ci, świetnie wiedząc, że w swoim ojczystym języku z nikim się raczej nie dogadają, co chwilę, trochę po niemiecku, trochę po słowacku, wołali, że potrzebują bimbru i dziewczynek. Dziewczynkami niestety specjalnie nie dysponowałem, ale wiedziałem, że bimber pędzi tu prawie każdy i mimo bardzo dużego spożycia jest jeszcze spora jego nadprodukcja. Powiedziałem Węgrom, że zaraz będę „curyk" i pognałem do takiego jednego, o którym wiedziałem, że także pędzi i że także ma dużą nadprodukcję. Za pieniądze przeznaczone na mleko, po które właśnie wysłała mnie mama, kupiłem u niego dwie półlitrowe flaszki samogonu. Inwestycja była bardzo rozsądna, bo wyszło na to, że ów pędzący bimber człowiek, nienależący na pewno do intelektualistów, widząc bardzo eleganckie, wręcz wykwintne opakowania węgierskich papierosów, którymi żołnierze zapłacili mi za alkohol, oraz piękne napisy na opakowaniach w zupełnie niezrozumiałym dla niego języku, myślał zapewne, że są one angielskie albo nawet amerykańskie i że robi świetny interes – i za pół litra tego swojego bimbru brał ode mnie dwie paczki. Później za to samo pół litra Węgrzy dawali mi pięć paczek. Pociąg na tej bocznicy stał jakieś trzy dni, a ja bez przerwy kursowałem w te i nazad.

A wracając do uzdy z wędzidłem, to ostatecznie miałem ją mieć następnego dnia. Po południu znowu trzy razy próbowałem dosiąść mojego konia i znowu trzy razy znalazłem się na ziemi. Był coraz bardziej osowiały i nie miał specjalnie apetytu. Gdy dawałem mu kostkę cukru, to brał ją z takim grymasem na mordzie, jakby mi robił cholerną łaskę, a nawet dwa razy próbował mnie pokąsać. Bardzo smutny stał w tym swoim zamkniętym garażu-stajence, melancholijnie, jak słoń trąbę, zwieszając czasem tuż nad ziemią swoją długą szarą pytę w czarne cętki, bo jaja to miał precyzyjnie wycięte. Trochę usiłował wyglądać przez szybę zamkniętego okna, za którym teraz nic specjalnie się nie działo. Ja zaś miałem bardzo duże plany. Nawet zacząłem demontować część płotu pomiędzy tym niby-naszym a sąsiednim opuszczonym ogrodem, chcąc na dwukrotnie większym terenie zaaranżować coś w rodzaju parkuru i tam dopiero od jutra zacząć szaleć na swoim koniu. Zacząłem nawet marzyć o jakiejś dwukółce. Trzeciego dnia jak zwykle wcześnie rano zrobiłem przy nim, co trzeba. W dalszym ciągu nie miał za dużego apetytu, dostał trzy kostki cukru, jak nigdy wypił ponad wiadro wody i znowu raz próbował mnie ugryźć. Robił wrażenie coraz bardziej przegranego. Tego dnia miałem wreszcie dostać uzdę z wędzidłem, tak że rano nawet nie próbowałem go ujeżdżać, tylko dalej kończyłem demontować płot, a w samo południe poszedłem targować się w sprawie uzdy. Końcowe negocjacje trwały ze dwie godziny i odbywały się w zupełnie innym krańcu tego nie za dużego miasta. Gdy szczęśliwy, z uzdą i wielkimi planami na resztę dnia i w ogóle na przyszłość, wracałem przed trzecią do mojego konia, już z daleka czułem, że stało się coś niedobrego. Kiedy podszedłem bliżej, zobaczyłem garażowo-stajenkowe okno z wybitą szybą, leżące na trawie od strony ulicy. Ogrodowa brama była otwarta na oścież, jak również drzwi do garażu-stajenki, zamknięte przeze mnie niecałe trzy godziny temu na dużą i mocną kłódkę, która teraz dyndała na wyrwanym skoblu. Po moim koniu nie zostało oczywiście ani śladu, a do tego jeszcze zniknęło wiadro. Jak głupi stałem jakiś czas w otwartej bramie, machając nerwowo trzymaną w ręku uzdą z wędzidłem i starając się zrozumieć, jak to możliwe, żeby tak precyzyjnie i misternie przez kilka dni przygotowywany przeze mnie plan mógł się tak nagle i tak efektownie zawalić. Prawie z płaczem pobiegłem do mamy, która zaraz przyszła na miejsce wypadku. Gdy wróciła, śmiejąc się, chociaż mnie nie było wcale do śmiechu, opowiadała, co usłyszała od naocznych świadków całego zdarzenia. Opowiadali oni, że gdy znowu jacyś kitajce pędzili bardzo duży tabun, mój koń wyczuł i zobaczył to wszystko, dostał jakby ataku szału. Przednimi kopytami wybił szybę, usiłując naiwnie wydostać się przez okienny otwór, co było jednak zupełnie niemożliwe, a przez cały czas rżał i kwiczał jak jakaś zarzynana świnia. Kałmucy ze schmeisserami, którzy pędzili tabun, wiedzieli, co to jest za koń, bo co jak co, ale na koniach to oni się znali perfekt. Szybko wywalili furtkę, wyrwali skobel od kłódki i mój koń galopem, rżąc z radości, z podniesionym ogonem dołączył do swojego towarzystwa. Taki dziki koń to zwierzę stadne. Niestety następnego dnia jak niepyszny musiałem udać się do ogrodu i ponaprawiać wszystkie szkody i innowacje powstałe w związku z trzydniowym pobytem mojego konia w garażu.

Znowu minęło parę dni i mimo że nadal czułem się porucznikiem Skrzetuskim, to o moim koniu trochę już zapomniałem, a może raczej starałem się o nim nie myśleć. Jednak każdy nowy dzień przynosił mi jakieś następne przygody i zawsze działo się coś ciekawego. Niestety pewnej nocy niespodziewanie nadleciały ruskie bombowce i liczne jak na takie małe miasto syreny ogłosiły alarm. Cała kamienica, jak również sąsiedzi z pobliskich domków, zbiegła się do znajdującego się w naszych piwnicach LSR schronu i kiedy gdzieś blisko, a w tym mieście właściwie wszędzie było blisko, zaczęły padać i wybuchać bomby, wszyscy w schronie jak na wyścigi żarliwie i bardzo głośno zaczęli się ze strachu modlić, a nastrój zrobił się tak nieznośny, że podstępnie wymknąłem się na ulicę. Mama, która w ostatniej chwili zorientowała się, co ja najlepszego robię, i chciała biec za mną, została przytrzymana i ubezwłasnowolniona przez kilku co silniejszych sąsiadów, ale mnie i tak już dawno tam nie było. Pędziłem jakimiś uliczkami, podwórkami i ogrodami, byle dalej od tego schronu. Od strachu znacznie silniejsze było uczucie nieokreślonego podniecenia, jakbym się nagle znalazł co najmniej na jakimś Praterze czy jakimś innym Tivoli. Poza tym chciałem się również sprawdzić jako porucznik Skrzetuski, na którym takie bombardowanie na pewno nie zrobiłoby większego wrażenia. Widziałem, jak z kilku punktów świecącymi, kolorowymi pociskami wali do samolotów artyleria przeciwlotnicza, ale mimo to bomby padały dosyć gęsto. Dobrze wiedziałem, że jak zbliża się taka bomba, co łatwo poznaje się po charakterystycznym świście, to natychmiast trzeba rzucić się plackiem na ziemię, a zaraz po wybuchu spokojnie wstać i biec dalej. Raz prawie nie mogłem wstać, a w każdym razie przyszło mi to z dużą trudnością, bo leżąc tuż przy ścianie jakiegoś domu, w którego środku, czy też po drugiej stronie, wybuchła bomba, zostałem dokładnie przysypany grubą warstwą tynku, który odpadł od ściany. Zanim odwołano alarm, słysząc, że samoloty już odlatują, pędem wróciłem do domu, gdzie wszyscy jeszcze modlili się w schronie. Towarzystwo z moją zrozpaczoną i kompletnie załamaną mamą dopadło mnie w piwnicznym korytarzu. Udając wielkie zażenowanie, powiedziałem mamie, że ze strachu bardzo zachciało mi się kupę, dlatego pobiegłem do podwórkowej wolno stojącej wygódki, by tam ją zdeponować, a potem zaraz, zanim jeszcze zaczęły padać bomby, wróciłem, i cały czas stałem pod drzwiami w piwnicznym korytarzu i cichutko się modliłem. Jak tylko nastał świt, pobiegłem na miasto oglądać zniszczenia i trupy. Następna noc minęła spokojnie, bo żadne samoloty nie przyleciały, a potem to już noc w noc był nalot i bombardowanie, a ja noc w noc wybiegałem z LSR schronu w wiadomym celu, niby do tej podwórkowej wygódki, i wmawiałem mojej biednej mamie, że potem zawsze cichutko modlę się pod drzwiami. Kiedyś walnęło tak blisko, że wyleciało na mnie, kalecząc mnie nieco, całe duże potrójne okno z parapetem, karniszem, firankami i kilkoma doniczkami nasturcji czy pelargonii. Mama zaczęła się czegoś domyślać, tym bardziej że jeszcze ktoś uczynny doniósł, że parę razy widział mnie, jak biegam w czasie bombardowania po mieście. Mama podjęła szybką decyzję i tak zakończyło się moje miejskie życie. Następnego dnia byliśmy z powrotem u swoich, w tej osiemnastoosobowej chłopskiej izbie. A co najśmieszniejsze, aż do końca naszego pobytu w tej okolicy nie było już żadnych nalotów.

My, dzieci, spaliśmy na jakichś sprytnie skonstruowanych i umieszczonych na szafach legowiskach. W obawie, że Ukraińcy będą chcieli nas tu dopaść, nikt w nocy nie spał. Wszędzie walało się mnóstwo broni, która zawsze była pod ręką. Dorośli bez przerwy palili papierosy, ale nikomu to kompletnie nie przeszkadzało, a jeżeli nawet, to nikt o tym wtedy nie myślał. Przez cały czas, a szczególnie w nocy, wśród dorosłych odchodziły turnieje brydżowe na dwa stoliki zrobione z przykrytych kocami walizek i tobołów, a my z wysokości naszych legowisk mieliśmy wszystko pod pełną kontrolą. Na pewno byłby to jeden z piękniejszych okresów w moim dzieciństwie, gdyby nie postać inżyniera Świechły, którego szczerze nienawidziłem. Reprezentujący nadleśnictwo inżynier Świechło był również jednym z osiemnastu rezydentów chłopskiej izby i przyjaźnił się z moją mamą, która ku mojej rozpaczy też bardzo go lubiła. Moja mama była wtedy młodą i atrakcyjną kobietą i jak sięgnę pamięcią, to zawsze kręcili się koło niej jacyś faceci, którzy doprowadzali do szału mojego ojca. Jak przez mgłę pamiętam różne sceny zazdrości w jego wykonaniu, podobno były nawet jakieś próby pojedynków, oczywiście wszystko dokładnie według honorowego kodeksu Boziewicza, które na szczęście nigdy nie dochodziły do skutku, mój ojciec bowiem genialnie strzelał z pistoletu, o czym wszyscy wiedzieli, bo przy każdej nadarzającej się okazji zawsze w strzelaniu wielki popis dawał. Raz tylko małżeństwo moich rodziców wisiało na włosku, ale znam to raczej z opowieści, bo miałem wtedy niecałe trzy i pół roku. A więc była cudowna, słoneczna późnojesienna pogoda i mama, ponieważ było bardzo ciepło, w sukni cienkiej bawiła się ze mną na ganku. Tymczasem konno nadjechał mój ojciec, a ja, jak zawsze, gdy widziałem go na koniu, rozdarłem mordę, żeby posadził mnie przed sobą w siodle i kawałek pogalopował, co ojciec mój, jak zawsze, tak i teraz uczynił. W majątku od wiosny pełną parą prowadzone były wówczas roboty melioracyjne i ojciec, chcąc coś sprawdzić, pogalopował ze mną w tamtą stronę. Dla towarzystwa pognały jeszcze trzy pętające się po dworze psy myśliwskie rasy niemiecki pointer. Ojciec mój jeździł konno równie dobrze, jak strzelał z pistoletu, albo nawet jeszcze lepiej. Rozpędził się maksymalnie, aby przeskoczyć wypełniony wodą szeroki rów, na tym odcinku przypominający rzekę. Niemal co dzień dla sportu, czasem nawet kilkakrotnie, pokonywał tę przeszkodę, ale właśnie tym razem, i to na oczach mojej matki, a w dodatku jeszcze ze mną, zwalił się w głębinę. Mama z daleka zobaczyła tylko wysoki słup ciemnej wody i trzy psy w potwornej panice uciekające w stronę dworu, które potem bardzo się tego wstydziły. Nastąpiła złowieszcza cisza. Zapaliła papierosa i pędem chciała się puścić na miejsce wypadku. Uświadomiła sobie jednak, że jest to ponadpółkilometrowa odległość, a przy klombie stoi przecież opel, do którego natychmiast wskoczyła i bijąc światowy rekord szybkości w jeździe terenowej, po chwili zatrzymała się nad topielą. Nikogo tam nie było, tylko złowieszczo brązowa woda jakby jeszcze trochę falowała. Kiedy miała już zemdleć, usłyszała z daleka wołanie mojego ojca, który nie mogąc wydostać się w tym miejscu z rowu, ze mną na ręku przeprowadził konia za zakole i teraz, jak gdyby nigdy nic, tyle że od stóp do głów umazani brązowym, podobnym do gówna błotem, lekkim truchtem podążaliśmy za oplem, z którego moja matka nawet nie wysiadła, bo kiedy zorientowała się, że ze mną wszystko jest w porządku, dodała tylko gazu i ruszyła w kilkunastokilometrową podróż, żeby w mieście Sochaczewie wstępnie omówić ze znajomym adwokatem sprawę rozwodu. Teraz jednak ojciec gdzieś w górach dzielnie bił faszystę i nie było mowy, żeby mógł się tu pojawić. Podobno Niemcy wyznaczyli nawet za jego głowę jakąś nagrodę, ale z tego powodu największe kłopoty miał ojciec już po zakończeniu wojny ze strony władzy ludowej. Ponaddwustukilometrowa odległość, która dzieliła nas od ojca, w tym czasie i w tej sytuacji stanowiła odległość nie do przebycia. Naiwnie liczyłem, że może pojawi się w jakimś przebraniu, choćby nawet w przebraniu starej żebraczki. Niemcy jednak świetnie znali takie numery, a mój ojciec dobrze zdawał sobie z tego sprawę.

Inżynier Świechło był mniej więcej w wieku mojej mamy, średniego wzrostu, bardzo przystojny, nosił przeważnie pumpy, ulubiony typ spodni przedwojennych playboyów. Na prawidłowo umięśnione łydki inżynier Świechło zakładał bardzo grube wełniane skarpety, do tego nosił raglanowy, jasnobeżowy, niezbyt długi płaszcz, bergsztajgery, borsalino i wąsik. Mama, która z przedwojny nieźle znała Italię, zawsze mówiła, że inżynier Świechło wygląda jak król włoskich przemytników z rejonu Górnej Dziadygi. Różne konszachty mojej mamy z inżynierem Świechłą doprowadzały mnie do szału, a gdy czasem w ramach nieprzerwanych brydżowych rozgrywek inżynier Świechło z mamą grali partyfiksa, to potrafiłem mieć myśli samobójcze. Ponieważ okna zawsze były zasłonięte i zabezpieczone przed ukraińskimi kulami, oświetlenie, stosunkowo jasne, stanowiły dwie karbidówki o charakterystycznym, niezbyt miłym zapachu. Zawsze któryś z dorosłych z bronią i psami czuwał na zewnątrz. Sytuacja jednak nie była beznadziejna, bo na drugim końcu wsi Niemcy urządzili duży park naprawczy dla uszkodzonych w czasie działań wojennych samochodów, systematycznie dostarczanych z frontu. Dekowało się tam dobrych stu pięćdziesięciu żołnierzy mechaników i robota szła non stop pełną parą. Dysponowali oni ciężarówkami, dlatego moja rodzina cały czas prowadziła z nimi negocjacje w sprawie przerzucenia nas z częścią dobytku kilkaset kilometrów na zachód. Oczywiście cała transakcja nie mogła być legalna. W grę wchodziły dosyć duże, płacone w dolarach pieniądze i Niemcy przez cały czas kombinowali, jak by tu sfałszować jakiś wiarygodny rozkaz wyjazdu do interesującej nas miejscowości i zainkasować sporą kasę. Była to prawie trzystukilometrowa trasa, wiodąca przez góry, przełęcze, bezdroża i pustkowia, kontrolowana przez liczne grasujące na tym terenie bandy UPA, a w miejscowościach, których w żaden sposób nie można było ominąć, przez niemiecką żandarmerię polową, bo cała ta ziemia należała już do terenów przyfrontowych. Powszechnie wiadomo też było, że w każdej chwili może ruszyć sowiecka ofensywa, a wtedy wkroczenie Armii Czerwonej było już tylko kwestią godzin, czego raczej nikt poza panią Stefą i dwiema Żydóweczkami nie chciał ponownie przeżywać. W skład niemieckiej jednostki wchodzili Bawarczycy, mieli nawet swojego księdza kapelana, bo jak wiadomo, Bawaria jest katolicka. Bardzo tęskniłem za miastem, dlatego trochę z nudów, a trochę z braku innych, atrakcyjniejszych zajęć kręciłem się koło miejscowego kościoła i gdy tylko poznałem wszystkie jego tajniki, w mojej głowie powstał bardzo interesujący plan, który, żeby nie traciś czasu, postanowiłem jak najszybciej zrealizować. Przede wszystkim poprosiłem miejscowego księdza proboszcza, bym mógł zostać ministrantem. Dzięki nieprzeciętnym, a do dziś jeszcze niewykorzystanym zdolnościom aktorskim udało mi się przekonać go, że objawił się u mnie rodzaj przedwcześnie rozwiniętego powołania kapłańskiego. Wzruszony proboszcz skierował mnie do wikarego, który był odpowiedzialny za wszystko, co miało związek z działalnością ministrancką. Musiałem długo czekać przed małym domkiem zwanym wikarówką, bo wikary akurat spożywał posiłek. Kiedy wreszcie wyszedł, dał mi liturgię z jakimiś zaznaczonymi łacińskimi tekstami, a było tego z pięć stron, i powiedział, że mam się tego nauczyć na pamięć i przyjść za dwa tygodnie. Pamiętam, że była środa. Ponieważ liczył się każdy tydzień, a raczej każda niedziela, nigdy w życiu nie uczyłem się niczego tak intensywnie i pilnie, tak że nawet większość rezydentów wspólnej chłopskiej izby zaczęła się niepokoić, czy wszystko jest ze mną w porządku, ale nikt specjalnie nie miał do tego głowy, bo cały czas prowadzono, bardzo już zaawansowane, negocjacje z Niemcami. Stale przychodzili do nas jacyś podoficerowie na długie konferencje i jeszcze dłuższe ustalanie szczegółów, a jeden bez przerwy napraszał się, żeby zagrać z nim w brydża. Na zalegające w każdym kącie sterty broni, jak i na bardzo semicki wygląd pani Stefy z pięciocentymetrowym i czarnymi odrostami w tlenionych włosach i dwóch żydowskich dziewczynek nikt z nich nie zwracał najmniejszej uwagi.

W ciągu mojego stosunkowo krótkiego życia po raz któryś potwierdziło się we mnie przekonanie, że uczciwa praca zawsze jednak daje najlepsze wyniki. W sobotę rano byłem już gotowy, ale gdy zgłosiłem się do wikarego, ten, śpiesząc się na śniadanie, kazał mi przyjść w południe. Egzamin trwał ponad godzinę i wypadł nadspodziewanie dobrze, a polegał na tym, że wikary wypowiadał po łacinie jakieś dwa znajdujące się w liturgii słowa, a ja mimo że zupełnie nic z tego nie rozumiałem, jak papuga mówiłem bardzo głośno dalej, do momentu aż mi przerwał, i tak kilkanaście razy. Następnego dnia, a była to niedziela, miałem już służyć wikaremu do mszy. Zająłem miejsce zwolnionego ministranta, od dawna słusznie podejrzewanego, że podpija mszalne wino. Msza, którą odprawiał wikary, zaczynała się o siódmej rano, o wpół do dziewiątej była następna, dla niemieckich żołnierzy z bawarskiej jednostki naprawiającej samochody. Niemiecka msza trwała równe czterdzieści pięć minut, a potem, o dziesiątej, zaczynała się bardzo nudna śpiewana suma, którą odprawiał proboszcz i która potrafiła trwać nawet dwie i pół godziny. Przed siódmą byłem już w zakrystii i wikary dawał mi jeszcze ostatnie instrukcje. Do mszy służyło dwóch ministrantów. Drugi był starszym ode mnie o trzy czy cztery lata wiejskim chłopcem o nieproporcjonalnie wielkiej głowie, bardzo pobożnym i od tej pobożności jakby nawet nieśmiałym. Ubraliśmy się w do przesady nakrochmalone komże. Komża mojego nowego koleżki ledwo przeszła przez jego dużą głowę. Według wskazówek wikarego miałem robić to samo co on, z tym że on był od wina, a ja od mszału. Wszystko przebiegło nie najgorzej. Wiernych nie było za dużo, może trzydziestu, a może nawet mniej, kilka miejscowych, kręcących się przy kościele dewotek i kilku chłopów, którzy potem mieli jakieś swoje sprawy i niestety nie mogli uczestniczyć w prestiżowej, odprawianej przez księdza proboszcza sumie. Kiedy nasza msza się skończyła, wikary od razu popędził na śniadanie, a nam rozkazał przez cały czas, to jest do momentu kiedy przed dziesiątą pojawi się ksiądz proboszcz, kiblować w zakrystii. Na temat wikarego i jego patologicznych zapaści głodowych krążyły plotki. Mimo że odżywiał się ze znacznie większą od normalnego człowieka częstotliwością, nie mówiąc już o ilościach, był bardzo chudy i mimo młodego wieku bynajmniej zdrowo nie wyglądał. Białoziemista cera, kropelki potu na czole, drżenie rąk i permanentne stany osłabienia oznaczały, że nie jest z nim najlepiej, a powtarzające się ciągle ataki wprost zwierzęcego głodu pozwalały wszystkim przypuszczać, że powodem tego wszystkiego jest szalejący w jego przewodzie pokarmowym tasiemiec, z którym wikary, rzecz jasna wbrew swojej woli, musi dzielić się każdym kęsem spożywanej przez siebie strawy. Dla młodego, pobożnego kapłana stan taki był bardzo stresujący. Dawno zdał sobie sprawę z tego, że kiedy przyjmuje przenajświętszy sakrament, to przynajmniej połowę z niego przyjmuje również soliter, będący poniekąd zadomowionym na dobre w jego organizmie antychrystem. Koszmarna świadomość popełnianego codziennie świętokradztwa ciążyła wikaremu jak przysłowiowy kamień młyński u szyi. Pochodził z chłopskiej rodziny, dlatego nie chciał nawet rozmawiać o jakiejkolwiek wizycie u lekarza, tym bardziej że w okolicy żadnego lekarza właściwie nie było. Przed wojną prawie wszyscy praktykujący tu lekarze reprezentowali wyznanie mojżeszowe. Mądrzejsi z nich w czerwcu 1941 roku pouciekali z Sowietami, a reszta do tego czasu już dawno została starannie wybita przez Niemców i Ukraińców. Świętokradca wikary liczył jeszcze trochę na sławnego w okolicy znachora – pięć godzin niebezpiecznej jazdy końmi – ale okazało się, że niedawno znachor też został zamordowany, nie pamiętam już, czy jako Polak przez Ukraińców czy też jako Ukrainiec przez Polaków. Kiedy tak siedzieliśmy w zakrystii, po jakichś dziesięciu minutach przybył niemiecki ksiądz. Był to starszy człowiek, który zdążył jeszcze jako młody kapelan załapać się na pierwszą wojnę światową i podobno, jak się kiedyś zwierzył wujkowi Poldykowi, przez jakiś czas służył nawet pod Verdun. Nazywał się Mayer-Walzer i był w stopniu Hauptmanna. Jako współużytkownicy świątyni Niemcy byli samowystarczalni. Przynosili ze sobą wszystko: szaty liturgiczne, mszał, własną monstrancję, kielichy oraz inne potrzebne do odprawiania mszy akcesoria. Oczywiście wszystko to było w skromnej, ale nader gustownej wersji polowej. Do mszy służyli kapelanowi dwaj młodzi żołnierze. Niemiecka msza zaczęła się punktualnie. Wiernych było z sześćdziesięciu, a śpiewane przez nich nabożne pieśni różniły się nieco od pieśni śpiewanych przez tutejszych kmiotków i ich baby. Gdzieś po dziesięciu minutach, kiedy nic nie wskazywało na to, że niemiecka msza może zostać w jakiś nagły i niespodziewany sposób przerwana, podszedłem szybko do wieszaka, gdzie ksiądz kapelan Mayer-Walzer powiesił swój płaszcz, oficerską wyjściową czapkę oraz pas z pistoletem.

Zręcznym ruchem wyjąłem broń wraz z zapasowym magazynkiem z czarnego olstra i uzbrojony, prawą rękę kryjąc pod komżą, wybiegłem na zewnątrz z zakrystii. W odległości jakichś pięciu minut dobrego biegu od kościoła znajdował się dziki, dosyć głęboki parów, równoległy do głównej wiejskiej drogi. Mógł on być jakimś bardzo starym korytem płynącego nie tak znowu daleko Dniestru lub pozostałością po którejś z wielkich powodzi. Przewidując sukces całej precyzyjnie przemyślanej akcji, poprzedniego dnia wszystko sobie dokładnie przygotowałem. Ponieważ wąwóz ten służył okolicznym mieszkańcom po części jako rodzaj śmietnika, na rosnących na samym jego dnie olchach porozwieszałem na sznurkach kilkanaście znalezionych tamże starych, nienadających się już do niczego garnków. Podekscytowany, nie mając za dużo czasu, z odległości dwudziestu pięciu dużych kroków, dokładnie poprzedniego dnia wymierzonych i oznakowanych, ja, w końcu jedenastoletni gówniarz, oddałem wszystkie piętnaście strzałów. Każdy z dwóch magazynków miał po siedem naboi, a piętnasty, będący de facto pierwszym z piętnastu, znajdował się w lufie zarepetowanego i zabezpieczonego pistoletu. W miarę jak strzelałem, dziurawione systematycznie garnki zaczęły tak skakać i walić o siebie, że szybko z nieruchomego stały się bardzo ruchomym celem. Kiedy wystrzeliłem już ostatni nabój, a nastąpiło to niespodziewanie szybko, i kiedy chcąc jak najprędzej wrócić do zakrystii, puściłem się biegiem pod górę, usłyszałem nagle krzyk FAFLUCKTER i na samym skraju wąwozu zobaczyłem z dołu stojącego na szeroko rozstawionych nogach bardzo dziwnego Niemca. Nie było to przyjemne odkrycie, ale po chwili zorientowałem się, że tym niby-Niemcem jest nikt inny, tylko mój nowy kolega ministrant – hydrocefalik. Chcąc zrobić mi głupi dowcip, przebrał się w pelerynę jednego z żołnierzy-ministrantów i w wyjściową czapkę samego księdza kapelana, którą musiał podtrzymywać ręką, bo ledwo trzymała się na czubku jego głowy, okrzyk „Falluckter" zaś było to, o czym wiedziałem, jedyne słowo, które ten debil znał po niemiecku. Biegiem wróciliśmy do kościoła. Przez całą drogę grożąc i wymachując mu przed nosem pustym pistoletem, oświadczyłem poważnie, że jeżeli komukolwiek piśnie na ten temat choćby jedno słowo, to natychmiast zastrzelę go jak psa. W zakrystii wisiał zegar. Do końca mszy miałem jeszcze prawie dwadzieścia minut. Dokładnie wyczyściłem pistolet drucianym wyciorem, który znajdował się w futerale koło przegródki na zapasowy magazynek. Cały następny tydzień, wiedząc, że nabroiłem, i bojąc się jakichś poważniejszych konsekwencji, przeżyłem dosyć nerwowo, ale w następną niedzielę broń kapelana jak gdyby nigdy nic, spokojnie, jak zawsze z piętnastoma nabojami, wisiała podczas niemieckiej mszy na swoim miejscu. Do dnia wyjazdu co niedzielę urządzałem sobie ostre strzelanie. Myślę teraz, że naiwny Mayer-Walzer, na pewno cichy opozycjonista Hitlera, co w tym czasie i w tych sferach nie należało już do rzadkości, widząc cotygodniowe poważne ubytki w swojej amunicji, był przekonany, a nawet usatysfakcjonowany, że w ten właśnie sposób wydajnie wspiera antyhitlerowskie podziemie. Pistolet kapelana – Sauer und Sohn 38 H kaliber 7,65 mm – był identyczny jak te dwa znalezione w piwnicach niemieckiego banku, które obecnie strzegły mojej kasy.

Hrabia Czechowski zatelefonował w czwartek wcześnie rano. Przeprosił, że tak długo się nie odzywał, ale przez cały czas był w podróży. Umówiliśmy się, że za godzinę będę u niego. Było mi żal mercedesa, z którym niebawem miałem się bezpowrotnie rozstać, a którego bardzo polubiłem od czasu próby szybkości, którą przeprowadziłem wraz z Mileną. Stale się zastanawiałem, czy jednak go nie kupić, a jak wyjadę, zostawić mamie. Zorientowałem się również, że przestrzeganie limitu miesięcznych przebiegów w tym do cna zdegenerowanym i skorumpowanym kraju jest czystą fikcją i kiedy zapłaci się pięćdziesiąt czy sto złotych łapówki, nikt się nie zainteresuje, czy pojazd przejechał w danym miesiącu dwieście, dwa tysiące czy nawet dwadzieścia tysięcy kilometrów. Gdy przyszedłem, hrabia w tym samym co ostatnio granatowym szlafroku, pijąc kawę, siedział nad olbrzymim dwutaliowym pasjansem. Widać było, że przed chwilą wziął kąpiel i się ogolił, bo prawy policzek miał lekko draśnięty w typowy dla golenia sposób. Przepraszając, z kwaśną miną poinformował mnie, że niestety w ostatnim miesiącu w swoich operacjach finansowych z czystej głupoty popełnił kilka błędów i że przeprasza, ale chwilowo w żaden sposób nie może mi oddać tych osiemnastu tysięcy. Ma dla mnie jednak interesującą propozycję. Jest skłonny opuścić trochę cenę auta. Kiedy zapytałem ile, powiedział, że gdybym był w stanie kupić je dzisiaj i resztę należności zapłaciłbym w tej chwili, to da mi je nie za trzydzieści sześć, tylko za dwadzieścia sześć tysięcy. Ostatnio zawsze na wszelki wypadek nosiłem po kieszeniach jakieś kilkanaście tysięcy. Zdecydowałem się w sekundę i powiedziałem, że zaraz mogę mu te pieniądze wypłacić, ale uważając, że byłoby to niehumanitarne tak bezczelnie i po chamsku wykorzystywać jego chwilowo nie najlepszą finansową kondycję, postanowiłem, że zamiast ośmiu wypłacę mu dziesięć tysięcy – ale pod dwoma warunkami. Po pierwsze, aktu kupna sprzedaży nie chcę podpisywać teraz, bo nie jestem pewien, czy samochód zarejestruję na siebie czy na moją mamę. Po drugie, chcę, żeby cena za samochód oficjalnie wymieniona w akcie sprzedaży nie wynosiła więcej niż czternaście tysięcy. Wiedziałem, że wartość mercedesa jest właściwie niewymierna, mógł bowiem z powodzeniem uchodzić za stary, prawie bezwartościowy rzęch, który kupiłem naiwnie od jakiegoś oszusta, przepłacając czternaście tysięcy. Suma ta teoretycznie była jednak w zasięgu moich finansowych możliwości. Oficjalnie pracując ciężko na pełnym etacie inspektora prac kominiarskich oraz otrzymując honoraria z tytułu współpracy z różnymi periodykami, plus pieniądze za wyniki sportowe, byłem w stanie tę niebagatelną sumę przez jakiś czas uciułać i posiadanie jej legalnie udowodnić. W razie czego nikt nie był w stanie do niczego się przyczepić, a właściwie wszyscy mogli mi skoczyć. Szybko wyjąłem dziesięć tysięcy i przeliczając na jego oczach, położyłem przed nim. Hrabia wstał, wziął pieniądze, chuchnął w nie trzy razy i wyszedł z pokoju. Wrócił po chwili, w lewej ręce trzymając jakieś papiery, w prawej zaś stare wieczne pióro firmy Mont Blanc. Zauważyłem, że palce hrabiego poplamione były atramentem. Złożyliśmy podpisy, a ja na piśmie, korzystając z wiecznego pióra hrabiego i również plamiąc sobie atramentem palce, zobowiązałem się w ciągu dwóch miesięcy dokonać rejestracji. Rozstaliśmy się jak starzy przyjaciele.

Mercedes był mój. Przez następne kilka dni upajałem się posiadaniem własnego pojazdu. Woziłem wszystkich, których lubiłem, i każdego, kto mnie o to poprosił. Moją mamę, Milenę, Aurelię, różnych moich kolegów, dwa razy nawet pana B. i raz Tuftę, Plebańczyka i Plebańczykową, Basię Król, Wojtka Szpotakowskiego, rudą Darię, Jurka Bekera, Teresę Zipser, Tomka Skarżyńskiego, Adasia Wolskiego, Zosię Słaboszewską, Henia Kozłowskiego, bezrękiego Henia Lisa, Dagmarę Poncyliusz, Kazia Madejskiego, Ewę Panufnik, Grzesia Siodora, Wandę Majer, Johnny'ego Piczurę, Cezarego Lucera, Ewę Szumańską, Zdzisia Jurkiewicza, Henia Kopcia, Honoratę Klimę – Klima, Klima, kto cię dupcy, jak mnie ni ma, Krzysia Naporę, małolatę Teresę Szreder, Joannę Rawik, Zbyszka Paluszaka, piękną Magdę, Jasia Gepperta, Jurka Antkowiaka, taką jedną przepiękną cycatą córkę organisty, Staszka Grochowiaka, Janusza Krzymińskiego, Witolda Kotyllę, Jagodę Czartoryską, Jasia Kalisza i Stasia Kochanka, Reginę Konieczkę, Szymona Szurmieja, Marikę, Artura Ossowicza, Gabi, Andrzeja Cyrano, Ninę Ciążyńską, Tomka i Marka Łowickich, piękną i bardzo seksowną Zytę, Andrzeja Bolechowskiego, Leszka Kaufolda, Jacka Łukasiewicza, Irkę Skangiel, Marka Petrusewicza, Zbyszka i Ala Krasuskich, Miłkę Schall, Jasia Szarejkę, Michała Kotowicza, Nitkę – Puzilewicz, Vladi Terleckiego, taką jedną bardzo wysoką i bardzo czarnowłosą dziewczynę, jakby asystentkę prestidigitatora Lemano-Lemanik, Krystynę Krupską, matkę i sisters Kiełbasiewiczówny, Wiesia Utnika, Ankę Broniewską, a nawet dwa razy starego poczciwego pedała Kazia Herbę, Jurka Pielę, Milenę – siostrę Rożynka, a żonę Waśkiewicza, Jurka Lukierskiego, Jankę Chryplewicz, Stasia Foszcza, Wiesię Drojecką, Marka Szymaszkiewicza, żeby pobawić się chwilę z psami, odwiedziłem kiedyś, w jego starogermańskim zamczysku, Sokala, którego żonę z dziećmi i całą sforą zawiozłem z kolei na dwie godziny do jej rodziców w nadleśnictwie, gdzie niestety psy zagryzły dwie kury. Przewoziłem również liczne przyjaciółki STORMY WEATHER Zuli, które po jej wyjeździe, będąc bardzo mnie ciekawe, szalenie wzmogły swoją aktywność, nie mówiąc już o Stelli-Stelli by Starlight, z którą w dalszym ciągu sporadycznie utrzymywałem niebezpieczne kontakty.

Zawsze upierdliwy problem pokonywania przestrzeni teraz stał się dla mnie czystą przyjemnością. Niestety ostatnio mniej siedziałem w domu, a w ciągu dnia nie było mnie prawie nigdy. Dobrze po dziesiątej wieczorem, tuż po tym, jak wróciłem, nagle rozległo się pukanie. Pomyślałem, że to pewnie ten głupi Tufta i że coś pokręcili z tym wojskiem i z tym całym terminem EXTRA. Kiedy otworzyłem drzwi, na progu stał nie Tufta, tylko Ciążyński, kierownik basenu, którego dobrze znałem i który co wieczór, wracając z pracy, przechodził koło mojego domu. „Mam dla ciebie bardzo niemiłą wiadomość – zaczął na wstępie. – Ostatniej nocy było włamanie w naszej szatni... Rozbebeszyli i opróżnili także twoją szafkę. Złodzieje mieli chyba bardzo dużo czasu, bo gdy kradli pozamykaną w szafkach garderobę, byli tak uprzejmi, że gdy natrafili na jakieś dokumenty, to je zostawiali. Myślałem, że dzisiaj przyjdziesz, ale skoro nie przyszedłeś, sam postanowiłem przynieść ci to po drodze”. „Co?”, zapytałem. „Tylko to leżało na twojej półce” – i podał mi moją książeczkę wojskową, która od czasów asenterunku spokojnie spoczywała w prawej kieszeni koszuli generała Douglasa MacArthura, zamkniętej w mojej szafce basenowej, do której dostępu broniły dwie duże kłódki. „Powiedz lepiej, kurwa, jak ty to sobie załatwiłeś?” „Co?”, zapytałem naiwnie, po czym ze wstrętem ją otworzyłem i po raz pierwszy, cały czas zupełnie nie mając pojęcia, że cokolwiek tam może być, przeczytałem wpis dany: ZDOLNY DO SŁUŻBY NIELINIOWEJ, PRZYDZIELONY DO PONADKONTYNGENTU, i dwa podpisy, pułkownik, podpis nieczytelny, i major, podpis: Kostrzewa, „co ma dupę z drzewa”, pomyślałem, okrągła pieczątka, Wojskowa Komisja Rejonowa i data, sprzed dwóch miesięcy, data asenterunku... „Co to znaczy?”, zapytałem Ciążyńskiego. „Znaczy to, kurwa, że praktycznie żadne wojsko już cię nie dotyczy". Rany Boskie, i dopiero teraz musiałem się o tym dowiedzieć! Zupełnie nie mogłem się po tym wszystkim pozbierać i jakby tego było mało, za dziesięć jedenasta zadzwonił telefon. Kiedy podniosłem słuchawkę, o mało nie poszedłem w ślady niezapomnianego Karola w czasie asenterunku. Telefonowała patronka górników. Mówiła, że przez jakiś czas jej nie było i że dzisiaj właśnie wróciła. Pytała, czy moglibyśmy się jutro zobaczyć, bo ma do mnie jakąś ważną sprawę. Starając się tembrem głosu imitować aksamit, powiedziałem, że gdzie chce i kiedy tylko chce. Odparła, że przed południem będzie w muzeum, bo musi się spotkać z jakąś swoją przyjaciółką, historykiem sztuki. „Z tyłu liceum, z przodu muzeum", wtrąciłem jak idiota. „O nie, moja przyjaciółka Bożena jest piękną młodą kobietą", śmiejąc się, sprostowała patronka górników. „Mogę czekać na ciebie w holu o pierwszej", zaproponowała. „OK". „W takim razie do jutra". Odłożyła słuchawkę. Zrobiło mi się gorąco i bardzo duszno. Z tej podwójnej radości dostałem rodzaj małpiego rozumu. Mimo że wieczór był dość zimny, otworzyłem na całą szerokość poczwórne drzwi na taras, a gdy nadeszła jedenasta, uczyniłem coś, czego nigdy ani przedtem, ani potem nie robiłem, i co zawsze uważałem za szczyt wyrafinowanego chamstwa: i od tego mapiego rozumu, i od tej podwójnej radości z radia, które stało na samym brzegu stołu, prawie na tarasie, punktualnie o jedenastej wieczorem na cały regulator puściłem SKYLINER Charliego Barneta – sygnał stacji AMERICAN FORCES NETWORK IN EUROPE, melodię symbol, dla mnie i takich jak ja Symbol Ameryki, symbol, jak Statua Wolności, Empire State Building czy Hollywood, Ameryki, którą tak kochaliśmy i o której tak marzyliśmy, a która, z czego teraz poważnie zacząłem sobie zdawać sprawę, chwilowo niestety oddalała się ode mnie na miesiąc, rok, trzy, pięć, dziesięć, dwadzieścia, a nawet trzydzieści lat... SKYLINER dźwięczał wspaniałym dźwiękiem mojej Ameryki, dźwiękiem tak obcym dla jednej z wielu kolejnych mrocznych stalinowskich nocy, mimo że sam zbrodniczy i złowieszczy wąsaty sponsor bez mała dwadzieścia miesięcy temu szczęśliwie powiększył już grono aniołków. SKYLINER brzmiał do ostatniego taktu swojej swingowej doskonałości i na trzy minuty i cztery sekundy, jak przepiękna kolorowa tęcza, rozciągnął się nad miastem, cudownym miastem mojej młodości.

Newark NJ, 2007–2009

Andrzej Krajewski

Urodził się w 1933 roku w Poznaniu. Od lat czterdziestych do końca pięćdziesiątych mieszka we Wrocławiu.

W roku 1963 broni dyplom na warszawskiej ASP w pracowni plakatu profesora Henryka Tomaszewskiego.
Malarstwo studiuje u profesora Wojciecha Fangora.

Od czasu studiów z wielkim powodzeniem zajmuje się grafiką użytkową. Projektuje ilustracje, okładki, płyty, ale głównie filmowe i teatralne plakaty.
Jako twórca plakatów filmowych współpracuje z międzynarodowymi firmami dystrybucyjnymi.

W pierwszej połowie lat siedemdziesiątych zaczyna uprawiać malarstwo.
Tworzy w stylu ART DECO.

W roku 1985 opuszcza Warszawę i przenosi się do USA, a swoje prace zaczyna podpisywać nazwiskiem André de Krayewski.
Mieszka w Newark w stanie New Jersey. Nieprzerwanie zajmuje się sztuką.
W roku 2005 kończy ze stylem ART DECO i powraca do swojego dawnego stylu POP ART, który w plakatach uprawiał jeszcze w latach sześćdziesiątych.

redakcja: Piotr Sitkiewicz
korekta: Paweł Sitkiewicz
fotografia: Tadeusz Rolke / Agencja Gazeta
projekt: Janusz Górski

wydawnictwo czysty warsztat
czystywarsztat@pracownia.pl

www.czystywarsztat.pl

ISBN 978-83-89945-42-6

CZYSTYWARSZTAT